영어독립 VOCA 3000 ❷

영어독립 VOCA 3000 ❷

초판 1쇄 인쇄 2024년 06월 12일
초판 1쇄 발행 2024년 06월 19일

지은이 상상스퀘어 영어독립콘텐츠팀
펴낸이 고영성

기획 김주현 편집 김채원, 박희라 디자인 강지은
영문 감수 Chadwick Mary Katherine

펴낸곳 주식회사 상상스퀘어
출판등록 2021년 4월 29일 제2021-000079호
주소 경기도 성남시 분당구 성남대로 52, 그랜드프라자 604호
팩스 02-6499-3031
이메일 publication@sangsangsquare.com
홈페이지 www.sangsangsquare.com

ISBN 979-11-92389-65-3 (14740)
        979-11-92389-63-9 (세트)

상상스퀘어 영어독립콘텐츠팀 지음

영어독립
VOCA 3000

2

상상스퀘어

머리말

여러분은 양질의 정보를 얻고 계십니까?

오늘날 정보 접근성이 과거에 비해 나아진 것은 사실입니다. 하지만 여러분은 정말로 양질의 정보를 얻고 계시나요? 양질의 정보는 어디서 어떻게 얻을 수 있을까요? 양질의 정보를 얻기 위해서 우리가 해야 할 가장 중요한 한 가지가 있습니다. 바로 '영어 읽기'입니다. 영어로 된 정보에 접근하느냐 못하느냐는 전쟁에서 칼로 싸울지 총으로 싸울지에 관한 문제와 같습니다. 영어 읽기가 어려우면 접근할 수 있는 정보가 한국어로 제한됩니다. 게다가 누군가가 번역한 후의 정보를 접한다는 것은 이미 속도에서 뒤처졌다는 의미이기도 합니다. 그래서 영어를 알면 정보 습득의 범위와 속도가 향상되고, 당연히 경쟁에서 유리한 고지를 차지할 수 있습니다.

영어 공부에는 여러 방법이 있지만, 영어 읽기만 놓고 본다면 가장 효과적인 방법은 꽤 명확합니다. 바로 배경지식과 단어를 공부하는 것입니다. 이것만으로도 어느 정도의 독해는 무리 없이 할 수 있습니다. 특히 단어를 공부하는 것이 빠르고 효과적입니다. 그럼 영어 단어를 어떻게 효율적으로 똑똑하게 공부할 수 있을까요? 바로 우선순위가 높은 단어들을 먼저 공략하여 완전히 내 것으로 만드는 것입니다.

〈영어독립〉은 영어 공부를 효율적이고 똑똑하게 할 수 있도록 도와주는 '영어 단어 학습 서비스'입니다. 〈영어독립〉은 최근 20년간 National Public Radio(미국 공영 라디오)

기사에서 사용된 영단어들을 표제어 추출(Lemmatization)을 통해 우선순위를 완벽하게 분석했습니다. 또한 단순히 우선순위가 높은 단어를 제공하는 것을 넘어, 여러분이 암기한 단어가 장기 기억으로 이어질 수 있도록 돕는 '인공지능 퀴즈'를 제공합니다. 이 인공지능 알고리즘은 데이터를 바탕으로 여러분께 틀리기 쉬운 단어를 반복적으로 노출함으로써, 모르는 단어를 확실히 짚고 넘어갈 수 있게 도와줍니다.

《영어독립 VOCA 3000》은 〈영어독립〉에서 가장 핵심적이고 기본이 되는 영어 단어를 책으로 제공하고자 제작되었습니다. 특히 여러 카테고리 중에서도 가장 권위 있는 아동문학상인 뉴베리상과 카네기상을 받은 동화들에서 추출한 3,000개의 단어를 선별하여 총 5권으로 구성하였습니다. p.8에 있는 그래프는 《영어독립 VOCA 3000》의 3,000개 단어 순서와 빈도수를 나타낸 것입니다.

여기서 꼭 기억하셔야 할 부분은 빈도에 따라 분류하였기 때문에 모든 단어가 똑같이 중요한 것이 아니라 빈도가 높은 앞쪽의 단어들을 꼼꼼하게 외우는 것이 중요하다는 점입니다. 처음 학습하실 때는 얼른 레벨이 높은 단어를 학습하고 싶은 마음에 비교적 쉬운 앞 단어는 대충 넘어가기 쉬운데, 하나하나 빠짐없이 외워 모르는 것이 없도록 하는 과정이 매우 중요합니다.

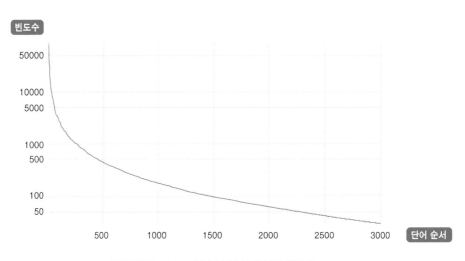

《영어독립 VOCA 3000》 단어 순서와 빈도수

무조건 단시간에 많은 단어를 학습하는 것이 좋은 결과로 이어지지는 않습니다. 똑같이 영어 단어 3,000개를 외우더라도 자주 쓰는 단어인지 아닌지에 따라 결과는 완전히 달라집니다. 따라서 우리는 똑똑하게 노력해야 합니다. 우선순위가 높은 3,000개의 단어를 완전히 내 것으로 만들어 보세요. 이 임계점을 확실히 넘고 나면, 이후에는 같은 노력을 다시 할 필요가 없습니다. 어떤 운동을 하더라도 좋은 결과를 내려면 충분한 힘을 내기 위한 근력 운동이 필수입니다. 《영어독립 VOCA 3000》은 여러분의 영어 실력 향상을 위한 기초 근육을 만들어 줄 것입니다.

《영어독립 VOCA 3000》과 함께 한다면 시간 대비 가장 효과적으로 영어 읽기 실력을 키울 수 있다고 확신합니다. 이 책을 통해 단어 3,000개를 외우는 임계점을 꼭 통과해 보시길 바랍니다. 그 경험이 여러분의 영어 실력과 경쟁력에 날개를 달아 줄 것입니다. 이를 통해 여러분이 원하는 목표를 이룰 수 있기를 진심으로 응원하겠습니다.

상상스퀘어 영어독립콘텐츠팀

영어독립 VOCA 3000의 구성과 특징

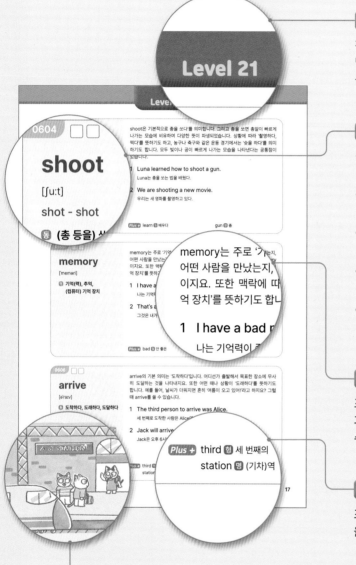

Level 21

0604

shoot

[ʃuːt]

shot - shot

동 (총 등을) 쏘다

shoot은 기본적으로 총을 쏘다'를 의미합니다. 그리고 총을 쏘면 총알이 빠르게 나가는 모습에 비유하여 다양한 뜻이 파생되었습니다. 상황에 따라 '촬영하다, 찍다'를 뜻하기도 하고, 농구나 축구와 같은 운동 경기에서는 '슛을 하다'를 의미하기도 합니다. 모두 빛이나 공이 빠르게 나가는 모습을 나타낸다는 공통점이 있습니다.

1 Luna learned how to shoot a gun.
Luna는 총을 쏘는 법을 배웠다.

2 We are shooting a new movie.
우리는 새 영화를 촬영하고 있다.

Plus+ learn **동** 배우다   gun **명** 총

memory

[meməri]

명 기억(력), 추억, (컴퓨터) 기억 장치

memory는 주로 '기억', 어떤 사람을 만났는지, 이지요. 또한 맥락에 따 억 장치'를 뜻하기도 합니

memory는 주로 '기억인지, 어떤 사람을 만났는지, 이지요. 또한 맥락에 따 억 장치'를 뜻하기도 합니

1 I have a bad m
나는 기억력이

2 That's a
그것은 내가

Plus+ bad **형** 안 좋은

1 I have a bad m
나는 기억력이

0606

arrive

[əˈraɪv]

동 도착하다, 도래하다, 도달하다

arrive의 기본 의미는 '도착하다'입니다. 어디선가 출발해서 목표한 장소에 무사히 도달하는 것을 나타내지요. 또한 어떤 때나 상황이 '도래하다'를 뜻하기도 합니다. 예를 들어, 날씨가 더워지면 흔히 '여름이 오고 있어'라고 하지요? 그럴 때 arrive를 쓸 수 있습니다.

1 The third person to arrive was Alice.
세 번째로 도착한 사람은 Alice였

2 Jack will arrive
Jack은 오후 6시

Plus+ third **형** 세 번째의
station **명** (기차)역

third
station

17

Level별 구성

전체 Level 1에서 Level 100까지 Level별로 구성되었으며 각 권별 20개의 Level을 학습할 수 있습니다.

빈도에 따른 우선순위 학습

- 표제어를 0001부터 3000까지 빈도에 따른 우선순위로 학습할 수 있습니다.
- 학습 후 체크 박스에 표시하며 반복 학습할 수 있습니다.
- 표제어의 발음 기호를 확인할 수 있습니다.
- 불규칙 변화 동사의 과거형과 과거분사형을 학습할 수 있습니다.
- 표제어의 품사와 의미를 학습할 수 있습니다.

표제어에 대한 상세한 설명과 예문

표제어의 어원, 배경, 활용 등 상세한 설명과 예문을 통해 의미를 확실하게 이해할 수 있습니다.

추가 단어 학습

표제어와 더불어 예문에 나온 단어와 구문을 추가로 학습할 수 있습니다.

학습 효과를 돕는 일러스트

재미있는 일러스트를 통해 표제어의 이해도를 높일 수 있습니다.

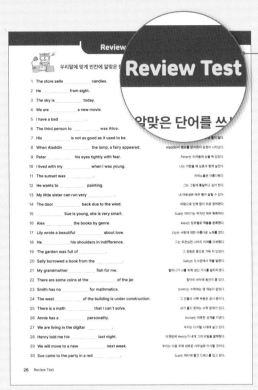

Review Test

우리말에 맞게 빈칸에 알맞은 단어를 쓰

1 The store sells _____ candies.
2 He _____ from sight.
3 The sky is _____ today.
4 We are _____ a new movie.
5 I have a bad _____.
6 The third person to _____ was Alice.
7 His _____ is not as good as it used to be.
8 When Aladdin _____ the lamp, a fairy appeared.
9 Peter _____ his eyes tightly with fear.
10 I lived with my _____ when I was young.
11 The sunset was _____.
12 He wants to _____ painting.
13 My little sister can run very _____.
14 The door _____ back due to the wind.
15 _____ Sue is young, she is very smart.
16 Alex _____ the books by genre.
17 Lily wrote a beautiful _____ about love.
18 He _____ his shoulders in indifference.
19 The garden was full of _____.
20 Sally borrowed a book from the _____.
21 My grandmother _____ fish for me.
22 There are some coins at the _____ of the jar.
23 Smith has no _____ for mathematics.
24 The west _____ of the building is under construction.
25 There is a math _____ that I can't solve.
26 Annie has a _____ personality.
27 We are living in the digital _____.
28 Henry told me his _____ last night.
29 We will move to a new _____ next week.
30 Sue came to the party in a red _____.

26   Review Test

우리말에 맞는 알맞은 단어를 쓰

Aladdin이 램프를 분리하자 요정이 나타났다.
Peter는 두려움에 눈을 꼭 감았다.
나는 어렸을 때 삼촌과 함께 살았다.
저녁노을은 아름다웠다.
그는 그림에 몰입하고 싶어 한다.
내 여동생은 매우 빨리 달릴 수 있다.
바람으로 인해 문이 뒤로 젖혀졌다.
Sue는 어리지만 매우 똑똑하다.
Alex는 장르별로 책을들 분류했다.
Lily는 사랑에 대한 아름다운 노래를 썼다.
그는 무관심한 나머지 어깨를 으쓱했다.
그 정원은 꽃으로 가득 차 있었다.
Sally는 도서관에서 책을 빌렸다.
할머니가 나를 위해 생선 가시를 발라주셨다.
항아리 바닥에 동전이 좀 있다.
Smith는 수학에는 별 재능이 없다.
그 건물의 서쪽 부분은 공사 중이다.
내가 풀지 못하는 수학 문제가 있다.
Annie는 따뜻한 성격을 지녔다.
우리는 디지털 시대에 살고 있다.
어젯밤에 Henry가 내게 그의 비밀을 말했다.
우리는 다음 주에 새로운 사무실로 이사할 것이다.
Sue는 파티에 빨간 드레스를 입고 왔다.

복습하기

예문을 통해 학습한 어휘를 다시 한번 점검할 수 있습니다.

본문 속 품사 및 기호

동 동사	명 명사	형 형용사
부 부사	대 대명사	조 조동사
전 전치사	접 접속사	
V 동사 원형	pl. 복수형의 의미	
[ ] 바꾸어 쓸 수 있는 표현		

음원 제공

원어민과 한국인 전문 성우의 목소리로 제작된 음원을 제공합니다.

1 영어 표제어, 한글 뜻, 예문 듣기
2 영어 표제어 먼저 듣고 한글 뜻 듣기
3 한글 뜻 먼저 듣고 영어 표제어 듣기

유튜브
〈영어독립〉채널에서 들으실 수 있습니다.

MP3 파일
QR코드 혹은 상상스퀘어 출판사 홈페이지에서 다운받으실 수 있습니다.
(www.sangsangsquare-books.com)

영어독립

〈영어독립〉은 빅데이터-AI 기반으로 영어 단어를 효과적으로 학습하도록 도와줍니다. 퀴즈를 풀면서 모르는 단어를 찾아 학습하고, 학습한 단어를 다시 퀴즈 형식으로 복습하는 방식으로 이루어져 있습니다.

목차

영어독립 VOCA 3000 ❷ 학습 플래너

Level 21	**Level 22**	**Level 23**	**Level 24**	**Level 25**
☐ 단어 30개 (0601 ~ 0630)	☐ 단어 30개 (0631 ~ 0660)	☐ 단어 30개 (0661 ~ 0690)	☐ 단어 30개 (0691 ~ 0720)	☐ 단어 30개 (0721 ~ 0750)
☐ Review Test	☐ Review Test	☐ Review Test	☐ Review Test	☐ Review Test
월 일	월 일	월 일	월 일	월 일

Level 26	**Level 27**	**Level 28**	**Level 29**	**Level 30**
☐ 단어 30개 (0751 ~ 0780)	☐ 단어 30개 (0781 ~ 0810)	☐ 단어 30개 (0811 ~ 0840)	☐ 단어 30개 (0841 ~ 0870)	☐ 단어 30개 (0871 ~ 0900)
☐ Review Test	☐ Review Test	☐ Review Test	☐ Review Test	☐ Review Test
월 일	월 일	월 일	월 일	월 일

Level 31	**Level 32**	**Level 33**	**Level 34**	**Level 35**
☐ 단어 30개 (0901 ~ 0930)	☐ 단어 30개 (0931 ~ 0960)	☐ 단어 30개 (0961 ~ 0990)	☐ 단어 30개 (0991 ~ 1020)	☐ 단어 30개 (1021 ~ 1050)
☐ Review Test	☐ Review Test	☐ Review Test	☐ Review Test	☐ Review Test
월 일	월 일	월 일	월 일	월 일

Level 36	**Level 37**	**Level 38**	**Level 39**	**Level 40**
☐ 단어 30개 (1051 ~ 1080)	☐ 단어 30개 (1081 ~ 1110)	☐ 단어 30개 (1111 ~ 1140)	☐ 단어 30개 (1141 ~ 1170)	☐ 단어 30개 (1171 ~ 1200)
☐ Review Test	☐ Review Test	☐ Review Test	☐ Review Test	☐ Review Test
월 일	월 일	월 일	월 일	월 일

Level 21

레벨별 단어 사용 빈도

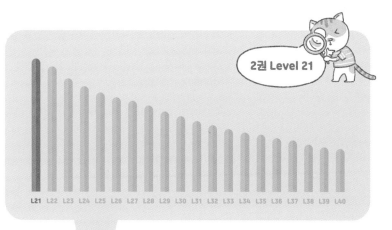

2권 Level 21

L21 L22 L23 L24 L25 L26 L27 L28 L29 L30 L31 L32 L33 L34 L35 L36 L37 L38 L39 L40

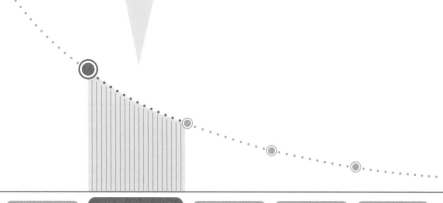

LEVEL 1~20 **LEVEL 21~40** LEVEL 41~60 LEVEL 61~80 LEVEL 81~100

0601

several

[ˈsevrəl]

형 몇몇의, 각자의

대 몇몇

several은 정확한 숫자가 아닌 대략적인 수량을 나타냅니다. a few와 many의 중간을 나타낸다고 볼 수 있습니다. 예를 들어, several books는 '여러 권의 책'을 의미하고, several people은 '여러 명의 사람들'을 나타냅니다. several을 활용한 속담으로 Several men, several minds.가 있는데, 이는 '각인 각색'이라는 뜻입니다. 또한 several은 '몇몇, 몇 개, 몇 사람'을 의미하기도 합니다.

1 The store sells several candies.
그 가게는 여러 가지 사탕을 판다.

2 Joe brought snacks, and I tried several of them.
Joe가 간식을 가져와서 나는 그것 중 몇 개를 먹어봤다.

Plus+ sell 동 팔다   try 동 먹어보다

0602

disappear

[ˌdɪsəˈpɪr]

동 사라지다[없어지다], 실종되다, 소멸[소실]하다

disappear는 '반대'를 나타내는 dis-와 '나타나다'라는 뜻의 appear가 결합한 단어입니다. '나타나다'의 반대는 바로 '사라지다'겠죠? 마술사가 손바닥 위에 동전을 올려놓고 "짜잔~!"이라고 말하면 동전이 사라지는 마술을 떠올려 보세요. disappear는 이 마술처럼 어떤 대상이 눈앞에서 사라지는 것을 의미합니다. 이때 사라지는 대상이 사람이면 '실종되다'를 뜻하고, 사물이면 '소멸하다'를 의미합니다.

1 Peter saw the plane disappear in the distance.
Peter는 저 멀리서 비행기가 사라지는 것을 보았다.

2 The magician disappeared from sight.
마술사가 시야에서 사라졌다.

Plus+ in the distance 저 멀리   sight 명 시야

0603

blue

[bluː]

형 파란[푸른], (추위나 공포 등으로) 새파래진, 우울한

명 파랑[청색]

blue는 원래 하늘이나 바다와 같은 '푸른색'을 의미합니다. 그리고 독특하게도 blue는 우울한 감정 상태를 묘사하기도 하는데, 영어권에서는 옛날부터 푸른색이 '슬픔'이나 '우울함'을 상징했기 때문입니다. 예를 들어, I'm feeling blue.라고 하면 '나는 우울해.'라는 뜻이 됩니다.

1 The sky is blue today.
오늘 하늘이 파랗다.

2 Jake wore a blue suit to the wedding.
Jake는 결혼식에 파란색 정장을 입었다.

Plus+ suit 명 정장   wedding 명 결혼(식)

0604

shoot

[ʃuːt]

shot - shot

통 (총 등을) 쏘다, 발사되다,
촬영하다[찍다],
(운동) 숏을 하다

shoot은 기본적으로 '총을 쏘다'를 의미합니다. 그리고 총을 쏘면 총알이 빠르게 나가는 모습에 비유하여 다양한 뜻이 파생되었습니다. 상황에 따라 '촬영하다, 찍다'를 뜻하기도 하고, 농구나 축구와 같은 운동 경기에서는 '숏을 하다'를 의미하기도 합니다. 모두 빛이나 공이 빠르게 나가는 모습을 나타낸다는 공통점이 있습니다.

1 Luna learned how to shoot a gun.
   Luna는 총을 쏘는 법을 배웠다.

2 We are shooting a new movie.
   우리는 새 영화를 촬영하고 있다.

Plus + learn 통 배우다   gun 명 총

0605

memory

['meməri]

명 기억(력), 추억,
(컴퓨터) 기억 장치

memory는 주로 '기억, 추억' 등을 의미합니다. 여러분이 과거에 무엇을 했는지, 어떤 사람을 만났는지, 또는 무엇을 배웠는지 등을 떠올리는 것이 바로 memory 이지요. 또한 맥락에 따라 컴퓨터 같은 기계에서 정보를 저장하는 장소, 즉 '기억 장치'를 뜻하기도 합니다. 이렇게 보니 사람이나 기계나 서로 닮은 점이 있군요.

1 I have a bad memory.
   나는 기억력이 좋지 않다.

2 That's a memory I am going to always cherish.
   그것은 내가 언제나 소중히 여길 추억이다.

Plus + bad 형 안 좋은   cherish 통 소중히 여기다

0606

arrive

[əˈraɪv]

통 도착하다, 도래하다, 도달하다

arrive의 기본 의미는 '도착하다'입니다. 어디선가 출발해서 목표한 장소에 무사히 도달하는 것을 나타내지요. 또한 어떤 때나 상황이 '도래하다'를 뜻하기도 합니다. 예를 들어, 날씨가 더워지면 흔히 '여름이 오고 있어!'라고 하지요? 그럴 때 arrive를 쓸 수 있습니다.

1 The third person to arrive was Alice.
   세 번째로 도착한 사람은 Alice였다.

2 Jack will arrive at the station at 6 p.m.
   Jack은 오후 6시에 역에 도착할 것이다.

Plus + third 형 세 번째의   person 명 사람
station 명 (기차)역

0607

sight
[saɪt]

명 시야, (눈에 보이는) 광경,
시각[시력], 보기[봄]

'보다'를 뜻하는 동사 see에서 파생된 명사 sight는 '시야, 광경'처럼 우리가 눈으로 보는 것이나 눈에 보이는 것을 의미합니다. '시야'는 우리 눈이 한 번에 볼 수 있는 범위를 나타내고, '광경'은 눈 앞에 펼쳐진 멋진 경치를 뜻하니 말이 되지요? 또한 sight는 맥락에 따라 '시각, 시력' 등을 나타내기도 합니다.

1 The sight of the sunrise was breathtaking.

해가 뜨는 광경은 숨이 멎을 정도로 아름다웠다.

2 His sight is not as good as it used to be.

그의 시력은 예전만큼 좋지 않다.

Plus + sunrise 명 해돋이, 일출　　　　breathtaking 형 숨이 멎는 듯한
used to V 예전에는 ~했다

0608

rub
[rʌb]

동 문지르다[비비다],
(힘들게) 나아가다[해내다]
명 문지르기[비비기],
문제[장애]

rub은 무언가를 다른 것에 비비거나 문지르는 것을 의미합니다. 예를 들어, 손을 서로 비벼서 따뜻하게 만드는 것 등이 포함되지요. 그리고 무언가 비벼서 원하는 것을 얻는 것이 쉽지 않다는 맥락에서 의미가 확장되어 '(힘들게) 나아가다, 해내다'라는 뜻이 파생되기도 했습니다.

1 When Aladdin rubbed the lamp, a fairy appeared.

Aladdin이 램프를 문지르자 요정이 나타났다.

2 She rubbed the surface of the box smoothly.

그녀는 상자의 표면을 매끄럽게 문질렀다.

Plus + fairy 명 요정　　　　　　appear 동 나타나다
surface 명 표면　　　　　smoothly 부 매끄럽게, 부드럽게

0609

shut
[ʃʌt]

shut - shut

동 닫다[닫히다], 덮다[접다]
형 닫힌, 덮인

shut은 동사로 '닫다'를 뜻합니다. 보통 문을 닫거나 눈을 감는 행동 등을 나타내지요. 형용사로는 '닫힌'이나 '감춰진'을 의미합니다. 생각해 보면 모두 열려있는 상태에서 닫히거나 또는 무언가가 가려진 장면을 공통적으로 표현하고 있군요. 그래서 shut the door라고 하면 '문을 닫다'를 뜻하고, shut ~ down이라고 하면 '(공장·가게의) 문을 닫다' 또는 '(기계를) 정지시키다'를 의미합니다.

1 Peter shut his eyes tightly with fear.

Peter는 두려움에 눈을 꽉 감았다.

2 The shut window was opened.

닫혀 있던 창이 열렸다.

Plus + tightly 부 꽉, 단단히　　　　fear 명 두려움, 무서움

0610

uncle

[ˈʌŋkl]

명 삼촌, 고모[이모]부, 아저씨

우리가 잘 알고 있듯이 uncle은 기본적으로 부모님의 남자 형제, 즉 '삼촌'을 의미합니다. 상황에 따라서 '고모부, 이모부'를 뜻하기도 하지요. 또한 친근하게 중년 남성을 부르는 말로도 쓰이는데, 우리말의 '아저씨'와 비슷한 개념으로 보시면 됩니다.

1 I lived with my uncle when I was young.
나는 어렸을 때 삼촌과 함께 살았다.

2 Uncle Bob taught me how to ride a bike.
Bob 삼촌은 내게 자전거 타는 법을 알려 주셨다.

Plus + young 형 어린, 젊은　　　　teach 동 (방법 등을) 알려 주다
ride 동 (자전거 등을) 타다

0611

beautiful

[ˈbjuːtɪfl]

형 아름다운, 예쁜, 훌륭한, 뛰어난

beautiful은 '아름다운, 예쁜' 등의 뜻을 나타내며 사람이나 사물, 풍경 등이 우리 눈에 아름답게 느껴지는 상황을 나타냅니다. 맥락에 따라 '훌륭한, 뛰어난'을 의미하여 어떤 대상을 칭찬할 때 쓰이기도 합니다. 예를 들어, beautiful character 라고 하면 '훌륭한 성품, 인품'을 뜻하지요.

1 The sunset was beautiful.
저녁노을은 아름다웠다.

2 Helen has a beautiful heart.
Helen은 아름다운 마음을 가지고 있다.

Plus + sunset 명 저녁노을, 해질녘　　　　heart 명 마음

0612

master

[ˈmæstə(r)]

명 주인[지배자], 명인[거장], 석사 학위
동 숙달[통달]하다

master는 주로 세 가지를 의미합니다. 우선 '주인, 지배자'를 뜻합니다. 그리고 어떤 분야에서 아주 뛰어난 사람, 즉 '명인, 거장'을 의미하기도 합니다. 마지막으로 대학원에서 받는 '석사 학위'를 나타냅니다. 이 의미들은 모두 '전문성, 영향력'을 가진 사람이라는 공통점이 있습니다. 그래서 master는 동사로 '숙달하다, 통달하다'를 뜻하기도 합니다.

1 Jane received a Master of Science degree.
Jane은 이학 석사 학위를 받았다.

2 He wants to master painting.
그는 그림에 통달하고 싶어 한다.

Plus + receive 동 받다　　　　degree 명 학위
painting 명 그림

0613

fast

[fæst]

휑 빠른, 급속한, 단단히 고정된, 견고한

튀 빨리, 단단히

fast의 기본 의미는 '빠른'입니다. 그리고 움직임이 '빠르다'라는 흐름에서 '급속한'이라는 뜻도 나왔습니다. 이렇게 fast는 물리적, 추상적 빠름을 모두 나타낼 수 있어요. 또한 '단단히 고정된, 견고한'을 의미하여 어떤 것들이 바뀌지 않고 그대로인 것을 나타내기도 합니다.

1 **Tommy made a stake fast in the ground.**
Tommy는 땅속에 말뚝을 단단히 고정했다.

2 **My little sister can run very fast.**
내 여동생은 매우 빨리 달릴 수 있다.

Plus + stake 명 말뚝   ground 명 땅, 토양

0614

swing

[swɪŋ]

swung - swung

동 흔들리다, 휘두르다, (축을 중심으로) 빙 돌다, ~을 매달다

swing은 기본적으로 '휘두르다, 빙 돌다'를 뜻합니다. 예를 들면 방망이를 휘두르거나 춤을 출 때 몸을 빙그르르 돌리는 동작을 나타내지요. 또한 맥락에 따라서 그네를 흔들거나 무언가를 매다는 것을 뜻할 수도 있습니다.

1 **John swung his baseball bat powerfully.**
John은 야구 방망이를 강하게 휘둘렀다.

2 **The door swung back due to the wind.**
바람으로 인해 문이 뒤로 젖혀졌다.

Plus + powerfully 부 강하게   due to ~때문에

0615

although

[ɔːlˈðoʊ]

접 비록 ~일지라도, ~이기는 하나

although는 보통 두 개의 문장을 연결하는 접속사의 역할을 하며 둘 사이에 반대되는 상황이나 생각을 표현합니다. 예를 들어, Although it is raining, we will go to the park.라고 하면 '비록 비가 오고 있지만, 우리는 공원에 갈 거예요.'를 뜻합니다.

1 **Although Sue is young, she is very smart.**
Sue는 어리기는 하지만 매우 똑똑하다.

2 **Billy failed the exam although he studied hard.**
Billy는 열심히 공부했음에도 시험에 떨어졌다.

Plus + smart 형 똑똑한   fail 동 (시험에) 떨어지다
hard 부 열심히

0616

group

[gruːp]

📖 집단, 무리

🔹 모이다, (집단으로) 분류하다

group은 같은 목적이나 특성을 공유하는 사람들이나 물건의 모임을 뜻해요. 예를 들어, group discussion이라고 하면 여러 사람이 한 조를 이루어 서로의 의견을 나누는 토론을 의미합니다. 우리가 모여서 공부하는 것도 group study로 표현할 수 있지요. 또한 group은 동사로는 이런 사람들이나 물건을 하나로 모이게 하는 것을 나타냅니다.

1 We made a group to study migratory birds.
우리는 철새를 연구하는 모임을 만들었다.

2 Alex grouped the books by genre.
Alex는 장르별로 책들을 분류했다.

 Plus ➕ migratory bird 철새　　　　　　genre 📖 (작품 등의) 장르

0617

song

[sɔːŋ]

📖 노래, (서정)시

song은 일반적으로 사람들이 부르거나 연주하는 멜로디, 즉 '노래'를 말합니다. 원래는 감정이나 이야기를 표현할 때 쓰이는 '노래'만을 의미했지만, 이 단어가 널리 쓰이기 시작하면서 시적인 언어로 이야기를 표현하는 것까지 나타내게 되었습니다. 그래서 '(서정)시'를 의미하기도 합니다. 참 아름다운 단어죠?

1 Lily wrote a beautiful song about love.
Lily는 사랑에 관한 아름다운 노래를 썼다.

2 The life of a heroine is like a sad song.
그 여주인공의 인생은 슬픈 노래 같다.

 Plus ➕ write 🔹 쓰다　　　　　　　　　　　　life 📖 인생
heroine 📖 (소설, 영화 등의) 여주인공

0618

shrug

[ʃrʌg]

🔹 어깨를 으쓱하다

shrug는 어깨를 들썩이는 동작을 나타냅니다. 그런데 우리는 무언가 모르거나 의아할 때 어깨를 으쓱하지요? 이런 맥락에서 shrug는 '모르겠다, 상관없다'를 뜻하는 몸짓을 나타내기도 합니다. 예를 들어, shrug off라고 하면 무언가를 쉽게 무시하거나 대수롭지 않게 취급하는 것을 의미합니다.

1 Nora just shrugged when I asked her about her future plans.
내가 Nora에게 장래의 계획에 대해 물었을 때 그녀는 그저 어깨를 으쓱했다.

2 He shrugged his shoulders in indifference.
그는 무관심한 나머지 어깨를 으쓱했다.

Plus ➕ ask 🔹 묻다　　　　　　　　　　　　plan 📖 계획
indifference 📖 무관심

0619

flower

[ˈflaʊə(r)]

⊗ 꽃, 화초, 개화[만발]

⊗ 꽃이 피다, 번영하다

flower는 우리가 잘 알고 있듯이 '꽃'을 뜻하는 단어입니다. 맥락에 따라 '꽃이 피다'를 의미하기도 하지요. 원래 식물이나 나무의 '꽃'을 의미했는데, 시간이 지나면서 더 넓은 개념에서 꽃이 만발하거나 어떤 일이 최고조에 이르는 것도 나타내게 되었답니다.

1 The garden was full of flowers.
그 정원은 꽃으로 가득 차 있었다.

2 Unfortunately, Jim's genius flowered late.
안타깝게도 Jim의 천재성은 뒤늦게 꽃피었다.

Plus + full of ~로 가득 찬   unfortunately ⊕ 안타깝게도, 유감스럽게도
genius ⊗ 천재성

0620

library

[ˈlaɪbreri]

⊗ 도서관, 서재, 문고[전집]

library를 잘 보시면 '책'을 뜻하는 라틴어 *liber*가 들어있는 것을 알 수 있습니다. 그래서 주로 많은 책들이 모여 있는 장소인 '도서관'을 뜻합니다. 또는 맥락에 따라 개인의 책을 모아 놓은 '서재'를 의미하거나 한 사람이나 그룹의 작품들을 모아 놓은 '문고'를 지칭하기도 하지요. 이 모든 의미는 '책'이라는 한 가지 뜻에서 파생된 것으로 보시면 됩니다.

1 Sally borrowed a book from the library.
Sally는 도서관에서 책을 빌렸다.

2 My dream is to build a big library at home.
내 꿈은 집에 큰 서재를 만드는 것이다.

Plus + borrow ⊗ 빌리다   build ⊗ 만들다

0621

bone

[boʊn]

⊗ 뼈, 뼈로 만든 것

⊗ 뼈를 발라내다, 뼈대를 넣다

bone은 사람이나 동물의 몸을 구성하는 '뼈'를 의미하며 맥락에 따라 뼈로 만든 물건을 가리키거나 어떤 대상의 '뼈를 발라내다' 등을 뜻하기도 합니다. 또한 우리가 무언가 기반을 다지거나 만들 때 '뼈대를 만든다'라고 하듯이 bone도 건물 등의 기본 구조를 만든다는 흐름에서 '뼈대를 넣다'를 의미하기도 합니다.

1 Joey broke a bone while playing.
Joey는 놀다가 뼈가 부러졌다.

2 My grandmother boned fish for me.
할머니가 나를 위해 생선 가시를 발라주셨다.

Plus + break ⊗ (뼈를) 부러뜨리다   while ⊗ ~하는 동안에

0622

bottom

[ˈbɑːtəm]

명 바닥, 하부[아랫 부분], 기초[근본]

형 밑바닥의

bottom은 주로 '바닥' 또는 어떤 물체나 공간의 '아랫 부분'를 의미해요. 그리고 이런 뜻을 바탕으로 '기초, 근본' 등의 추상적인 의미가 파생되기도 했습니다. 예를 들어, bottom line이라고 하면 맨 바닥 지점을 나타내는데, 이는 '결론적으로, 가장 중요한 요점'이라는 뜻을 나타냅니다. 또한 bottom은 형용사로 '밑바닥의'를 뜻하기도 합니다.

1 There are some coins at the bottom of the jar.

항아리 바닥에 동전이 좀 있다.

2 The bottom line is that Jenny should save money.

가장 중요한 요점은 Jenny가 돈을 모아야 한다는 것이다.

Plus + jar 명 항아리　　　　　　save 동 (돈을) 모으다

0623

gift

[gɪft]

명 선물, 재능

동 선물로 주다, 부여하다

gift는 잘 알다시피 '선물'을 뜻합니다. 그리고 맥락에 따라 추상적으로는 '재능'을 의미하기도 하는데, 이는 '재능'을 하늘이 내려준 선물이라고 여기는 전통에서 유래했습니다. 그래서 Drawing pictures is her special gift.라고 하면 '그림을 그리는 것은 그녀의 특별한 재능이다.'라는 뜻이 됩니다. 그밖에 gift는 동사로 '선물을 주다, 부여하다'를 뜻하기도 합니다.

1 Smith has no gift for mathematics.

Smith는 수학에는 영 재능이 없었다.

2 My grandfather gifted me a teddy bear.

할아버지께서 내게 곰인형을 선물로 주셨다.

Plus + mathematics 명 수학

0624

wing

[wɪŋ]

명 날개, (중심 건물에서 옆으로 늘인) 동(棟), 당파[진영]

동 날다[비상하다], 신속하게 움직이게 하다

wing의 기본 의미는 '날개'입니다. 맥락에 따라 비유적인 뜻을 나타내기도 합니다. 예를 들어, 건물의 중심부에 양쪽으로 뻗어나간 부분이 있지요? 그 부분이 새의 날개와 비슷하다고 하여 wing이라 부르기도 하고, 정치에서는 '당파'를 뜻하기도 해요. 또한 날개짓하며 빠르게 날아가는 모습에서 '신속하게 움직이다'라는 의미가 나오기도 했습니다.

1 The west wing of the building is under construction.

그 건물의 서쪽 부분은 공사 중이다.

2 The bird winged off the roof.

그 새는 지붕에서 날개짓을 하며 날아갔다.

Plus + under 전 (~되고 있는) 중인　　　　construction 명 공사
wing off 날개짓을 하며 날아가다　　　roof 명 지붕

0625

problem

[ˈprɑːbləm]

명 문제

problem은 '문제'를 의미합니다. 수학 문제 같은 단순한 문제부터 해결해야 할 어려운 상황이나 곤란한 일들까지 problem은 일상적인 문제나 복잡한 문제를 모두 표현할 수 있습니다. 예를 들어, No problem.이라고 하면 '전혀 문제 되지 않아요. 괜찮아요.' 등을 뜻하고, fix a problem은 '문제를 해결하다'를 의미합니다.

1 There is a math problem that I can't solve.
내가 풀지 못하는 수학 문제가 있다.

2 Air pollution is a serious problem in the city.
그 도시에서 대기 오염은 심각한 문제이다.

Plus+ solve 동 (수학 문제 등을) 풀다   pollution 명 오염
serious 형 심각한

0626

warm

[wɔːrm]

형 따뜻한, 온정 있는, 열렬한[격한]

동 따뜻하게 하다

warm은 '따뜻한' 느낌을 나타내는 단어입니다. 물리적 온도뿐 아니라, 사람의 친절하거나 애정이 많은 태도를 나타내기도 합니다. 생각해 보면 우리도 '따뜻한 사람, 따뜻한 마음씨'라는 말을 흔히 쓰곤 하지요. 또한 때에 따라 어떤 대상에 대한 열정이나 강한 감정을 표현하기도 합니다.

1 Annie has a warm personality.
Annie는 따뜻한 성격을 지녔다.

2 Mom warmed up the leftover pasta.
엄마가 남은 파스타를 따뜻하게 데워주셨다.

Plus+ personality 명 성격, 성품   leftover 형 남은 명 남은 음식

0627

era

[ˈɪrə, ˈerə]

명 시대, (어떤 특징을 가진) 시기[연대], 대(代)

era는 '특정한 시간'을 나타냅니다. 주로 어떤 중요한 사건이나 변화가 일어난 시기를 나타내지요. 예를 들면 공룡이 지배했던 시기를 '공룡의 시대'라고 하는데 이를 영어로는 the dinosaur era라고 합니다. 오늘날 우리가 사는 시대는 the modern era(현대 시대)라고 하지요.

1 We are living in the digital era.
우리는 디지털 시대에 살고 있다.

2 The era of dinosaurs came to an end millions of years ago.
공룡의 시대는 수백만 년 전에 끝났다.

Plus+ dinosaur 명 공룡   come to an end 끝나다
million 명 100만

0628

secret

[ˈsiːkrət]

명 비밀, 기밀, 비결

형 비밀의

secret은 원래 '자신만의, 개인적인'을 의미했습니다. 그러다 시간이 지나면서 남들이 알기를 원치 않는 것이나 누군가 어떤 사실을 자기만 간직하고 있는 것을 나타내게 되었습니다. 이것이 바로 지금의 '비밀, 기밀'이라는 뜻으로 발전되었지요.

1 Henry told me his secret last night.
어젯밤에 Henry가 내게 그의 비밀을 말해줬다.

2 The map revealed the location of the secret cave.
그 지도를 통해 비밀 동굴의 위치가 드러났다.

Plus+ reveal 통 드러내다, 밝히다   location 명 위치
cave 명 동굴

0629

office

[ˈɔːfɪs, ˈɑːfɪs]

명 사무실, 근무처, 사옥, 공직

우리에게 '오피스'라는 외래어로 익숙한 office는 사람들이 일을 하는 장소, 즉 '사무실, 근무처' 등을 뜻하는 단어예요. 원래는 '의무'라는 뜻에서 출발했는데, 시간이 지나면서 '일을 하는 장소'도 뜻하게 되었습니다. 그래서 office worker는 '사무직 직원'을, public office는 '공직'을 의미합니다.

1 We will move to a new office next week.
우리는 다음 주에 새로운 사무실로 이사할 것이다.

2 It takes 30 minutes from my house to the office.
나의 집에서 사무실까지는 30분 정도 걸린다.

Plus+ move 통 (근무지 등을) 이사하다   take 통 (얼마의 시간이) 걸리다
minute 명 (시간 단위의) 분

0630

dress

[dres]

명 의복[옷], 드레스[원피스]

동 옷을 입히다,
장식하다[꾸미다]

dress는 아주 재미있는 단어입니다. 우리가 생각하는 바로 그 '드레스'도 뜻하지만 그냥 '옷'을 뜻하기도 하지요. 동사로는 '옷을 입히다' 또는 '장식하다'라는 뜻도 나타낼 수 있어요. 그래서 dress up이라고 하면 '(보통 때보다 더) 옷을 갖춰 입다'를 의미합니다.

1 Sue came to the party in a red dress.
Sue는 파티에 빨간 드레스를 입고 왔다.

2 I need to dress up for the presentation.
나는 발표를 위해서 옷을 차려입어야 한다.

Plus+ need 통 (필수적이거나 아주 중요하므로) ~해야 하다   presentation 명 발표

우리말에 맞게 빈칸에 알맞은 단어를 쓰세요.

(정답은 본문을 확인하세요.)

1   The store sells ＿＿＿＿＿ candies.
그 가게는 여러 가지 사탕을 판다.

2   The magician ＿＿＿＿＿ from sight.
마술사가 시야에서 사라졌다.

3   The sky is ＿＿＿＿＿ today.
오늘 하늘이 파랗다.

4   We are ＿＿＿＿＿ a new movie.
우리는 새 영화를 촬영하고 있다.

5   I have a bad ＿＿＿＿＿.
나는 기억력이 좋지 않다.

6   The third person to ＿＿＿＿＿ was Alice.
세 번째로 도착한 사람은 Alice였다.

7   His ＿＿＿＿＿ is not as good as it used to be.
그의 시력은 예전만큼 좋지 않다.

8   When Aladdin ＿＿＿＿＿ the lamp, a fairy appeared.
Aladdin이 램프를 문지르자 요정이 나타났다.

9   Peter ＿＿＿＿＿ his eyes tightly with fear.
Peter는 두려움에 눈을 꽉 감았다.

10 I lived with my ＿＿＿＿＿ when I was young.
나는 어렸을 때 삼촌과 함께 살았다.

11 The sunset was ＿＿＿＿＿.
저녁노을은 아름다웠다.

12 He wants to ＿＿＿＿＿ painting.
그는 그림에 통달하고 싶어 한다.

13 My little sister can run very ＿＿＿＿＿.
내 여동생은 매우 빨리 달릴 수 있다.

14 The door ＿＿＿＿＿ back due to the wind.
바람으로 인해 문이 뒤로 젖혀졌다.

15 ＿＿＿＿＿ Sue is young, she is very smart.
Sue는 어리기는 하지만 매우 똑똑하다.

16 Alex ＿＿＿＿＿ the books by genre.
Alex는 장르별로 책들을 분류했다.

17 Lily wrote a beautiful ＿＿＿＿＿ about love.
Lily는 사랑에 관한 아름다운 노래를 썼다.

18 He ＿＿＿＿＿ his shoulders in indifference.
그는 무관심한 나머지 어깨를 으쓱했다.

19 The garden was full of ＿＿＿＿＿.
그 정원은 꽃으로 가득 차 있었다.

20 Sally borrowed a book from the ＿＿＿＿＿.
Sally는 도서관에서 책을 빌렸다.

21 My grandmother ＿＿＿＿＿ fish for me.
할머니가 나를 위해 생선 가시를 발라주셨다.

22 There are some coins at the ＿＿＿＿＿ of the jar.
항아리 바닥에 동전이 좀 있다.

23 Smith has no ＿＿＿＿＿ for mathematics.
Smith는 수학에는 영 재능이 없었다.

24 The west ＿＿＿＿＿ of the building is under construction.
그 건물의 서쪽 부분은 공사 중이다.

25 There is a math ＿＿＿＿＿ that I can't solve.
내가 풀지 못하는 수학 문제가 있다.

26 Annie has a ＿＿＿＿＿ personality.
Annie는 따뜻한 성격을 지녔다.

27 We are living in the digital ＿＿＿＿＿.
우리는 디지털 시대에 살고 있다.

28 Henry told me his ＿＿＿＿＿ last night.
어젯밤에 Henry가 내게 그의 비밀을 말해줬다.

29 We will move to a new ＿＿＿＿＿ next week.
우리는 다음 주에 새로운 사무실로 이사할 것이다.

30 Sue came to the party in a red ＿＿＿＿＿.
Sue는 파티에 빨간 드레스를 입고 왔다.

Level
22

레벨별 단어 사용 빈도

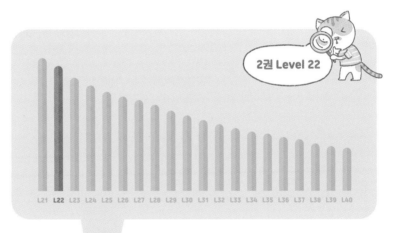

2권 Level 22

L21 **L22** L23 L24 L25 L26 L27 L28 L29 L30 L31 L32 L33 L34 L35 L36 L37 L38 L39 L40

LEVEL 1~20　　LEVEL 21~40　　LEVEL 41~60　　LEVEL 61~80　　LEVEL 81~100

0631

coat

[koʊt]

명 외투[코트], (페인트 등의) 칠, (금속 등을) 씌운 것

동 (막 같은 것을) 덮다[입히다]

coat는 우리가 입는 '외투'를 의미합니다. '외투'는 겉에 입는 옷을 말하죠? 그래서 비유적으로는 '(페인트 등의) 칠, (금속 동을) 씌운 것'을 의미하기도 합니다. 그럼 coat는 동사로는 무슨 뜻을 나타낼까요? 바로 '~을 덮다, ~을 입히다'를 의미합니다. 이렇게 보니 coat의 의미가 잘 그려지시죠?

1 Please take off your coat first.
먼저 외투를 벗으십시오.

2 The kitchen wall was coated in a layer of grease.
그 주방 벽은 기름막으로 덮혀 있었다.

Plus+ take off (옷 등을) 벗다   wall 명 벽
       layer 명 (하나의 표면 등의 사이를 덮고 있는) 막, 층   grease 명 기름

0632

country

['kʌntri]

명 국가, 지역, 시골

country를 한 마디로 정의하자면 '경계가 있는 공간'이라는 말에 가까워요. 딱히 규모와 특징은 한정되어 있지 않습니다. 그러다 보니 country는 맥락에 따라 '국가, 지역, 시골' 등을 모두 가리킬 수 있는데, 이 세 가지 뜻의 공통점은 바로 그 밖의 공간과 구분되는 분명한 공간이라는 뉘앙스를 품는다는 점입니다.

1 Korea is Kate's home country.
한국은 Kate의 조국이다.

2 They traveled through the country.
그들은 전국을 여행했다.

Plus+ home country 조국   travel 동 여행하다

0633

sharp

[ʃɑːrp]

형 날카로운, 예리한, 급격한, 가파른

sharp는 주로 '날카로운, 예리한, 급격한, 가파른' 등을 뜻합니다. 이 의미들의 공통점은 모두 '뾰족한' 느낌이 난다는 점입니다. 칼처럼 끝이 뾰족하고 무언가를 잘라낼 수 있는 물건을 묘사할 때는 '날카로운'을 의미하고, 사람의 감각 기관이 민감한 반응을 할 때는 '예리한'이라는 뜻을 나타낸다고 보면 됩니다.

1 Be careful with the sharp knife.
칼이 날카로우니 조심해.

2 Olive felt a sharp pain in his back.
Olive는 등에서 예리한 통증을 느꼈다.

Plus+ knife 명 칼   pain 명 통증
       back 명 등

0634

plan

[plæn]

- 명 계획, 설계도
- 동 계획하다, 구상하다

plan은 원래 '평평한 지면'을 뜻하는 라틴어에서 유래했습니다. 가만히 생각해 보면 땅은 보통 울퉁불퉁하지요. 이를 평평하게 만든다는 것은 그 위로 마차 등이 지나다닐 수 있게 미리 계획해서 만들어 놓는다는 의미겠지요? 이런 맥락에서 의미가 확장되어 오늘날 plan은 '계획, 설계도, 구상하다' 등을 뜻하게 되었습니다.

1 We gathered to make plans for winter vacation.

우리는 겨울 방학 계획을 세우기 위해 모였다.

2 It's always good for you to plan ahead.

항상 미리 계획하는 것이 좋다.

Plus + gather 동 (사람들이) 모이다　　　　ahead 부 미리

0635

stomach

['stʌmək]

- 명 위(胃), 복부[배]
- 동 (모욕 등을) 참다, 먹다[집어삼키다]

stomach는 명사로 사람의 '위'나 '복부'를 의미합니다. 동사로는 '(모욕 등을) 참다, 먹다' 등을 의미하여 어렵거나 불쾌한 일을 감내하거나 무언가 삼키는 것을 나타냅니다. 예를 들어, 배탈이 나거나 속이 아픈 경우는 an upset stomach 로 표현할 수 있고, hard to stomach라고 하면 '참기 힘든'을 뜻하기도 합니다.

1 I had an upset stomach after eating ice cream.

나는 아이스크림을 먹고 배탈이 났다.

2 He tried to stomach the bitter taste of the medicine.

그는 약의 쓴맛을 참으려고 노력했다.

Plus + try to V ~하려고 노력하다　　　　bitter 형 맛이 쓴
taste 명 맛

0636

spot

[spɑ:t]

- 명 (작은) 점[반점], 얼룩, (특정한) 장소
- 형 당장[즉석]의

spot은 기본적으로 '얼룩'을 뜻해요. 보통 얼룩은 '선'보다는 '점'의 형태를 띠고 있지요. 그래서 spot은 '작은 점, 반점' 등을 의미하기도 합니다. 또한 우리는 지도에서 어떤 장소를 좌표로 표시할 때 점을 찍는데, 여기서 의미가 파생되어 '특정한 장소'를 뜻하기도 해요. 이 외에도 형용사로는 '당장의, 즉석의'를 의미합니다.

1 Leah didn't know there was a spot on her shirt.

Leah는 셔츠에 얼룩이 있는 줄 몰랐다.

2 This is my favorite spot in this park.

여기가 이 공원에서 내가 가장 좋아하는 장소이다.

Plus + know 동 알다　　　　favorite 형 가장 좋아하는

0637 ☐☐

alive

[əˈlaɪv]

형 살아 있는, 활동하는[활발한],
북적거리는

alive는 주로 '살아 있는'을 의미해요. 보통 무언가 '살아 있는'이라고 하면 생명이 있는 상태를 뜻합니다. 그래서 alive는 사람이나 동물, 식물 등이 '살아 있는' 상태를 모두 나타낼 수 있어요. 그리고 비유적으로는 '활발한' 사람이나 '북적거리는' 장소 등을 묘사하기도 합니다.

1 Judy was an unknown painter even when she was alive.
   Judy는 살아 있을 때도 무명 화가였다.

2 The market was alive and bustling.
   그 시장은 활기차고 북적거렸다.

Plus + unknown 형 무명의, 이름 없는   even 부 (사실 등을 강조하여) ~까지도
bustling 형 북적거리는, 부산한

0638 ☐☐

tall

[tɔːl]

형 (키가) 큰, 높은,
높이[키]가 ~인

tall은 주로 키가 크거나 높이가 높은 것을 나타냅니다. 사람이나 동물, 건물, 나무 등 높이가 높으면 어떤 대상이든지 묘사할 수 있어요. 그리고 tall은 높이가 얼마나 되는지를 표현하는 단위와도 함께 쓰입니다. 예를 들어, The building is 100 meters tall.이라고 하면 '그 건물은 높이가 100미터이다.'라는 의미를 나타내지요.

1 Thomas is the tallest among us.
   Thomas는 우리 중 가장 키가 크다.

2 The new building is 120 meters tall.
   그 새 건물은 높이가 120미터이다.

Plus + among 전 ~중에, ~사이에   tallest 형 키가 가장 큰, 가장 높은 (tall의 최상급)

0639 ☐☐

kick

[kɪk]

동 (발로) 차다, 걷어차다,
속도를 갑자기 올리다

명 발길질

kick은 기본적으로 '발로 차다'라는 뜻을 나타냅니다. 축구에서 공을 차거나 태권도 등의 운동에서 상대를 발로 차는 행동 등을 kick이라고 표현하지요. 또한 어떤 일을 갑자기 시작하거나 속도를 빠르게 올린다라는 의미를 나타내기도 하는데, 이는 무언가를 발로 찼을 때 빠르게 튀어나가는 모습에서 나온 것으로 추정됩니다.

1 Alice kicked the ball into the goal.
   Alice는 골문 안으로 공을 찼다.

2 The car suddenly kicked into high gear.
   그 차는 갑자기 속도를 빠르게 올렸다.

Plus + goal 명 (스포츠에서) 골문   suddenly 부 갑자기
high gear 최고 속도

0640

age

[eɪdʒ]

몡 나이, 연령, 시대

통 나이가 들다

age에는 다양한 뜻이 있습니다. 첫 번째로, '나이'를 뜻하는데, 사람이나 동물, 물건이 세월이 지나며 경험한 시간을 나타내요. 두 번째로, '시대'를 뜻하며 주로 특정한 시기나 시절을 나타냅니다. 그래서 in the same age라고 하면 '동시대에'를 뜻합니다. 그밖에 동사로는 '나이가 들다'를 의미하기도 합니다.

1 What is your nephew's age?

네 조카는 몇 살이니?

2 A middle-aged woman was sitting on the bench reading a book.

한 중년 여성이 벤치에 앉아 책을 읽고 있었다.

Plus+ nephew 몡 조카 (아들)　　　　　middle-aged 중년의

0641

plate

[pleɪt]

몡 접시, 그릇,
　(요리의) 한 접시분,
　(자동차의) 번호판

plate는 주로 음식을 담는 '접시'나 '그릇'을 뜻하는 명사예요. 원래는 '평평한 것'을 의미했습니다. 그래서 둥글게 올라가는 모양의 깊이가 있는 그릇보다는 평평한 모양에 가까운 그릇을 나타냅니다. 또한 맥락에 따라 '(자동차의) 번호판'을 의미하기도 해요. 생각해 보면 접시나 번호판 모두 '평평하다'라는 공통점이 있군요.

1 Peter grabbed some bread from the plate.

Peter는 접시에 놓인 빵을 움켜쥐었다.

2 Linda had a whole plate of spaghetti.

Linda는 스파게티 한 접시를 다 먹었다.

Plus+ grab 통 움켜쥐다　　　　　whole 혱 전부의, 전체의

0642

choose

[tʃuːz]

chose - chosen

통 고르다, 선택하다, 결정하다

choose의 기본 의미는 '고르다'입니다. 여러 가지 물건 중 원하는 것을 하나 고르거나 다양한 선택지에서 가장 적절한 하나를 고르는 것 등을 모두 나타낼 수 있습니다. 그래서 맥락에 따라 '고르다, 선택하다, 결정하다' 등으로 다양하게 표현되곤 합니다.

1 You can choose anything you want.

너는 원하는 건 무엇이든 고를 수 있다.

2 I chose to stay home instead of see a movie.

나는 영화를 보러 가는 대신 집에 머무르기로 결정했다.

Plus+ anything 대 무엇이든지　　　　　stay 통 (다른 곳에 가지 않고) 머무르다
instead of ~대신에

0643

remind

[rɪ'maɪnd]

동 상기시키다, 일깨우다

remind는 일반적으로 '~을 떠올리게 하다'를 의미합니다. 사람이나 사물, 상황 등이 누군가에게 어떤 사실이나 이전의 경험, 정보 등을 떠올리게 하는 경우를 나타내지요. 예를 들어, remind me later라고 하면 혹시 내가 잊어버릴지 모르니 나중에 다시 알려달라는 의미입니다.

1 The kitchen reminds Jamie of a memory with her son.
부엌은 Jamie에게 아들과의 기억을 떠올리게 한다.

2 Remind me to mail this letter tomorrow morning.
나한테 내일 아침에 이 편지를 부치라고 얘기 좀 해줘.

Plus + memory 명 기억   mail 동 우편물을 발송하다

0644

cause

[kɔːz]

명 원인, 이유

동 ~의 원인이 되다, 초래하다

cause는 명사로는 '원인, 이유' 등을 나타내고, 동사로는 '~의 원인이 되다, ~를 초래하다'를 뜻합니다. 어떤 일이 일어나게 만드는 힘이나 사건, 그리고 그러한 일을 만들어 내는 행동을 전반적으로 나타내는 단어라고 보시면 좋습니다. 그 래서 흔히 '원인과 결과'를 말할 때 cause and effect라는 표현을 씁니다.

1 The heavy rain was the cause of the flood.
집중 호우가 그 홍수의 원인이었다.

2 Eating too much sugar causes health problems.
설탕을 너무 많이 먹으면 건강상의 문제가 생길 수 있다.

Plus + heavy 형 (양이나 정도 등이 보통보다) 심한   flood 명 홍수
problem 명 문제

0645

drink

[drɪŋk]

drank - drunk

동 마시다, 술을 마시다

명 음료, 마실 것

drink의 기본 의미는 '마시다'입니다. 보통 무언가를 마신다고 하면 특정 음료 보다는 그냥 액체 같은 것이 떠오르는 경우가 많습니다. 그래서 명사로는 '음료, 마실 것' 등을 의미하기도 합니다. 참고로 특별한 설명이 없다면 drink는 '술을 마시다'를 뜻하는 경우가 많아요.

1 My daughter drinks a glass of milk every morning.
나의 딸은 매일 아침에 우유를 한 잔 마신다.

2 What is your favorite drink?
네가 가장 좋아하는 음료는 무엇이니?

Plus + daughter 명 딸   glass 명 한 잔(의 양)

0646

join

[dʒɔɪn]

동 연결하다[되다], 가입하다
[참가하다], 합쳐지다,
함께 하다

join은 일반적으로 두 가지 또는 그 이상의 대상이 하나로 합쳐지는 것을 나타냅니다. 물리석으로 연결되는 것은 물론이고, 사람이 어떤 그룹이나 활동에 참여하는 것도 표현할 수 있지요. 그래서 맥락에 따라 '연결하다, 가입하다, 참가하다, 합쳐지다' 등 다양한 뜻을 나타낼 수 있습니다.

1 Thomas decided to join the aerobics class.

Thomas는 에어로빅 수업에 참가하기로 결심했다.

2 Can I join you for dinner?

저녁 식사 함께 해도 될까?

Plus + decide 동 결심하다   dinner 명 저녁 식사

0647

brain

[breɪn]

명 뇌, 두뇌, 지능, 똑똑한 사람

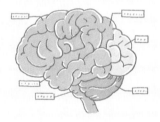

brain은 기본적으로 '뇌'를 뜻해요. 그리고 이 의미가 확장되어 '지능, 똑똑한 사람' 등을 나타낼 수도 있습니다. 하긴 사람이 생각하고 지식을 얻는 수단이 바로 '뇌'이니 '지능'과 연결되는 것은 당연해 보입니다. brain 자체가 '똑똑한 사람'을 뜻하는 것도 우리가 '두뇌, 머리' 등으로 똑똑한 사람을 지칭하는 것과 같은 원리라고 보시면 됩니다.

1 Tony has a brilliant brain.

Tony는 뛰어난 두뇌를 가지고 있다.

2 The brain is a complex organ.

뇌는 복잡한 기관이다.

Plus + brilliant 형 뛰어난, 우수한   complex 형 복잡한
organ 명 기관

0648

either

[ˈaɪðə(r), ˈiːðə(r)]

대 (둘 중의) 어느 한쪽

형 (둘 가운데) 어느 쪽의, 양쪽의

접 ~이든 아니면

either는 주로 둘 중 하나를 선택하는 상황을 나타냅니다. 구체적으로는 '(둘 중의) 어느 한쪽, (둘 가운데) 어느 쪽의, 양 쪽의' 등을 의미하지요. 예를 들어, either dogs or cats라고 하면 '개 아니면 고양이'를 뜻하지만 either side는 '양쪽'이라는 의미가 됩니다. 그래서 either는 맥락에 맞는 적절한 뜻을 파악하는 것이 중요합니다.

1 Jake said I could either stay here or leave.

Jake는 내가 여기에 머무르거나 떠나도 된다고 얘기했다.

2 Either way, they need to make a decision.

어떤 경우에도, 그들은 결정을 내려야 한다.

Plus + stay 동 (다른 곳에 가지 않고) 머무르다   leave 동 떠나다
decision 명 결정

0649

jar

[dʒɑː(r)]

🅂 (잼 등을 담아 두는) 병, 단지[항아리], (부딪쳐서 생기는) 충격, 삐걱거리는 소리

jar는 주로 '(잼 등을 담아 두는) 병, 단지'를 뜻하는 단어입니다. 사실 꼭 잼을 담아두어야 하는 것은 아니고 그렇게 생긴 병이나 단지를 지칭하는 것으로 볼 수 있어요. 그리고 jar는 보통 유리나 도자기로 만들기 때문에 유리 등이 부딪히는 소리나 진동하는 소리를 표현하기도 합니다. 어떤 소리인지 대충 짐작이 가시죠?

1 Can you pass me the jar of strawberry jam?
   딸기잼 병 좀 건네줄래?

2 Kate put the flowers in a glass jar.
   Kate는 꽃을 유리병에 꽂았다.

Plus + pass 🅂 건네주다   put 🅂 (특정한 장소 등에) 넣다
glass 🅂 유리

0650

history

['hɪstri]

🅂 역사, 이력[내력]

history는 기본적으로 '역사'를 의미하는 단어입니다. '역사'란 과거의 사건들, 특히 인류의 행동과 생활에 관한 사건들을 연구하고 기록하는 학문입니다. 한 사람의 인생 또한 '역사'라는 개념에 포함될 수 있습니다. 그래서 history는 누군가의 과거 경험을 나타내어 '이력'을 뜻하기도 해요.

1 History repeats itself.
   역사는 반복된다.

2 What is Nancy's employment history?
   Nancy의 근무 이력은 어떻게 됩니까?

Plus + repeat 🅂 (어떤 일을) 반복하다   employment 🅂 근무

0651

special

['speʃl]

🅂 특별한, 특유의, 전문[전공]의

🅂 특별한 것

special은 주로 '특별한, 특유의, 전문의'를 뜻합니다. 다른 것들과 차별화되거나 어딘가 평범하지 않고 독특한 것이 있다면 special이라고 할 수 있지요. 그리고 이렇게 다른 분야와 차별화된 분야, 즉 '전문 분야'를 나타낼 수도 있습니다.

1 This is a special day for us.
   오늘은 우리에게 특별한 날이다.

2 Cathy has a special talent for physics.
   Cathy는 물리학에 특출난 재능이 있다.

Plus + talent 🅂 재능   physics 🅂 물리학

dance

[dæns]

- 몡 춤, 무용
- 동 춤을 추다

우리가 잘 알고 있는 dance는 명사로는 '춤, 무용' 등을 의미하고, 동사로는 '춤을 추다'를 뜻합니다. 발레부터 현대무용까지 모든 종류의 '춤'을 나타낼 수 있어요. 아주 유명한 영화 제목 중에 〈쉘 위 댄스?Shall We Dance?〉가 있는데, 바로 '우리 춤출까요?'라는 뜻입니다.

1 People copied the instructor's dance.

사람들은 강사의 춤을 따라 했다.

2 The musical is a genre that combines singing and dance.

뮤지컬은 노래와 춤이 결합된 장르이다.

Plus+ copy 동 따라 하다   instructor 몡 강사
genre 몡 (예술 작품의) 장르   combine 동 결합하다

---

agree

[əˈgriː]

- 동 동의하다, 찬성하다, 승인하다, 일치하다

agree는 기본적으로 '동의하다'라는 뜻을 나타내는 단어입니다. 주로 어떤 아이디어나 제안에 대해 '그렇다, 맞다'라고 같은 생각임을 나타내는 것을 의미해요. 그리고 여기서 뜻이 확장되어 어떤 사람의 생각과 제안에 동의하여 '승인하다'를 의미하거나, 다른 사람과 같은 생각을 하여 '일치하다'라는 뜻을 나타내기도 합니다.

1 All the students fully agreed with Olivia.

모든 학생들은 Olivia의 의견에 전적으로 동의했다.

2 I'm sure their opinions agree.

나는 그들의 의견이 일치한다고 확신한다.

Plus+ fully 부 완전히, 충분히   be sure 확신하다
opinion 몡 의견

---

lunch

[lʌntʃ]

- 몡 점심
- 동 점심을 먹다

lunch는 '점심 시간'와 관련된 단어입니다. 그래서 우리가 좋아하는 '점심 시간'을 영어로는 lunch break라고 하고, '도시락'은 lunch box라고 부르지요. 그럼 '도시락을 싸다'는 어떻게 표현할까요? 바로 put up a lunch라고 합니다. lunch에 관해 알아갈수록 점점 배가 고파지는군요!

1 Tim felt better after a big lunch.

Tim은 점심을 많이 먹은 후 기분이 좋아졌다.

2 I promised to lunch with Sam.

나는 Sam과 점심을 먹기로 약속했다.

Plus+ feel better 기분이 좋아지다   promise 동 약속하다

0655

reply

[rɪˈplaɪ]

replied - replied

동 대답[답변]하다, 대응하다

명 대답, 회답

reply는 기본적으로 '대답하다, 대응하다'라는 뜻을 나타냅니다. 단어의 생김새를 자세히 보면 re-로 시작하죠? 보통 이렇게 re-로 시작하는 단어들은 '다시' 등을 의미하는데, '대답'이라는 것은 상대방의 말을 맞받아 다시 말하는 것을 뜻하므로 '대답, 회답'이라는 의미가 reply와 참 잘 어울리는군요.

1 Please reply by September 7th at the latest.
늦어도 9월 7일까지 답변 주십시오.

2 Cindy's reply came this morning.
오늘 아침 Cindy의 답장이 왔다.

Plus + September 명 9월   at the latest (아무리) 늦어도

0656

bowl

[boʊl]

명 그릇, 사발, (볼링) 공

동 (볼링 경기에서) 공을 굴리다, 볼링을 하다

bowl은 뭔가 발음부터 '둥근' 느낌이 나지 않나요? 주로 '그릇, 사발'을 의미하는데, 이는 안이 오목하게 파인 동그란 식기를 가리킵니다. 그런데 이 모양이 공과 닮았다 하여 '공을 굴리다'를 뜻하기도 해요. 여기서 우리가 잘 알고 있는 '(볼링) 공'이라는 의미까지 발전되었습니다. 이렇게 의미가 확장되는 과정을 살펴보니 bowl도 참 재미있는 단어 같군요.

1 Harry poured the cereal into a bowl.
Harry는 시리얼을 그릇에 부었다.

2 Luna and I love to bowl on the weekends.
Luna와 나는 주말마다 볼링을 하는 것을 좋아한다.

Plus + pour 동 붓다, 따르다   weekend 명 주말

0657

circle

[ˈsɜːrkl]

명 동그라미[원], 집단[계(界)], (활동) 범위, 순환

circle은 주로 '동그라미'를 뜻해요. 그리고 여기에서 많은 의미들이 파생되었습니다. 어떤 사람이나 사물을 모아놓고 동그란 원 안에 가둔다는 맥락에서 '집단'을 뜻하기도 하고, 어떤 활동 등의 '범위'라는 뜻도 나타낼 수 있습니다. 또한 무언가 둥글게 돌아간다는 그림에서 '순환'을 뜻하기도 합니다.

1 First, draw a circle with your pencil.
먼저 연필로 동그라미를 그려보아라.

2 Alex has a small circle of acquaintances.
Alex는 교우 관계가 좁은 편이다.

Plus + draw 동 (색칠은 하지 않고 연필 등으로) 그리다   acquaintance 명 교우 관계

0658 ☐☐

afraid

[əˈfreɪd]

형 두려워하는, 걱정하여, 염려하는, 유감스럽지만 ~인

안절부절

afraid는 주로 두렵거나 걱정하는 상태를 나타냅니다. 두려워하는 대상은 어둠이 될 수도 있고 무서운 동물이 될 수도 있어요. 특정 대상에 대한 두려움보다는 사람의 기본적인 감정 중 하나를 묘사한다고 보시면 됩니다. 그래서 상황에 따라 afraid는 아쉽거나 불행한 사실을 전달하기도 합니다.

1 I'm afraid I won't be back in time.
나는 시간 맞춰 돌아오지 못할까 봐 두렵다.

2 Cindy is afraid that she might lose her job.
Cindy는 직장을 잃을까 봐 걱정하고 있다.

Plus + in time (~에) 시간 맞춰   lose 동 잃다

0659 ☐☐

drag

[dræg]

동 끌다[끌고 가다], (물밑을) 뒤지다[훑다], 느릿느릿 지나가다[진행되다]

명 끌기[견인]

drag는 주로 어떤 대상을 끌어당기거나 이동시키는 행동을 표현합니다. 예를 들어, 무거운 가방을 끌고 다닐 때나 마우스를 사용해 컴퓨터 화면의 아이콘을 다른 곳으로 끌어다 놓는 상황 등을 나타낼 수 있지요. 그리고 비유적으로 시간이나 일정이 느릿느릿 진행되는 것을 묘사하기도 합니다.

1 Sophia dragged the heavy suitcase across the floor.
Sophia는 바닥을 가로질러 무거운 여행 가방을 끌고 갔다.

2 The truck got stuck in the mud, so I used a drag chain.
트럭이 진창에 빠져서 나는 견인 체인을 사용했다.

Plus + suitcase 명 여행 가방   floor 명 바닥
get stuck 꼼짝 못하게 되다   mud 명 진창, 진흙

0660 ☐☐

thin

[θɪn]

형 얇은[가는], 여윈[수척한], 희박한, 묽은

thin은 주로 물건이 얇거나 사람이 여윈 상태를 나타냅니다. 예를 들면, 종이나 천 등이 얇은 것을 thin이라고 할 수 있고, 사람이 마른 편이어도 thin이라고 표현할 수 있죠. 또한, 비유적으로 액체 따위가 묽다거나 확률적으로 희박한 것을 나타내기도 합니다. 참고로 thin과 대비되는 단어는 thick으로 두께가 두껍거나 부피가 굵은 상태를 나타내니 함께 알아두세요.

1 This paper is very thin.
이 종이는 아주 얇다.

2 Due to her long illness, Judy became very thin.
긴 투병으로 인해 Judy는 매우 여위었다.

Plus + paper 명 종이   illness 명 (특정 종류의) 병, 질환

Review Test 22

우리말에 맞게 빈칸에 알맞은 단어를 쓰세요.

(정답은 본문을 확인하세요.)

1 Please take off your _____ first.　　　　　먼저 외투를 벗으십시오.

2 Korea is Kate's home _____.　　　　　한국은 Kate의 조국이다.

3 Olive felt a _____ pain in his back.　　　　　Olive는 등에서 예리한 통증을 느꼈다.

4 It's always good for you to _____ ahead.　　　　　항상 미리 계획하는 것이 좋다.

5 He tried to _____ the bitter taste of the medicine.　　　　　그는 약의 쓴맛을 참으려고 노력했다.

6 This is my favorite _____ in this park.　　　　　여기가 이 공원에서 내가 가장 좋아하는 장소이다.

7 The market was _____ and bustling.　　　　　그 시장은 활기차고 북적거렸다.

8 Thomas is the _____ among us.　　　　　Thomas는 우리 중 가장 키가 크다.

9 Alice _____ the ball into the goal.　　　　　Alice는 골문 안으로 공을 찼다.

10 What is your nephew's _____?　　　　　네 조카는 몇 살이니?

11 Peter grabbed some bread from the _____.　　　　　Peter는 접시에 놓인 빵을 움켜쥐었다.

12 You can _____ anything you want.　　　　　너는 원하는 건 무엇이든 고를 수 있다.

13 _____ me to mail this letter tomorrow morning.　　　　　나한테 내일 아침에 이 편지를 부치라고 얘기 좀 해줘.

14 The heavy rain was the _____ of the flood.　　　　　집중 호우가 그 홍수의 원인이었다.

15 What is your favorite _____?　　　　　네가 가장 좋아하는 음료는 무엇이니?

16 Can I _____ you for dinner?　　　　　저녁 식사 함께 해도 될까?

17 Tony has a brilliant _____.　　　　　Tony는 뛰어난 두뇌를 가지고 있다.

18 Jake said I could _____ stay here or leave.　　　　　Jake는 내가 여기에 머무르거나 떠나도 된다고 얘기했다.

19 Kate put the flowers in a glass _____.　　　　　Kate는 꽃을 유리병에 꽂았다.

20 _____ repeats itself.　　　　　역사는 반복된다.

21 This is a _____ day for us.　　　　　오늘은 우리에게 특별한 날이다.

22 People copied the instructor's _____.　　　　　사람들은 강사의 춤을 따라 했다.

23 All the students fully _____ with Olivia.　　　　　모든 학생들은 Olivia의 의견에 전적으로 동의했다.

24 Tim felt better after a big _____.　　　　　Tim은 점심을 많이 먹은 후 기분이 좋아졌다.

25 Please _____ by September 7th at the latest.　　　　　늦어도 9월 7일까지 답변 주십시오.

26 Harry poured the cereal into a _____.　　　　　Harry는 시리얼을 그릇에 부었다.

27 First, draw a _____ with your pencil.　　　　　먼저 연필로 동그라미를 그려보아라.

28 I'm _____ I won't be back in time.　　　　　나는 시간 맞춰 돌아오지 못할까 봐 두렵다.

29 Sophia _____ the heavy suitcase across the floor.　　　　　Sophia는 바닥을 가로질러 무거운 여행 가방을 끌고 갔다.

30 This paper is very _____.　　　　　이 종이는 아주 얇다.

Level 23

레벨별 단어 사용 빈도

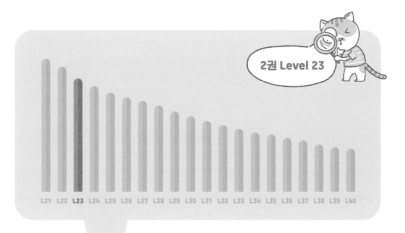

2권 Level 23

L21 L22 **L23** L24 L25 L26 L27 L28 L29 L30 L31 L32 L33 L34 L35 L36 L37 L38 L39 L40

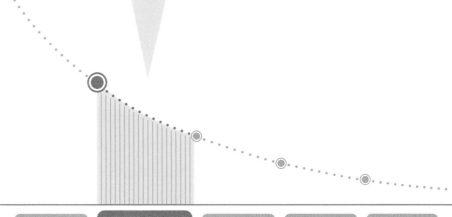

LEVEL 1~20   **LEVEL 21~40**   LEVEL 41~60   LEVEL 61~80   LEVEL 81~100

boot

[buːt]

⑱ 목이 긴 신발, 장화, 걷어차기

⑧ 세게 차다

우리에게 '부츠'라는 외래어로 익숙한 boot은 '목이 긴 신발'이나 '장화'를 의미해요. 주로 겨울에 신는 따뜻한 장화나 등산용 장화 등을 모두 일컫습니다. 또한, 동사로는 '세게 차다'라는 뜻을 나타내기도 해요. 예를 들어, boot out이라고 하면 '~를 쫓아내다'를 의미합니다.

1 We need to buy a new pair of winter boots.
   우리는 새로운 겨울용 장화를 사야 한다.

2 Ben booted the soccer ball into the air.
   Ben은 축구공을 공중으로 세게 차 올렸다.

Plus + pair 몡 (두 개로 된) 한 쌍   into the air 공중으로

---

below

[bɪˈloʊ]

쩐 아래에, 밑에

⑲ 아래로, 하부에

below의 기본 뜻은 '아래에, 밑에'입니다. 그래서 예를 들어, below average라고 하면 '평균 이하'라는 뜻이 됩니다. 또한 Look at the picture below.라고 하면 '아래 그림을 보시오.'라는 의미를 나타냅니다.

1 It was five degrees below zero last night.
   어젯밤에는 기온이 영하 5도였다.

2 A whale was hiding just below the surface.
   고래 한 마리가 수면 바로 아래에 숨어 있었다.

Plus + degree 몡 (온도 단위인) 도   whale 몡 고래
            hide 됭 숨다   surface 몡 수면, 표면, 지면

---

wash

[wɑːʃ, wɔːʃ]

⑧ 씻다, 빨래하다, 씻어내리다, 휩쓸어가다

wash의 기본 뜻은 '씻다'입니다. 그리고 씻는 대상이 무엇인지에 따라 의미가 달라집니다. 예를 들면 wash your hands는 '손을 씻다'를 뜻하고, wash the dishes는 '그릇을 씻다', 즉 '설거지하다'를 의미합니다. 이제 감이 오시나요? 그래서 washing machine이라고 하면 '세탁기' 또는 '식기 세척기'를 뜻합니다.

1 You need to wash your hands before eating.
   너는 식사 전에 손을 씻어야 한다.

2 We have to wash our clothes today.
   오늘 우리는 빨래를 해야 한다.

Plus + have to V ~해야 한다   clothes 몡 옷, 의복

Level 23

0664

bell

[bel]

명 종, 초인종, 종소리

bell은 원래 '큰 둥그런 물건'이라는 뜻이었다가 '종'이 발명되면서 이를 지칭하게 되었습니다. 원래는 전통 방식으로 만든 '종'만 가리켰지만, 기술이 발달함에 따라 오늘날 bell은 '초인종'까지 모두 뜻하게 되었어요.

1 The church bell rings every other hour.
그 교회의 종은 두 시간에 한 번씩 울린다.

2 The school bell rang, and all the students rushed into the classroom.
학교 종이 울리자 모든 학생들이 교실로 뛰어 들어왔다.

Plus + every other 하나 걸러[두 ~마다 한 번씩]   ring **동** 울리다
rush **동** 돌진하다, 서두르다

0665

bottle

['bɑːtl]

명 병, 병 모양의 용기, 술

동 병에 넣다[담다]

bottle은 보통 '병'을 가리키는 단어입니다. 유리나 플라스틱 등으로 만들어져서 물이나 음료, 약 등을 넣는 '병'으로 쓰인다면 대부분 bottle이라 부를 수 있죠. 또한 맥락에 따라 '병 모양의 용기'나 '술'을 의미하기도 하는데, 옛날에는 술을 거의 '병'에 담아 팔았기 때문에 나온 뜻으로 추정됩니다. 그밖에 bottle은 '병에 넣다'라는 의미를 나타내기도 합니다.

1 The water bottle is only half full.
그 물병은 반 밖에 차 있지 않다.

2 Jack bottled the homemade jam.
Jack은 집에서 만든 잼을 병에 담았다.

Plus + half **형** 반의, 절반의   full **형** 양이 찬
homemade **형** 집에서 만든

0666

human

['hjuːmən]

명 인간[사람]

형 인간[사람]의, 인간적인

human은 호모 사피엔스에 속하는 우리 모두 즉, '인간'을 의미합니다. 또한 형용사로 '인간의, 인간적인'이라는 뜻을 나타냅니다. 주로 인간이 가진 보편적인 특징이나 행동, 감정 등을 설명하죠. 참고로 영어에는 To err is human.이라는 격언이 있는데, 이는 '실수하는 것은 인간다운 것이다.'라는 뜻입니다.

1 Humans are capable of speaking language.
인간은 언어를 말할 수 있다.

2 We must protect human rights at all times.
우리는 언제나 인권을 보호해야 한다.

Plus + be capable of ~할 수 있다   language **명** 언어
protect **동** 보호하다   right **명** 권리

0667

grandmother

[ˈɡrænmʌðə(r)]

명 할머니[조모]

grandmother는 보통 '할머니'를 뜻해요. 이 단어는 grand와 mother라는 두 단어가 결합한 명사입니다. 여기서 grand는 '큰, 중요한'을 의미합니다. 그래서 grandmother는 말 그대로 '큰 어머니'인 '할머니'를 의미하게 되었습니다. 이렇게 보니 grandmother의 의미는 꽤 논리적으로 확장되었군요.

1 My grandmother often tells me stories about her childhood.

할머니는 내게 종종 그녀의 어릴 적 이야기를 해주신다.

2 We visit our grandmother every winter.

우리는 매년 겨울마다 할머니를 찾아뵌다.

Plus + often 부 종종, 자주   childhood 명 어린 시절
visit 동 방문하다

0668

yard

[jɑːrd]

명 마당[뜰], (특정 목적을 위한) 장소[장(場)]

동 (가축 따위를) 우리 안으로 몰아넣다

yard는 주로 '마당'이나 '뜰'을 의미하는 단어입니다. 또한 집 주위의 '풀밭'이나 '정원' 같은 곳을 가리키기도 하죠. yard는 예로부터 울타리 안의 땅을 가리키는데 사용되었기 때문에 '가축을 우리에 몰아넣다'라는 의미를 나타내기도 합니다. 참고로 yard는 측정 단위로 쓰이기도 하는데, 1 yard는 3피트 또는 약 0.91 미터를 뜻해요.

1 They played soccer in the yard.

그들은 마당에서 축구를 했다.

2 The farmers yarded the sheep into the pen.

농부들이 양을 우리로 몰아넣었다.

Plus + sheep 명 양   pen 명 (가축의) 우리

0669

swallow

[ˈswɑːloʊ]

동 삼키다, (특히 돈을) 다 써 버리다, (사실로) 받아들이다, (감정을) 억누르다

swallow는 주로 '삼키다'를 뜻하는 동사입니다. 그리고 음식이나 음료를 삼키는 모습에서 착안하여 비유적으로는 '돈을 다 써버리다, 사실을 받아들이다, 감정을 억누르다' 등 다양한 뜻을 표현할 수 있어요. 생각해 보면 우리도 '돈을 먹다'나 '감정을 삼키다' 등의 표현을 쓰지요? 이와 비슷하다고 보시면 됩니다.

1 Lily swallowed her food quickly.

Lily는 빠르게 음식을 삼켰다.

2 He swallowed all his savings on the new car.

그는 새 차에 저축한 돈을 다 써 버렸다.

Plus + quickly 부 빠르게   saving 명 저축한 돈, 예금

pile

[paɪl]

명 (쌓아 올린) 더미, 퇴적,
다수[대량]

동 쌓아 올리다

pile은 주로 무언가 '(쌓아 올린) 더미' 또는 물건이나 사물을 쌓아 올리는 행위를 의미합니다. 예를 들어, 책이 많이 쌓여 있는 상태는 a pile of books라고 하고, '책을 쌓아올리다'는 pile up the books라고 표현할 수 있어요. 그리고 이렇게 '여럿이 모인' 그림 때문에 pile은 종종 비유적으로 '다수, 대량'을 뜻하기도 합니다.

1 There is a pile of books on the table.
탁자 위에는 책들이 쌓여 있다.

2 Amy piled up the dishes in the sink.
Amy는 개수대에 그릇을 쌓아 올렸다.

Plus + pile up (양이) 쌓이다   dish 명 접시
sink 명 (부엌의) 개수대, 싱크대

barely

['berli]

부 가까스로, 간신히[겨우],
거의 ~없이[아닌]

barely는 형용사 bare(벌거벗은)와 -ly가 결합한 부사로 '가까스로, 간신히, 겨우' 등을 뜻합니다. '벌거벗은' 것처럼 무언가 거의 없는 상태에서 어떤 행위가 이루어지면 그것은 '가까스로, 겨우' 이뤄낸 것이겠죠? 그래서 예를 들어, I barely made it to the bus.라고 하면 '나는 가까스로 버스를 잡았다.'라는 뜻이 됩니다.

1 My little brother barely passed the exam.
내 남동생은 간신히 시험에 합격했다.

2 We could barely see each other in the dark.
어둠 속에서 우리는 서로를 거의 볼 수 없었다.

Plus + pass 동 (시험 등에) 합격하다   each other 서로

direction

[dəˈrekʃn, dɪˈrekʃn, daɪˈrekʃn]

명 방향, 목적, 지시[명령], 감독

direction은 원래 '직선으로 가는'이라는 뜻에서 출발했는데, 여기서 다양한 의미가 파생되어 '방향, 목적, 지시, 명령, 감독' 등을 뜻하게 되었습니다. 예를 들어, ask for direction이라고 하면 '길을 묻다'를 뜻하고, under the direction of는 '~의 지시 아래'를 의미해요.

1 Which direction should I go?
나는 어느 방향으로 가야 할까?

2 After the accident, Suzy has lost her direction in life.
사고 이후 Suzy는 삶의 목적을 잃었다.

Plus + accident 명 사고   lose 동 (사고 등으로) 잃다, 상실하다

0673

space

[speɪs]

명 공간, 장소, 우주, 여지

space의 가장 기본적인 뜻은 '공간'입니다. 그런데 '공간'이 의미하는 범위는 꽤 넓습니다. 그래서 '공간'에 존재하는 대상이 무엇인지에 따라 space는 '장소, 우주' 등을 의미하기도 합니다. 또한 이런 '공간'의 개념을 추상화하여 어떤 일이나 상황이 발생할 수 있는 기회나 가능성을 뜻하는 '여지'를 나타내기도 해요.

1 Please respect my personal space.
제 개인적인 공간을 존중해 주십시오.

2 Give me some space to think about the offer.
그 제안에 관해 생각할 여지를 좀 줘.

Plus + respect 동 존중하다   personal 형 개인적인
offer 명 제안

0674

pretend

[prɪ'tend]

동 ~인 척하다, ~라고 가장
[상상]하다, (보통 부정문에서)
(사실이 아닌 것을) 주장하다
형 거짓[가짜]의

pretend라는 단어를 보면 '가면'을 떠올리세요. 우리는 보통 언제 사람이 '가면'을 썼다고 할까요? 바로 '~인 척'할 때지요. pretend는 바로 이렇게 '(인위적으로) ~인 척하다, ~라고 상상하다, 사실이 아닌 것을 주장하다' 등의 뜻을 나타내는 단어입니다. 또는 상황에 따라 '거짓의, 가짜의'를 의미하기도 합니다.

1 Jamie pretends that she is a princess.
Jamie는 자신이 공주인 척 한다.

2 His pretend tears didn't fool me.
그의 가짜 눈물은 나를 속이지 못했다.

Plus + tears 명 눈물   fool 동 속이다

0675

offer

[ˈɔːfə(r), ˈɑːfə(r)]

동 제안하다, 권하다, 제공하다
명 제의[제안]

offer는 주로 '제안하다, 제공하다'라는 뜻을 나타냅니다. 어떤 아이디어나 계획을 다른 사람에게 말해서 그들이 그것에 동의하거나 받아들일 수 있도록 하는 것을 표현하지요. 예를 들어, offer a special plan이라고 하면 '특별한 계획을 제안하다'를 뜻합니다. 그밖에 맥락에 따라 '제의, 제안' 자체를 나타내기도 합니다.

1 James offered me a piece of cake.
James는 내게 케이크 한 조각을 권했다.

2 She happily accepted their offer.
그녀는 기꺼이 그들의 제안을 받아들였다.

Plus + happily 부 기꺼이   accept 동 받아들이다

0676

possible

['pɑ:səbl]

형 가능한, 있음직한

명 가능한 일

possible은 주로 '가능한, 있음직한'을 주로 의미합니다. 원래는 '능력이 있다'를 뜻했는데, 능력이 있다는 것은 무언가 가능하게 만드는 것과 같다는 논리에 의해 지금의 뜻으로 확장되었다고 해요. 그래서 possible solution은 '가능한 해결책'을, possible chance라고 하면 '있음직한 기회'를 뜻합니다. 그밖에 '가능한 일'을 나타내기도 합니다.

1 It is possible to finish the work before 10 p.m.

오후 10시 전에 그 일을 끝낼 수 있다.

2 I need to find a possible solution to this problem.

나는 이 문제에 대한 가능한 해결책을 찾아야 한다.

Plus + finish 동 마치다   solution 명 해결책

0677

terrible

['terəbl]

형 끔찍한, 소름끼치는, 형편없는, 지독한

terrible은 원래 '공포를 느끼게하는'을 뜻하는 단어에서 유래했습니다. 자세히 보면 terror(공포)라는 단어가 안에 들어있죠? terrible은 무서운 감정을 포함해 무언가 사람을 힘들고 지치게 만드는 것들을 모두 묘사하는 단어입니다. 그래서 맥락에 따라 '끔찍한, 소름끼치는, 형편없는, 지독한' 등의 뜻을 나타내기도 합니다.

1 The scene of the accident was terrible.

그 사고 현장은 정말 끔찍했다.

2 We made a terrible mistake.

우리는 정말 형편없는 실수를 했다.

Plus + scene 명 (특히 좋지 못한 일이 일어나는) 현장   mistake 명 실수

0678

gate

[geɪt]

명 출입구[대문], 수문[갑문], 탑승구

gate는 주로 '출입구'나 '대문' 등을 의미합니다. 그래서 집이나 건물, 도시, 공항 등의 장소에서 '입구'나 '출구'를 나타내죠. 예를 들어, school gate는 '교문'을 뜻하고, 공항에서 gate number 5라고 하면 '5번 탑승구'를 의미해요. 참고로 문을 지키는 사람인 '문지기'는 gatekeeper라고 합니다.

1 We agreed to meet at 5 p.m. at the school gate.

우리는 교문에서 오후 5시에 만나기로 약속했다.

2 My flight will depart from gate number 3.

내 항공편은 3번 탑승구에서 출발할 것이다.

Plus + agree 동 약속하다   flight 명 (특정 지역으로 가는) 항공편
depart 동 출발하다

0679

beyond

[bɪˈjɑːnd]

전 ~저편에, ~이상, ~을 지나서,
~을 훨씬 능가하는

beyond는 by와 yond가 결합하여 만들어진 단어예요. 옛 영어에서 by는 '다음에, 옆에'를 뜻했고, yond는 '끝, 점'을 의미했습니다. 그러니 beyond는 글자 그대로 '다음의 끝에'를 의미했고 이것이 '~을 지나서'라는 뜻으로 발전되었죠. 오늘날 beyond는 주로 무언가를 넘어서거나 뛰어넘는 상황을 표현한다고 보시면 됩니다.

1 The mountains are beyond this city.
그 산은 이 도시의 저편에 있다.

2 Jane's baking skills are beyond mine.
Jane의 제빵 실력은 나를 훨씬 능가한다.

Plus + baking 명 빵 굽기　　　　　skill 명 능력, 역량

0680

animal

[ˈænɪml]

명 짐승, 동물
형 동물적

우리가 잘 알고 있듯이 animal은 주로 '동물, 짐승' 등을 뜻해요. 또는 맥락에 따라 '동물적' 정도의 의미를 나타낼 수도 있습니다. 원래 animal은 '생명'을 뜻하는 단어에서 유래했는데, 사람에게 생명이 있어 살아 움직이는 것은 주로 '동물'이었을 것이고 그래서 오늘날과 같은 의미가 생겨난 것으로 추정됩니다.

1 Jeremy was wearing an animal-shaped costume.
Jeremy는 동물 모양의 옷을 입고 있었다.

2 Leah scored with an animal instinct.
Leah는 동물적인 재능으로 골을 넣었다.

Plus + costume 명 의상, 옷차림　　　　score 동 (골·득점 등을) 하다
instinct 명 타고난 재능[소질]

0681

bridge

[brɪdʒ]

명 다리[교량]
동 다리를 놓다[형성하다],
가교[중개] 역할을 하다

bridge는 명사로는 강이나 도로 위를 건너갈 때 필요한 '다리'를 의미하고, 동사로는 '다리를 놓다'를 뜻합니다. 그리고 두 공간을 잇는 '다리'의 역할에서 의미가 확장되어 '가교 역할을 하다'를 뜻하기도 합니다. 이렇게 bridge는 물리적 '다리'뿐만 아니라 추상적 의미의 '연결, 가교'까지 모두 나타낼 수 있어요.

1 Some people already walked across the bridge.
몇몇 사람들은 이미 다리를 건너갔다.

2 The singer bridged between the two countries.
그 가수는 두 나라 사이에서 가교 역할을 했다.

Plus + already 부 이미, 벌써　　　　walk across ~을 걸어서 건너다
country 명 나라, 국가

0682

key

[ki:]

- 몡 열쇠, 실마리
- 혱 가장 중요한, 핵심적인

key라는 단어는 우리에게 익숙하죠? 바로 '열쇠'라는 뜻입니다. key는 '열쇠' 외에도 다른 추상적인 의미를 나타낼 수 있어요. 흔히 우리가 '문제를 해결하기 위한 열쇠'라고 말하듯이 key는 어떤 문제를 해결하기 위한 '실마리'를 뜻하거나 '가장 중요한, 핵심적인'이라는 의미를 나타내기도 합니다.

1 She lost the key to the warehouse.
그녀는 창고 열쇠를 잃어버렸다.

2 The key ingredient in this recipe is fresh basil.
그 요리법의 핵심 재료는 신선한 바질이다.

Plus+ warehouse 몡 창고   ingredient 몡 재료
recipe 몡 요리[조리]법   fresh 혱 신선한

0683

remain

[rɪˈmeɪn]

- 통 (없어지지 않고) 남다, (계속) ~대로이다
- 몡 나머지

우리는 remain은 보통 '남다, (계속) ~대로이다'라는 뜻으로 알고 있습니다. 그러나 remain을 잘 이해하려면 뜻과 함께 문형을 함께 알아두시면 좋습니다. 보통 A remain(s) B라고 하면 'A가 계속 B의 상태로 있다'라는 뜻이 됩니다. 예를 들면 remain silent(조용히 있다), remain the same(여전하다, 그대로이다) 등이 있지요. 그밖에 remain은 무언가 '남아 있다'라는 흐름에서 '나머지'를 뜻하기도 합니다.

1 Chris remained silent during the meeting.
Chris는 회의 동안 침묵을 지키고 있었다.

2 The problems remain unsolved.
그 문제들은 해결되지 않은 상태로 남아 있다.

Plus+ silent 혱 침묵을 지키는, 조용한   unsolved 혱 해결되지 않은

0684

army

[ˈɑːrmi]

- 몡 군대, 육군, 큰 무리[떼]

army는 원래 옛 로마 사람들이 '무기, 방어구'라는 뜻으로 썼던 단어에서 유래했습니다. 영화에서 로마 군인들이 방패과 검을 들고 싸우는 모습을 본 적 있지요? 이후 시간이 지나면서 army는 '군대'를 가리키는 단어로 발전했고 상황에 따라 군대처럼 많은 사람들이나 동물들이 모인 '큰 무리'를 나타내게 되었습니다.

1 My brother joined the army this year.
나의 형은 올해 군대에 들어갔다.

2 There was an army of fans waiting at the exit.
출구에는 수많은 팬들이 기다리고 있었다.

Plus+ join 통 입대하다   exit 몡 출구

0685

train

[treɪn]

명 기차, 열차, 연속[일련]

동 훈련하다

train은 기본적으로 '기차, 열차' 등을 뜻합니다. 원래는 '끌다, 당기다'라는 뜻에서 유래했습니다. 기차의 원리도 앞쪽 열차가 뒤쪽을 끌고 가는 형식이라 비슷한 것 같군요. 그밖에 train은 '훈련하다'를 의미하기도 하는데, 이 또한 '끌다'라는 의미와 관련 있다고 보시면 됩니다. 사람의 능력을 끌어올리는 과정이 곧 '훈련'이기 때문이지요.

1 Mike got ready to get off the train.

Mike는 기차에서 내릴 준비를 했다.

2 Helen trains every day for the marathon.

Helen은 마라톤 대회를 위해 매일 훈련한다.

Plus + get off (타고 있던 것에서) 내리다

0686

stretch

[stretʃ]

동 (길이 등을) 늘이다, 늘어나다[신축성이 있다], 뻗다[뻗치다], 펴다[당기다]

stretch의 기본 의미는 '펴다, 뻗다'입니다. 그리고 여기서 다양한 뜻이 파생되었습니다. 우리가 어떤 대상을 '펴다'라고 하면 그 길이가 자연스럽게 늘어나겠죠? 그래서 stretch는 '(길이 등을) 늘이다'를 뜻하기도 합니다. 그리고 추상적인 맥락에서는 어떤 것이 다른 곳으로 확장되거나 영향을 미치는 모습을 나타내기도 합니다.

1 Tarzan stretched out his hand for the apple.

Tarzan은 사과를 향해 손을 뻗었다.

2 Her duties stretch beyond teaching.

그녀의 업무는 가르치는 것 이상으로 넓다.

Plus + duty 명 업무   beyond 전 (정도, 한도) ~이상으로

0687

lock

[lɑːk]

동 잠그다[잠기다], 가두다, 고정되다[고정시키다]

명 자물쇠

lock의 기본 의미는 '빠르게 고정되다'로 볼 수 있습니다. 그러다 시간이 지나면서 의미가 확장하여 동사로는 주로 '잠그다, 가두다'를 뜻하고, 명사로는 '자물쇠'를 의미하게 되었습니다. 물론 lock은 여전히 어떤 물체를 움직이지 못하게 '고정시키다'라는 뜻을 나타내기도 합니다.

1 Make sure to lock the door before you leave.

반드시 나가기 전에 문을 잠가 주십시오.

2 I was looking for the lock.

나는 자물쇠를 찾고 있었다.

Plus + make sure 반드시 ~하도록 하다   look for 찾다

0688

early

[ˈɜːrli]

형 이른[빠른], 초기의[조기의]

부 일찍, 조기에

early는 보통 어떤 시간이나 날짜, 기간 등이 예상보다 더 빨리 오는 것을 의미합니다. 그래서 형용사로는 '이른, 초기의' 등을 의미하고, 부사로는 '일찍' 등을 나타내지요. 예를 들어, in the early stages of the project라고 하면 '프로젝트의 초기 단계에서'를 의미하고, I wake up early in the monring.은 '나는 아침에 일찍 일어난다.'를 뜻합니다.

1 In the early stages of life, babies need a lot of sleep and care.

생애 초기 단계에서, 아기들은 많은 수면과 보살핌이 필요하다.

2 We arrived early at the airport.

우리는 공항에 일찍 도착했다.

Plus+ stage 명 단계　　　　　　　　airport 명 공항

0689

leap

[liːp]

leaped/leapt - leaped/leapt

동 뛰어오르다[넘다], 도약하다, (가격 등이) 급격히 상승하다

명 뛰기[도약]

leap의 기본 뜻은 '뛰어오르다'입니다. 그리고 이 의미가 앞에 어떤 대상이 있고 그것을 '뛰어올라서 넘다'라는 식으로 확장되었습니다. 즉, leap은 한 자리에서 혼자 뛰는 것과 어떤 장애물을 뛰어넘는 것을 모두 표현할 수 있어요. 그밖에 비유적으로는 '(가격 등이) 급격히 상승하다'를 뜻하기도 합니다.

1 The frog leapt out of the pond.

개구리가 연못 밖으로 뛰어올랐다.

2 Sarah took a flying leap over the hurdle.

Sarah는 도움닫기를 하며 장애물을 뛰어넘었다.

Plus+ pond 명 연못　　　　　flying leap 도움닫기를 한 멀리[높이]뛰기

0690

block

[blɑːk]

명 사각형 덩어리, 장애물[방해물], (건물) 단지

동 막다[차단하다]

block은 일반적으로 '사각형 덩어리' 등을 뜻합니다. 한번 생각해 볼까요? 도미노나 레고 블록처럼 사각형 모양의 작은 덩어리는 공간과 공간을 나누는 역할을 하기도 합니다. 이런 흐름에서 의미가 확장하여 block은 '장애물'이나 '막다, 차단하다'를 뜻하기도 하는데, 이는 길이나 소리, 빛 등을 막는 행위를 모두 의미한다고 보시면 됩니다.

1 Kate cut the block of cheese into small pieces.

Kate는 칼로 치즈 덩어리를 작은 사각형 조각으로 잘랐다.

2 We need to find a way to block the virus.

우리는 바이러스를 차단할 방법을 찾아야 한다.

Plus+ cut into ~을 칼로 자르다　　　　　way 명 방법, 방식

우리말에 맞게 빈칸에 알맞은 단어를 쓰세요.

(정답은 본문을 확인하세요.)

1 We need to buy a new pair of winter _____.

우리는 새로운 겨울용 장화를 사야 한다.

2 It was five degrees _____ zero last night.

어젯밤에는 기온이 영하 5도였다.

3 We have to _____ our clothes today.

오늘 우리는 빨래를 해야 한다.

4 The church _____ rings every other hour.

그 교회의 종은 두 시간에 한 번씩 울린다.

5 The water _____ is only half full.

그 물병은 반 밖에 차 있지 않다.

6 _____ are capable of speaking language.

인간은 언어를 말할 수 있다.

7 We visit our _____ every winter.

우리는 매년 겨울마다 할머니를 찾아뵌다.

8 They played soccer in the _____.

그들은 마당에서 축구를 했다.

9 Lily _____ her food quickly.

Lily는 빠르게 음식을 삼켰다.

10 There is a _____ of books on the table.

탁자 위에는 책들이 쌓여 있다.

11 My little brother _____ passed the exam.

내 남동생은 간신히 시험에 합격했다.

12 Which _____ should I go?

나는 어느 방향으로 가야 할까?

13 Please respect my personal _____.

제 개인적인 공간을 존중해 주십시오.

14 Jamie _____ that she is a princess.

Jamie는 자신이 공주인 척 한다.

15 James _____ me a piece of cake.

James는 내게 케이크 한 조각을 권했다.

16 It is _____ to finish the work before 10 p.m.

오후 10시 전에 그 일을 끝낼 수 있다.

17 The scene of the accident was _____.

그 사고 현장은 정말 끔찍했다.

18 My flight will depart from _____ number 3.

내 항공편은 3번 탑승구에서 출발할 것이다.

19 The mountains are _____ this city.

그 산은 이 도시의 저편에 있다.

20 Leah scored with an _____ instinct.

Leah는 동물적인 재능으로 골을 넣었다.

21 Some people already walked across the _____.

몇몇 사람들은 이미 다리를 건너갔다.

22 She lost the _____ to the warehouse.

그녀는 창고 열쇠를 잃어버렸다.

23 The problems _____ unsolved.

그 문제들은 해결되지 않은 상태로 남아 있다.

24 My brother joined the _____ this year.

나의 형은 올해 군대에 들어갔다.

25 Mike got ready to get off the _____.

Mike는 기차에서 내릴 준비를 했다.

26 Tarzan _____ out his hand for the apple.

Tarzan은 사과를 향해 손을 뻗었다.

27 I was looking for the _____.

나는 자물쇠를 찾고 있었다.

28 We arrived _____ at the airport.

우리는 공항에 일찍 도착했다.

29 The frog _____ out of the pond.

개구리가 연못 밖으로 뛰어올랐다.

30 We need to find a way to _____ the virus.

우리는 바이러스를 차단할 방법을 찾아야 한다.

Level 24

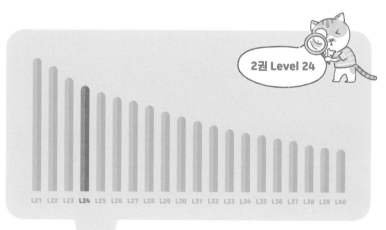

2권 Level 24

L21 L22 L23 **L24** L25 L26 L27 L28 L29 L30 L31 L32 L33 L34 L35 L36 L37 L38 L39 L40

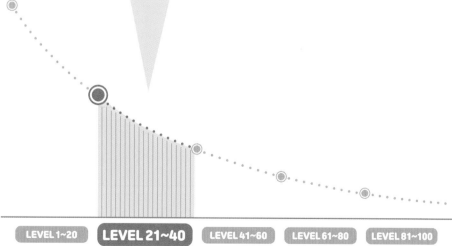

LEVEL 1~20   **LEVEL 21~40**   LEVEL 41~60   LEVEL 61~80   LEVEL 81~100

0691
count
[kaʊnt]

통 세다, 계산하다, 인정되다
[인정하다], 가치가 있다

count의 기본 뜻은 '세다'입니다. 정확히는 '숫자를 세다'라는 뜻이지요. 여기에서 무언가 정량화하여 '이해하다, 인식하다'라는 뜻이 나왔습니다. 우리말의 '셈을 해보다, 따져보다'와 비슷한 의미라고 보시면 됩니다. 또한 맥락에 따라 count는 '인정하다, 가치가 있다'를 뜻하는데, 이는 '정량화하여 세다'라는 뜻에서 파생했습니다.

1 Can you count how many cherries are in the basket?

바구니 안에 있는 체리가 몇 개인지 셀 수 있니?

2 Expert opinions count in our decision.

우리의 결정에 있어 전문가의 견해는 중요하다.

Plus + basket 명 바구니　　　　　　expert 명 전문가
opinion 명 견해　　　　　　decision 명 결정

0692
force
[fɔːrs]

명 힘, 효력, 물리력, 군대

force의 기본 뜻은 '힘'입니다. 여러분은 '힘'하면 어떤 이미지가 떠오르시나요? 주로 '신체적 능력'이나 '권력' 등이 떠오를 텐데요. force는 물체를 움직이고 멈추게 하는 힘부터 사람들에게 어떤 일을 시키거나 하지 못하게 하는 힘을 모두 나타낼 수 있습니다. 참고로 force와 비슷한 단어로 power가 있습니다. force가 물체를 움직이게 하는 데 쓰이는 물리적인 '힘'을 의미한다면, power는 어떤 일을 하는데 필요한 '에너지'나 '능력'을 의미한다고 보시면 됩니다.

1 They used force to open the door.

그들은 문을 열기 위해 무력을 사용했다.

2 Gravity is a force that pulls us down to Earth.

중력은 우리를 지구로 끌어당기는 힘이다.

Plus + gravity 명 중력　　　　　　pull 통 끌어당기다

0693
wipe
[waɪp]

통 닦다[훔치다],
(오명 따위를) 씻다,
(얼룩 등을) 지우다[빼다],
문지르다[비비다]

wipe는 '닦다'를 뜻하는 동사예요. 정확히는 어떤 것을 깨끗하게 하기 위해 비비거나 문지르는 행위를 의미하지요. 맥락에 따라 '지우다'를 뜻하기도 하는데, 지우개로 연필로 쓴 글씨를 지우려면 '문질러야'겠죠? 바로 이런 행위 자체를 wipe라고 보시면 됩니다.

1 Please wipe your feet before coming in.

들어오기 전에 발을 닦아주십시오.

2 The clerk wiped the dust off the table.

가게의 점원은 탁자의 먼지를 닦았다.

Plus + foot 명 발 (*pl.* feet)　　　　come in 들어오다
clerk 명 (가게의) 점원　　　　dust 명 먼지

0694

manage

[ˈmænɪdʒ]

동 해내다, 처리[이용]하다,
운영[경영]하다,
(자기 힘으로) 다루다

manage는 기본적으로 '다루다'를 뜻합니다. 그리고 여기서 다양한 의미가 파생되었습니다. 우선 어려운 일이나 과제를 성공적으로 해내거나 어려움이나 문제를 극복하는 것을 의미합니다. 그리고 어떤 것을 운영하거나 다루는 것을 나타내기도 해요. 그래서 예를 들어, manage to finish the report라고 하면 '가까스로 보고서를 끝내다'를 뜻하고, manage a hotel이라고 하면 '호텔을 운영하다'를 의미합니다.

1 I somehow managed to finish my homework.
나는 어떻게든 숙제를 끝마쳤다.

2 My uncle manages a shipping company.
나의 삼촌은 선박 회사를 운영한다.

Plus+ somehow 부 어떻게든   shipping 명 선박

0695

perfect

[ˈpɜːrfɪkt]

형 완벽한, 완전한, 최적의

동 완벽하게 하다, 완성하다

아마 perfect라는 단어의 뜻을 모르는 사람은 드물 겁니다. 바로 '완벽한'이라는 뜻입니다. 그런데 동사로 '완성하다'를 뜻한다는 것은 생소할 수도 있어요. '완벽한' 상태로 만드는 것이 '완성하다'이니 핵심 뜻은 변하지 않는 셈이지요. perfect를 볼 때 이 뉘앙스를 잘 기억해 두세요.

1 This is a perfect day to go to the sea.
오늘은 바다로 놀러 가기에 완벽한 날이다.

2 Mary perfected the skateboard trick.
Mary는 스케이트보드 묘기를 완벽하게 익혔다.

Plus+ trick 명 묘기, 재주

0696

clock

[klɑːk]

명 시계

동 시간을 재다[기록하다],
(속도를) 재다[측정하다]

clock은 원래 '종'을 뜻하는 단어에서 유래했습니다. 그런데 옛날에는 시간을 알리기 위해 마을에서 종을 울렸기 때문에 clock이 '시계'를 의미하게 되었지요. 그래서 동사로는 '시간을 재다'를 뜻하기도 합니다. 어떤 일의 소요 시간이나 얼마나 빠르게 움직이는지를 측정하는 것을 일컫습니다.

1 The clock on the wall says it is 3:45.
벽에 걸린 시계가 3시 45분을 가리키고 있다.

2 We will clock how long it takes Tim to run 100 meters.
우리는 Tim이 100미터를 달리는 데 얼마나 걸리는지 시간을 잴 것이다.

Plus+ say 동 나타내다, ~라고 되어 있다   take 동 (시간이) 걸리다

rather

[ˈræðər]

- 부 꽤[약간, 상당히],
  (~보다는) 오히려[차라리],
  반대로[그렇기는 커녕]
- 감 (상대방의 제안에 동의를
  나타내어) 좋다

rather의 핵심 뜻은 '보통에서 벗어난'이라고 볼 수 있어요. '꽤, 상당히'라는 말은 보통 이상이라는 뜻이죠? 그리고 '오히려, 차라리, 반대로'는 원래 예상했던 것에서 벗어나는 것이고요. 이 같은 맥락에서 rather는 '좋다'라는 감탄사로 쓰이기도 합니다. 늘 '보통 이상'인 것이 '좋은' 것이니까요.

1 The movie was rather interesting.
그 영화는 상당히 흥미로웠다.

2 Amy looked rather upset when she heard the news.
Amy는 그 소식을 듣고 꽤 속상해 보였다.

Plus + look 동 (~처럼) 보이다　　　upset 형 속상한

---

whatever

[wətˈevə(r), wɑːtˈevə(r)]

- 대 무엇이든지, 어떤 것[일]이
  ~이라도
- 형 무엇이든, 어떠한 ~이라도

whatever는 what(무엇)과 ever(~이라도)가 결합한 단어입니다. 그래서 '무엇이든지, 어떤 ~라도' 등을 의미합니다. 무언가 가능성을 넓게 열어놓는다는 뉘앙스를 갖고 있다고 보시면 됩니다. 예를 들어, Whatever happens, I will support you.라고 하면 '무슨 일이 있어도 나는 당신 편이에요.'를 뜻합니다.

1 Whatever you decide, we will support you.
무엇을 결정하든, 우리는 당신을 지지할 것이다.

2 Mom told me to try whatever I liked.
엄마는 내가 좋아하는 것은 무엇이든 시도해 보라고 말하셨다.

Plus + decide 동 결정하다　　　support 동 지지하다
try 동 시도하다

---

peace

[piːs]

- 명 평화, 평온, 화목

peace는 '평화'를 뜻합니다. 그리고 맥락에 따라 다양한 형태의 평화를 나타냅니다. 일단 국가간에 싸움과 전쟁이 없는 상태를 '평화'라고 하지요. 마음이 조용하고 안정된 상태도 '평화'에 속합니다. 이럴 때는 보통 '평온'이라는 말이 더 어울리겠군요. 그렇다면 사람과 사람의 사이가 좋을 때는 무엇일까요? 네, 그것은 바로 '화목'입니다.

1 We all wish for world peace.
우리 모두는 세계 평화를 바란다.

2 His family lived in peace and harmony.
그의 가족은 평화롭고 화목하게 살았다.

Plus + wish 동 바라다, 원하다　　　harmony 명 화합, 조화

0700

especially

[ɪˈspeʃəli]

부 **특별히, 유달리**

especially를 자세히 보면 special(특별한)이라는 단어가 들어가 있는 게 보이시는지요. 그래서 especially는 주로 '특별히, 유달리'를 뜻합니다. 다른 대상과 비교했을 때 더 중요하거나, 더 주목할 만하고 더 두드러지는 상황이나 상태를 나타내지요.

1 I love fruit, especially peaches.

나는 과일, 특히 복숭아를 좋아한다.

2 You should be especially careful of food poisoning in summer.

여름철에는 특히 식중독을 조심해야 한다.

Plus + peach 명 복숭아 be careful of ~을 조심하다
food poisoning 식중독

0701

ignore

[ɪgˈnɔː(r)]

동 **무시하다, 모르는 체하다, (사람을) 못 본 척하다, 기각하다**

ignore의 핵심 의미는 '모르는 체하다'입니다. 그리고 모르는 체하는 대상이 무엇인지에 따라 다양한 뜻을 나타내지요. 예를 들어, 다른 사람이 하는 말을 모르는 체 한다는 것은 '무시하다'라는 뜻이죠? 그리고 눈 앞에 있는 사람이나 사물을 의도적으로 모르는 체하는 경우에는 '못 본 척하다'를 의미합니다.

1 Paul ignored the warning and plucked a flower.

Paul은 경고문을 무시하고 꽃을 꺾었다.

2 Haidi ignored him and kept walking.

Haidi는 그를 못 본 척하고 계속 걸어갔다.

Plus + warning 명 경고(문), 주의 pluck 동 (꽃 등을) 꺾다
keep -ing ~을 계속하다

0702

fist

[fɪst]

명 **주먹[손, 움켜쥠], 필적**

동 **주먹을 쥐다[주먹으로 때리다, 손으로 움켜쥐다]**

fist는 먼 옛날부터 사람의 '주먹'을 지칭하는 단어였는데 시간이 지나면서 주먹을 쥐는 동작도 fist라고 부르기 시작했습니다. 또한 '필적'이나 '주먹으로 때리다, 손으로 움켜쥐다'라는 뜻을 나타내기도 하는데, 이는 글씨를 쓰거나 주먹으로 때리는 동작을 할 때 보통 사람이 손을 움켜쥐고 있다는 특징에서 기인한 것으로 보입니다.

1 Emily punched the tree with her fist.

Emily는 주먹으로 나무를 쳤다.

2 Greg fisted his hand in anger.

Greg은 화가 나서 주먹을 쥐었다.

Plus + punch 동 주먹으로 치다 anger 명 화, 분노

0703

sad

[sæd]

형 슬픈, 애석한, 통탄할

잘 알고 있듯이 sad는 보통 '슬픔' 감정을 나타냅니다. 사실 '슬픔'이라는 개념은 추상적이고 맥락에 따라 미묘하게 다르지요. 그래서 경우에 따라 sad는 '애석한, 통탄할' 등의 뜻을 나타내기도 합니다. 참고로 슬픈 감정을 나타내는 단어로 sorrow도 있습니다. sad가 비교적 일시적이고 가벼운 슬픈 감정을 나타낸다면, sorrow는 이별이나 죽음 등으로 인한 깊은 슬픔을 뜻합니다.

1 Bill gave a sad smile as he left.

Bill은 떠나면서 슬픈 미소를 지어 보였다.

2 It was sad that I had to say goodbye.

나는 작별 인사를 해야 해서 슬펐다.

Plus + leave 동 떠나다　　　　　say goodbye 작별 인사를 하다

0704

whether

['weðə(r)]

접 ~인지 어떤지, ~이든 아니든

whether를 가만히 보면 either와 비슷하게 생기지 않았나요? 네, 맞습니다. 실제로 이 두 단어는 뿌리가 같아요. whether는 '~인지 어떤지, ~이든 아니든'을 의미하는데, 의미도 either와 상당히 비슷하죠? whether는 두 가지 이상의 선택 사항이 있을 때 그 중 어느 것인지를 묻거나 말할 때 사용하는 접속사입니다.

1 I don't know whether to go to the concert or not.

나는 콘서트에 갈지 말지 모르겠다.

2 Ann asked me whether I liked chocolate.

Ann은 내게 초콜릿을 좋아하는지 물었다.

Plus + know 동 알다　　　　　ask 동 묻다

0705

entire

[ɪnˈtaɪə(r)]

형 전체의[전부의], 완전, 온전한

entire는 기본적으로 '전체의'를 뜻합니다. 원래는 '완전한, 손상되지 않은'을 의미했다고 하는데, 지금도 그런 뉘앙스를 나타내기도 합니다. 그래서 entire는 무언가 하나도 빠짐없이 완전히 포함되어 있는 상태를 묘사해요. 예를 들어, I ate the entire cake.라고 하면 케이크 하나를 통째로 다 먹었다는 뜻입니다.

1 I spent my entire life in this city.

나는 평생을 이 도시에서 보냈다.

2 The entire world is now facing the danger of climate change.

전 세계는 현재 기후 변화라는 위험을 직면하고 있다.

Plus + spend 동 (시간을) 보내다　　　　　face 동 (상황에) 직면하다
danger 명 위험(성)　　　　　climate 명 기후

0706

sick

[sɪk]

형 아픈, 병든, 메스꺼운, 싫증 난

sick은 '아픈, 병든'을 의미합니다. 진짜 몸이 아픈 상태도 나타내지만, 마음이 불편한 상태를 뜻하기도 해요. 그래서 '메스꺼운, 싫증난'으로 표현되기도 합니다. 영어에서 정말 많이 쓰는 표현 중에 sick and tired of라는 표현이 있는데, 이는 '지긋지긋한'이라는 뜻으로 무언가에 매우 지치고 싫증 난 상태를 나타냅니다.

1 Sean had to stay home because he felt sick.
Sean은 아파서 집에 머물러야 했다.

2 I'm sick and tired of doing my homework.
나는 숙제하는 것에 진저리가 난다.

Plus + have to V (충고·권고를 나타내어) ~해야 한다   stay 동 머무르다

0707

cake

[keɪk]

명 케이크, (얇고 납작한) 단단한 덩어리

동 두껍게 바르다[뒤덮다], (과자 모양으로) 굳어지다

cake라는 단어는 다들 익숙하시죠? 우리가 즐겨 먹는 '케이크'가 바로 cake입니다. 다만 cake는 단지 그것만을 뜻하지는 않습니다. 상황에 따라 '덩어리, (과자 모양으로 굳어진) 무언가'를 나타내기도 합니다. 또한 흐름에 따라 어떤 물질이 두껍게 코팅되거나 어떤 대상에 달라붙어 있는 모습을 묘사하기도 해요.

1 John ate a slice of cake for dessert.
John은 후식으로 케이크 한 조각을 먹었다.

2 The mud was caked onto her shoes.
그녀의 신발에는 진흙이 두껍게 들러붙어 있었다.

Plus + slice 명 (음식을 얇게 썬) 조각   mud 명 진흙

0708

sell

[sel]

sold - sold

동 팔다, 매도하다, (아이디어 등을) 납득시키다

sell은 누군가에게 물건이나 서비스를 파는 행위를 나타냅니다. 추상적인 맥락에서는 아이디어나 계획, 제안 등을 누군가에게 납득시키는 것을 뜻하기도 합니다. 이는 제안을 수락하는 모습이 마치 흥정에 성공하여 판매와 구매가 이루어진 것과 같아 생겨난 뜻이랍니다.

1 The store sells a variety of things, from toys to stationery.
그 가게는 장난감부터 문구류까지 다양한 것들을 판다.

2 She sold me on the idea of going camping.
그녀는 캠핑에 가자고 나를 납득시켰다.

Plus + stationery 명 문구류   sell on ~을 납득시키다

0709

quick

[kwɪk]

혱 재빠른, 신속한, 조급한

뷔 빨리

quick은 사람이나 사물이 빠른 속도로 움직이거나, 어떤 과정이 빠르게 처리되는 것 등을 묘사하는 형용사입니다. 예를 들어, quick runner라고 하면 '달리기가 빠른 사람'을 의미하죠. 그런데 quick은 '빨리'라는 뜻의 부사로 쓰이기도 해서 run quick이라고 하면 '빨리 달리다'라는 뜻을 나타냅니다. 이렇게 형용사와 부사의 형태가 같기 때문에 quick은 해석에 유의해야 하는 점, 잊지 마세요!

1 Johnson is a quick learner.

Johnson은 빨리 배우는 사람이다.

2 Tinkerbell flew as quick as lightning.

Tinkerbell은 번개처럼 빨리 날았다.

Plus + learner 몡 학습자　　　　lightning 몡 번개

0710

grass

[græs]

몡 잔디, 풀(밭), 목초

동 (가축이) 풀을 먹다

grass는 주로 초원이나 운동장 등에서 자라는 작은 녹색 식물들을 가리켜요. 맥락에 따라 '잔디, 풀, 풀밭, 목초' 등의 다양한 의미를 나타내지요. 예를 들어, lie on the grass는 '풀밭에 눕다'를 뜻하고, dew on the grass라고 하면 '잔디에 맺힌 이슬'을 의미합니다. 또한 소, 염소 등의 가축이 풀을 먹는 것을 뜻하기도 합니다.

1 Harry stood barefoot on the grass.

Harry는 맨발로 잔디 위에 서 있었다.

2 The lawn was grassed once construction ended.

공사가 끝나자마자 잔디가 깔렸다.

Plus + barefoot 뷔 맨발로　　　　lawn 몡 잔디

once 졥 ~하자마자　　　　construction 몡 공사

0711

state

[steɪt]

몡 상태, 주(州)

혱 국가의

동 진술하다

state는 원래 '상태, 조건' 등을 뜻하는 단어에서 유래했습니다. 그리고 독특하게도 '주(州), 국가의'라는 의미를 나타내기도 합니다. 참고로 미국의 정식 국호는 the United States of America(미합중국)인데, 여기서 state가 바로 '주(州)'를 나타냅니다. 그밖에 state는 '진술하다'를 뜻하기도 합니다.

1 The state of his room was messy.

그의 방 상태는 엉망이었다.

2 Jim stated he didn't see the thief.

Jim은 도둑을 보지 못했다고 진술했다.

Plus + messy 혱 엉망인, 지저분한　　　　thief 몡 도둑

breakfast

['brekfəst]

명 아침 식사

동 아침밥을 먹다

breakfast는 break(깨다)와 fast(단식, 금식)이 결합한 단어입니다. 우리가 잠을 잘 때는 아무것도 먹지 않기 때문에 '아침 식사'가 바로 이 fast를 깨는 행동이겠지요? 그래서 breakfast가 '아침 식사'을 뜻하게 되었습니다. 참 재미있는 유래 같습니다. 이 외에도 breakfast는 동사로 '아침밥을 먹다'를 의미합니다.

1 What do you usually have for breakfast?

너는 보통 아침 식사로 무엇을 먹니?

2 My family breakfasts together three times a week.

우리 가족은 일주일에 세 번은 아침 식사를 함께 한다.

Plus+ usually 부 보통, 대개   together 부 함께

        times ~번 (횟수 시 time에 -s를 붙여서 표현)

certain

['sɜːrtn]

형 확실한, 확신하는, 어느 정도의, 어떤

certain은 주로 '확실한'을 뜻하는 형용사입니다. 만약 누군가 자신이 certain한 상태라고 말한다면 그것은 무언가에 대해 '확신하고 있는' 상태라 할 수 있어요. 또한 certain은 맥락에 따라 '어느 정도의, 어떤'을 의미하기도 합니다. 예를 들어, of a certain age라고 하면 '어느 정도 나이가 든'이라는 의미로 젊지도 않지만 아직 늙지도 않은 나이를 나타냅니다.

1 I was certain that she would come.

나는 그녀가 올 것이라고 확신했다.

2 We need a certain amount of sleep to stay healthy.

우리는 건강을 유지하기 위해 어느 정도의 수면이 필요하다.

Plus+ amount 명 (무엇의) 양   stay 동 유지하다

cook

[kʊk]

동 요리하다, (이야기 등을) 조작하다[날조하다]

명 요리사

cook은 '요리하다', '요리사'라는 뜻으로 자주 쓰이는 단어입니다. 원래는 '요리하다'만을 뜻했는데, 시간이 지나면서 요리하는 사람, 즉 '요리사'도 뜻하게 되었지요. 또한 맥락에 따라 '조작하다'를 의미하기도 하는데, 이는 요리를 할 때 음식의 모양이나 맛을 바꾸는 모습에서 나온 비유적 표현입니다.

1 I will cook buttered toast.

나는 버터를 바른 토스트를 요리할 것이다.

2 Jenny's dream is to be a cook.

Jenny의 꿈은 요리사가 되는 것이다.

Plus+ buttered 형 버터를 바른   dream 명 (희망을 담은) 꿈

0715

board

[bɔːrd]

📖 판자, 위원회

📖 승선[탑승]하다, 하숙하다

board는 원래 '판자'라는 뜻에서 출발했습니다. 그러다 사람들이 배를 탈 때, 판자를 이용해서 배 안으로 들어가거나 나오는 모습에서 '승선하다, 탑승하다'라는 뜻이 생겨났지요. 그리고 '판자'가 사람들이 모여 앉아서 의사 결정을 내리는 테이블을 상징하면서 board는 '위원회'도 뜻하게 되었습니다.

1 Julia cut the vegetables on a wooden board.
그녀는 나무 판자 위에서 채소를 잘랐다.

2 They will board the train at 11 a.m.
그들은 오전 11시에 기차를 탈 것이다.

Plus+ vegetable 📖 채소　　　　wooden 📖 나무로 된

0716

act

[ækt]

📖 행동, 법령, (연극의) 막, 연극

📖 행동하다, 연기하다, 역할을 하다

act는 기본적으로 무언가 '하는 것'을 나타냅니다. 그리고 여기서 다양한 뜻이 파생되었습니다. 일단 사람이 사람에게 하는 '행동'을 의미합니다. 또한 특정한 '법'이나 '정책'도 표현할 수 있는데, 이는 법으로 사람의 '행동'을 강제한다는 점에서 연관성이 있어요. 끝으로 act는 '연극의 한 장면'을 뜻하기도 합니다.

1 Her act of bravery was admired by everyone.
그녀의 용감한 행동은 모두의 감탄을 자아냈다.

2 Sam acted kindly by sharing his snack with Mina.
Sam은 Mina에게 간식을 나눠주며 친절하게 행동했다.

Plus+ bravery 📖 용감(성), 용기　　　admire 📖 감탄하다, 탄복하다
kindly 📖 친절하게　　　share 📖 나눠주다

0717

clean

[kliːn]

📖 깨끗한, 깔끔한, 전과가 없는, 순수한

📖 청소하다

clean의 핵심 의미는 '깨끗한'입니다. 바로 불순물이 섞이지 않은 상태를 뜻합니다. 따라서 맥락에 따라 '깔끔한, 전과가 없는, 순수한' 등을 뜻하기도 합니다. 예를 들어, clean record는 아무 범죄도 들어 있지 않은, 즉 '전과가 없는' 상태를 뜻합니다. 그밖에 동사로는 '청소하다'를 나타내기도 해요.

1 The woman has a clean criminal record.
그 여자는 범죄 기록이 없다.

2 Jack always cleans his room after work.
Jack은 퇴근 후 항상 방을 청소한다.

Plus+ criminal 📖 범죄의　　　record 📖 기록

0718

metal

['metl]

명 금속, 쇠붙이, 본성[본질]

동 금속을 입히다

metal은 원래 '금속'을 뜻합니다. 사실 금속의 종류가 다양하지만 가장 흔한 것이 '쇠'이지요. 그래서 metal은 주로 '쇠붙이' 등을 지칭하기도 합니다. 또한 비유적으로는 사람이나 사물의 '본성, 본질'을 나타내기도 해요. 또한 metal은 metal the door(문을 금속으로 덮다)처럼 어떤 대상에 '금속을 입히다'를 의미하기도 합니다.

1 The window frame is made of metal.

창문틀은 금속으로 만들어졌다.

2 They metaled the wooden door for strength.

그들은 나무로 된 문에 내구성을 위해 금속을 입혔다.

Plus+ frame 명 (금속 등으로 된) 틀   strength 명 내구력

0719

branch

[bræntʃ]

명 나뭇가지, 파생물, 지사[분점], 분과[부서]

branch의 원래 의미는 '나뭇가지'입니다. 그리고 '나뭇가지'의 생김새와 특성에서 다양한 뜻이 파생되었지요. 일단 '나뭇가지'란 나무의 몸통에서 나와서 따로 펼쳐진 부분이죠? 그래서 이런 특성을 가진 것들, 예를 들면 '파생물, 지사, 분점, 분과, 부서' 등을 모두 branch라고 부르곤 합니다.

1 The bird was sitting on a broken branch.

그 새는 부러진 나뭇가지 위에 앉아 있었다.

2 The restaurant will open a branch in Busan.

그 식당은 부산에 분점을 낼 예정이다.

Plus+ broken 형 부러진   open 동 개업하다

0720

study

['stʌdi]

studied - studied

동 공부하다, 배우다, 검토하다

명 공부[연구]

study는 우리에게 아주 익숙한 단어입니다. 기본적으로 진리를 추구하며 지식을 습득하는 것을 나타내며, 맥락에 따라 '공부하다, 배우다, 검토하다' 등을 의미할 수 있습니다. 그밖에 명사로는 '공부, 연구'를 뜻하기도 하는데, 모두 무언가 알기 위한 행동이라는 공통점이 있습니다.

1 The cat interrupted my study.

고양이가 나의 공부를 방해했다.

2 My study on the subject is going to be published soon.

그 주제에 관한 내 연구가 곧 발표될 예정이다.

Plus+ interrupt 동 방해하다   subject 명 주제
publish 동 발표하다

우리말에 맞게 빈칸에 알맞은 단어를 쓰세요.   (정답은 본문을 확인하세요.)

1 Expert opinions _____ in our decision.   우리의 결정에 있어 전문가의 견해는 중요하다.

2 They used _____ to open the door.   그들은 문을 열기 위해 무력을 사용했다.

3 Please _____ your feet before coming in.   들어오기 전에 발을 닦아주십시오.

4 My uncle _____ a shipping company.   나의 삼촌은 선박 회사를 운영한다.

5 This is a _____ day to go to the sea.   오늘은 바다로 놀러 가기에 완벽한 날이다.

6 The _____ on the wall says it is 3:45.   벽에 걸린 시계가 3시 45분을 가리키고 있다.

7 The movie was _____ interesting.   그 영화는 상당히 흥미로웠다.

8 _____ you decide, we will support you.   무엇을 결정하든, 우리는 당신을 지지할 것이다.

9 We all wish for world _____.   우리 모두는 세계 평화를 바란다.

10 I love fruit, _____ peaches.   나는 과일, 특히 복숭아를 좋아한다.

11 Haidi _____ him and kept walking.   Haidi는 그를 못 본 척하고 계속 걸어갔다.

12 Greg _____ his hand in anger.   Greg은 화가 나서 주먹을 쥐었다.

13 Bill gave a _____ smile as he left.   Bill은 떠나면서 슬픈 미소를 지어 보였다.

14 Ann asked me _____ I liked chocolate.   Ann은 내게 초콜릿을 좋아하는지 물었다.

15 I spent my _____ life in this city.   나는 평생을 이 도시에서 보냈다.

16 Sean had to stay home because he felt _____.   Sean은 아파서 집에 머물러야 했다.

17 John ate a slice of _____ for dessert.   John은 후식으로 케이크 한 조각을 먹었다.

18 She _____ me on the idea of going camping.   그녀는 캠핑에 가자고 나를 납득시켰다.

19 Johnson is a _____ learner.   Johnson은 빨리 배우는 사람이다.

20 Harry stood barefoot on the _____.   Harry는 맨발로 잔디 위에 서 있었다.

21 The _____ of his room was messy.   그의 방 상태는 엉망이었다.

22 What do you usually have for _____?   너는 보통 아침 식사로 무엇을 먹니?

23 I was _____ that she would come.   나는 그녀가 올 것이라고 확신했다.

24 I will _____ buttered toast.   나는 버터를 바른 토스트를 요리할 것이다.

25 They will _____ the train at 11 a.m.   그들은 오전 11시에 기차를 탈 것이다.

26 Her _____ of bravery was admired by everyone.   그녀의 용감한 행동은 모두의 감탄을 자아냈다.

27 Jack always _____ his room after work.   Jack은 퇴근 후 항상 방을 청소한다.

28 The window frame is made of _____.   창문틀은 금속으로 만들어졌다.

29 The bird was sitting on a broken _____.   그 새는 부러진 나뭇가지 위에 앉아 있었다.

30 The cat interrupted my _____.   고양이가 나의 공부를 방해했다.

Level 25

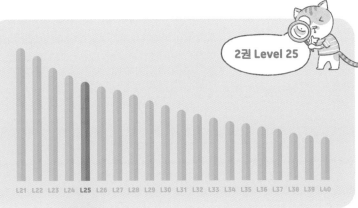

2권 Level 25

L21 L22 L23 L24 **L25** L26 L27 L28 L29 L30 L31 L32 L33 L34 L35 L36 L37 L38 L39 L40

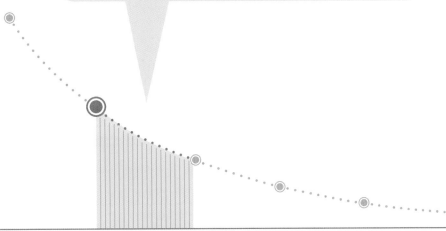

LEVEL 1~20   **LEVEL 21~40**   LEVEL 41~60   LEVEL 61~80   LEVEL 81~100

0721

shape
[ʃeɪp]

명 모양[형태], 형체, 상태[형세]
동 형성하다

shape는 원래 '만들다'라는 뜻에서 출발했습니다. 그렇게 생각하니 shape의 의미가 모두 직관적으로 이해가 되는군요. 일단 여전히 동사로는 '만들다'와 비슷한 맥락인 '형성하다'를 뜻하지만, 명사로는 '모양, 형태, 형체' 등과 같은 '만들어진 것'을 의미합니다.

1 The country is in good economic shape.
그 나라는 경제 상황이 양호한 편이다.

2 The cake I bought is shaped like a star.
내가 산 케이크는 별 모양이다.

Plus + in good shape 상태가 좋은   economic 형 경제의
like 전 ~와 같은

0722

rush
[rʌʃ]

동 서두르다, 돌진하다, 급히 하다
명 돌진

rush의 기본 뜻은 '빨리 움직이다'에 가까워요. 그래서 맥락에 따라 어떤 일을 빨리 서두르거나, 사람들이 한 곳으로 빠르게 움직이거나, 무언가를 향해 돌진하는 것을 의미합니다. 또한 명사로는 '돌진'을 뜻합니다. 예를 들어, rush hour라고 하면 '(출퇴근) 혼잡 시간대'를 뜻합니다. rush가 어떤 뉘앙스를 풍기는지 느낌이 오시죠?

1 We rushed to catch the bus.
우리는 버스를 타기 위해 서둘렀다.

2 Morning rush hour is terrible.
아침 출근 시간은 정말 끔찍하다.

Plus + catch 동 (버스 등을 시간 맞춰) 타다   terrible 형 끔찍한

0723

pot
[pɑːt]

명 냄비[솥], 항아리[단지]
동 단지[병]에 넣다, 화분에 심다

pot의 기본 의미는 '물건을 담는 그릇'입니다. 그리고 여기서 의미가 확장되어 '냄비, 항아리, 단지' 등 각기 다른 것을 지칭하기도 합니다. 예를 들어, plant pot은 '화분'을, a pot of jam은 '잼 항아리'를 뜻하지요. 또한 동사로는 식물을 화분에 심거나 무언가를 단지에 넣는 행동을 의미하기도 해요.

1 Henry put the strawberry jam in small pots.
Henry는 딸기잼을 작은 단지에 담았다.

2 She potted the flower in a new pot.
그녀는 꽃을 새 화분에 심었다.

Plus + put 동 (특정한 장소에) 넣다

leaf

[liːf]

- 명 (식물의) 잎, (책의) 한 장, (금속의) 박(箔)
- 동 잎이 나다, 책장을 급히 넘기다

leaf는 주로 '잎'이나 잎과 비슷한 특성을 갖는 것을 일컫습니다. 그래서 '(책의) 한 장'이나 '(금속의) 얇은 판' 등을 의미할 수 있지요. 두 가지 모두 가볍고 얇은 형태지요? 이런 식으로 뜻이 확장되어 잎이 나거나 책장을 급히 넘기는 것을 의미하기도 한답니다. 참고로 leaf의 복수형은 leaves이니 함께 외워두세요.

1 When the wind blew, the leaves fell from the tree.
바람이 불자, 나무에서 잎이 떨어졌다.

2 Linda leafed through the pages of the book.
Linda는 책장을 대충 넘겼다.

Plus + blow 동 (바람이) 불다   leaf through (책 등을) 대충 넘겨보다

conversation

[ˌkɑːnvərˈseɪʃn]

- 명 회화, 대화

conversation은 '대화'를 뜻하는 명사입니다. 보통 두 사람이 서로 얘기를 나누는 것을 의미합니다. 이와 비슷한 단어로는 '수다를 떨다'라는 뜻의 talk도 있지만 conversation이 좀 더 진지한 느낌을 준다고 보시면 됩니다. 그래서 주로 '대화를 나누다'라고 하면 have a conversation으로 표현합니다.

1 Our conversation continued late into the night.
우리의 대화는 밤늦게까지 계속되었다.

2 Annie had a conversation with her teacher about her grades.
Annie는 성적에 대해 선생님과 대화를 나눴다.

Plus + continue 동 (쉬지 않고) 계속되다   late into the night 밤늦게까지
grade 명 성적

milk

[mɪlk]

- 명 우유[젖], (식물의) 유액
- 동 젖을 짜다, (부당하게) 착취하다

milk는 원래 '젖을 짜다, 젖을 먹이다'라는 뜻이었습니다. 꼭 소의 젖만 뜻하지는 않았고 동물이나 사람의 젖을 모두 가리켰죠. 하지만 지금은 범위가 좁아져서 주로 '우유'를 의미합니다. 물론 경우에 따라 '식물의 유액'을 가리키기도 하고, 동사로는 '착취하다'라는 뜻이 되기도 합니다. 우리말에도 '쥐어짜다'라는 말이 부정적으로 쓰이듯이 영어도 마찬가지인가 봅니다.

1 Nicole poured some milk into her coffee.
Nicole은 커피에 우유를 조금 부었다.

2 The farmers milked the cows.
농부들이 소에서 젖을 짰다.

Plus + pour 동 붓다

0727

palm

[pɑːm]

명 손바닥, 야자나무

동 손 안에 감추다

palm은 '손바닥'이나 손바닥과 비슷한 특성을 가진 대상을 일컫습니다. 그래서 맥락에 따라 '야자나무'를 의미하기도 하는데, 아마 야자나무의 잎 모양이 손바닥을 닮았기 때문이 아닐까 합니다. 그밖에 동사로는 '손 안에 감추다'를 뜻하기도 해요. 이를테면 try to palm the small key라고 하면 '작은 열쇠를 손바닥에 감추려고 하다'라는 의미가 됩니다.

1 Minnie held the little bird in the palm of her hand.

Minnie는 손바닥 위에 작은 새를 올려놓았다.

2 Palm trees are common in tropical areas.

야자나무는 열대 지역에서 흔히 볼 수 있다.

Plus + hold 동 (손 등으로) 잡고 있다   common 형 흔한
tropical 형 열대 지방의   area 명 지역

0728

strike

[straɪk]

struck - struck/striken

동 (세게) 치다[때리다], 공격하다, 파업하다

명 치기[타격]

strike는 '세게 때리다'를 뜻합니다. 예를 들어, 야구에서 방망이로 공을 강하게 치는 것을 strike라고 표현하지요. 그런데 추상적인 맥락에서는 '공격하다'나 '파업하다' 등도 의미할 수 있어요. 모두 '세게 때리다, 타격을 주다'라는 물리적 행위에 비유하여 상황을 표현한 것이죠. 그밖에 명사로는 '치기, 타격' 자체를 뜻하기도 합니다.

1 The boy struck the ball with all his might.

그 소년은 있는 힘을 다해 공을 쳤다.

2 The workers have been on strike since last week.

노동자들은 지난 주부터 파업 중이다.

Plus + with all one's might 전력을 다하여, 힘껏   since 전 ~부터

0729

aunt

[ænt]

명 고모, 이모, 숙모, 아주머니

aunt는 예로부터 어머니와 아버지의 여자 형제를 의미했습니다. 우리말은 친족 간의 호칭이 굉장히 발달했죠? 그래서 맥락에 따라 '고모, 이모, 숙모' 등으로 다양하게 표현되곤 합니다. 그리고 aunt는 우리가 일상 생활에서 쓰는 '아주머니'와 같은 일반적인 호칭을 뜻하기도 해요.

1 One of my aunts lives in France.

나의 이모 중 한 분은 프랑스에 살고 계신다.

2 Mary was brought up by her aunt.

Mary는 고모 손에 컸다.

Plus + live 동 (특정 장소 등에서) 살다, 거주하다   bring up ~를 기르다, 양육하다

0730

pigeon

[ˈpɪdʒɪn]

명 비둘기, 잘 속는 사람

동 속이다

pigeon은 '비둘기'를 뜻합니다. 그리고 맥락에 따라 '잘 속는 사람'을 의미하기도 하는데, 이는 사람 손에 익숙해진 비둘기가 먹이를 던져주는 사람을 쉽게 따르는 특성에서 착안한 뜻이랍니다. 재미있는 뜻이죠? 그래서 pigeon은 동사로는 '속이다'를 뜻합니다.

1 The magician converted a pigeon into a dollar bill.

그 마법사는 비둘기를 1달러 지폐로 바꾸었다.

2 Nate is a pigeon who easily believes other's words.

Nate는 다른 사람의 말을 쉽게 믿는 잘 속는 사람이다.

Plus + convert 동 (형태 등을) 변하게 하다, 전환하다   bill 명 지폐
easily 부 쉽게

0731

squeeze

[skwiːz]

동 짜내다[짜다],
압착하다[죄다],
밀어[쑤셔] 넣다,
압박[강요]하다

squeeze는 '힘을 주어 누르다'라는 뜻에서 출발했습니다. 옛날에는 주로 무엇을 힘을 주어 눌렀을까요? 네, 바로 과즙이나 기름을 짠 것이겠죠? 이런 행위에 비유하여 '압착하다, 밀어넣다, 압박하다, 강요하다' 등과 같은 다양한 뜻이 파생되었어요.

1 We squeezed the orange to make juice.

우리는 주스를 만들기 위해 오렌지를 짰다.

2 They managed to squeeze the furniture into the room.

그들은 간신히 방 안에 가구를 밀어 넣었다.

Plus + manage 동 간신히 해내다, (어떻게든) ~하다   furniture 명 가구

0732

enter

[ˈentə(r)]

동 들어가다[오다], 진입하다
[시작하다], 참가하다,
적어 넣다[기입하다]

enter는 '들어가다'라는 뜻에 가장 가깝습니다. 일반적으로 누군가 어떤 공간에 들어가는 것을 묘사하는데, 이는 추상적 맥락에서는 '진입하다, 시작하다, 참가하다' 등 다양한 의미로 표현될 수 있어요. 또는 빈칸에 무언가를 '적어 넣다'를 뜻하기도 합니다.

1 Hazel told me to knock before entering her room.

Hazel은 내게 자기 방에 들어오기 전에는 노크를 하라고 말했다.

2 Permission is required to enter the security area.

보안 구역에 들어가려면 허가가 필요하다.

Plus + knock 동 (문 등을) 노크하다, 두드리다   permission 명 허가
require 동 필요로 하다   security 명 보안

0733 ☐ ☐

tongue

[tʌŋ]

📖 혀, 혓바닥, 말[발언],
말씨[투]

tongue은 '혀'를 의미합니다. 그런데 예로부터 '혀'는 말을 하는 중요한 기관으로 여겨졌기 때문에 언어와 관련된 표현에 tongue이 많이 쓰여요. 예를 들어, mother tongue은 '모국어'를 의미합니다. 또한 맥락에 따라 어떤 지역이나 국가에서 쓰는 특정한 방식의 '말씨'를 나타내기도 해요.

1 Cats often use their tongues to clean themselves.
고양이들은 종종 혀를 사용하여 자기 몸을 깨끗하게 한다.

2 Dutch is my mother tongue.
네덜란드어는 나의 모국어이다.

Plus + clean 통 ~을 깨끗하게 하다   Dutch 명 네덜란드 말

0734 ☐ ☐

silent

[ˈsaɪlənt]

📖 조용한, 소리 없는,
말을 안 하는, 침묵하는

silent는 기본적으로 소리가 없거나 말이 없는 상태를 나타냅니다. 다만 그 대상이 사람, 장소 또는 분위기인지에 따라 조금씩 의미가 달라질 뿐이지요. 그래서 '소리 없는, 말을 안 하는, 침묵하는' 등으로 다양하게 표현될 수 있어요. 예를 들어, a silent night이라고 하면 '고요한 밤'을, remain silent는 '침묵을 지키다'를 뜻합니다.

1 The classroom was silent after the teacher left.
선생님이 나가신 뒤로 교실은 조용했다.

2 Rosy was silent during the whole dinner.
Rosy는 저녁 식사 내내 말을 하지 않았다.

Plus + leave 통 떠나다   during 전 ~내내[동안]
whole 형 전체의

0735 ☐ ☐

anymore

[ènimɔːr]

📖 이제는[지금은], 더 이상은

anymore는 any(모든)와 more(더)가 결합한 부사예요. 글자 그대로 해석하면 '모든 것보다 더'를 뜻하는데, 이는 '이제는, 더 이상은'이라는 뜻으로 발전되었어요. 주로 어떤 상태나 행동이 과거에는 있었으나 현재는 그렇지 않음을 표현합니다.

1 I don't smoke anymore.
나는 이제 담배를 피우지 않는다.

2 The shop doesn't sell stationery anymore.
이 상점에서는 더 이상 문구류를 판매하지 않는다.

Plus + smoke 통 (담배를) 피우다   sell 통 판매하다, 팔다
stationery 명 문구류

0736

toss

[tɔːs]

🔵 (가볍게) 던지다, (머리 등을) 갑자기 쳐들다[젖히다], 몸부림치다[뒹굴다], (마음을) 뒤흔들다

toss는 예로부터 '흔들다, 던지다'를 의미했습니다. 주로 공이나 동전을 던지는 행위를 나타내는데, 이 외에도 몸이나 머리를 갑자기 움직이거나 마음이나 감정이 크게 흔들리는 것을 뜻하기도 합니다. 예를 들어, toss a question이라고 하면 '질문을 던지다'를 뜻하고, toss out은 무언가를 '밖으로 던져버리다'를 의미합니다.

1 Julia suddenly tossed the ball to me.
   Julia는 갑자기 나에게 공을 던졌다.

2 Daniel tossed his head back and laughed.
   Daniel은 머리를 뒤로 젖히며 웃었다.

Plus + suddenly 🔴 갑자기   laugh 🔵 웃다

0737

among

[əˈmʌŋ]

🟢 ~에 둘러싸인, ~사이에, ~중에서

among의 기본 뜻은 '여러 사람이나 물건들 사이에' 정도에 가깝다고 보시면 됩니다. 예를 들어, 숲속에서 캠핑을 하는 상황이라면 우리는 나무들 사이에 있겠죠? 이런 상황을 I am camping among the trees.라고 표현할 수 있어요. 또한 He was among the best students in his class.라고 하면 '그는 반에서 가장 훌륭한 학생들 중 한 명이었다.'를 뜻합니다.

1 Snow White was hidden among the trees.
   백설 공주는 나무들 사이에 숨어 있었다.

2 He found a treasure among the junk.
   그는 쓰레기 사이에서 보물을 찾았다.

Plus + hide 🔵 숨다   treasure 🟢 보물
junk 🟢 쓰레기

0738

squirrel

[ˈskwɜːrəl]

🟢 다람쥐

🔵 저장하다

squirrel을 쪼개서 살펴보면 '그림자'를 뜻하는 squi와 '꼬리'를 의미하는 rrel이 결합한 단어임을 알 수 있습니다. 다람쥐의 꼬리가 마치 그림자처럼 다람쥐 위에 덮여있는 모습을 떠올리면 왜 '다람쥐'를 뜻하게 되었는지 이해가 되실겁니다. 그밖에 squirrel은 away와 함께 동사로 '저장하다'라는 의미로 쓰이기도 하는데, 항상 도토리를 모으고 있는 다람쥐의 모습에서 파생된 뜻으로 추정됩니다.

1 The squirrel climbed up the tree quickly.
   다람쥐는 빠르게 나무를 타고 올라갔다.

2 We squirreled away food in case of an emergency.
   우리는 비상시를 대비해 식량을 저장해 두었다.

Plus + in case of ~의 경우   emergency 🟢 비상 (사태)

0739

mud

[mʌd]

명 진흙, 진창

동 ~을 진흙투성이로 만들다

여러분은 '진흙'하면 어떤 느낌이 떠오르시나요? 대부분 더럽고 엉망진창인 느낌일 거라 예상됩니다. 그래서 mud는 '진창'을 뜻하기도 하고, 동사로는 '~을 진흙투성이로 만들다'를 의미하기도 합니다. 예를 들어, fall in the mud는 '진창에 넘어지다'를 뜻하고, the waste of mud는 '진흙투성이의 황무지'를 의미합니다.

1 You have to be careful not to slip in the mud.

너는 진흙에서 미끄러지지 않게 조심해야 한다.

2 Tony mudded his pants when he fell down.

Tony는 넘어지면서 바지가 진흙투성이가 되었다.

Plus + slip 동 미끄러지다 　　　　　 fall down 넘어지다

0740

rope

[roʊp]

명 밧줄, (끈 등으로 엮은) 한 두름, (일 따위의) 비결[요령]

동 새끼[밧줄]로 묶다

rope의 기본 의미는 '밧줄'입니다. 우리는 밧줄을 이용해서 물건을 묶거나 끌어당기거나, 또는 올라가는 등 다양한 일을 할 수 있지요? 그래서 rope는 비유적으로 '비결, 요령' 등을 뜻하기도 하고, 동사로는 '밧줄로 묶다'를 의미합니다.

1 The cowboy skillfully roped the calf during the rodeo competition.

카우보이는 로데오 대회에서 송아지를 능숙하게 밧줄에 묶었다.

2 Lyla threw a rope to the man who fell into the river.

Lyla는 강에 빠진 남자에게 밧줄을 던졌다.

Plus + skillfully 부 능숙하게 　　　　　 calf 명 송아지
competition 명 대회 　　　　　 fall into ~에 빠지다

0741

center

[séntər]

명 중심[중앙], 종합 시설

동 중심에 두다, (렌즈 등을) 조정하다

center는 '둥근 지점, 가운데'를 의미하는 단어에서 유래했습니다. 그래서 오늘날은 어떤 물체나 장소 등의 가운데 부분을 나타내거나 어떤 것을 중심에 두는 것을 의미합니다. 예를 들면 어떤 물건을 가운데에 배치하거나 초점을 특정한 곳에 집중시키는 것 등을 뜻한다고 보시면 됩니다.

1 The park is the center of our town.

그 공원은 우리 마을의 중심이다.

2 The project centers on the development of new technologies.

그 프로젝트는 신기술 개발에 중점을 두고 있다.

Plus + development 명 개발 　　　　　 technology 명 기술

search

[sɜːrtʃ]

몡 찾기, 검색

통 찾아보다, 수색[검색]하다

search는 원래 '돌아다니다'라는 뜻에서 출발했습니다. 이러한 기본 의미를 알고 나니 현재 search의 뜻이 이해가 되시죠? 무언가 찾고 검색하려면 여기 저기 돌아다녀야 하니까요. 지금은 기술의 발전에 힘입어 인터넷과 같은 가상세계에서 돌아다니며 무언가를 검색하는 것도 search라고 할 수 있습니다.

1 Nora was searching for the recipe on the Internet.

Nora는 인터넷에서 요리법을 검색하고 있었다.

2 The police searched Sam's office for evidence.

경찰은 증거를 찾기 위해 Sam의 사무실을 수색했다.

Plus + recipe 몡 요리법　　　　　　　　office 몡 사무실
evidence 몡 증거

0743

store

[stɔː(r)]

몡 가게[상점], 창고[저장소],
저장, 축적

통 저장하다

store는 원래 '물건을 쌓아두는 곳'을 의미했습니다. 그래서 '창고, 저장소' 또는 '저장, 축적' 등의 개념을 나타내지요. 그리고 여기서 의미가 확장되어 물건을 쌓아두고 파는 장소, 즉 '상점'을 뜻하기도 합니다. 그밖에 동사로는 무언가를 '저장하다'를 의미합니다.

1 We went to the store to buy some groceries.

우리는 식료품을 사러 가게에 갔다.

2 The camera memory card can store hundreds of images.

이 카메라의 메모리 카드는 수백 장의 이미지를 저장할 수 있다.

Plus + grocery 몡 식료품 및 잡화　　　　　hundreds of 수백의

0744

rule

[ruːl]

몡 원칙, 규칙, 통치[지배]

통 통치[지배]하다

rule은 원래 '자'를 뜻하는 단어에서 나왔습니다. '자'는 직선을 그리는 도구이죠? 그래서 곧은 선을 따라간다는 맥락에서 '원칙, 규칙'이라는 뜻이 나왔다고 합니다. 그리고 후에 이러한 규칙을 실행하는 사람이나 집단을 의미하면서 '통치, 지배'라는 뜻이 파생되었지요. 그래서 동사로는 '통치하다, 지배하다'를 뜻합니다

1 The school has strict rules.

그 학교는 엄격한 규칙이 있다.

2 The king ruled the country for many years.

그 왕은 수년 동안 그 나라를 지배했다.

Plus + strict 혱 엄격한　　　　　　　　for 전 ~동안

0745

surprise

[sər'praɪz]

통 놀라게 하다, 기습하다

명 놀람, 뜻밖의 일[것]

surprise는 주로 예상치 못한 일이나 사건으로 인해 놀란 감정이나 놀라운 경험을 한 것을 나타냅니다. 예를 들어, surprise party라고 하면 누군가를 위해 몰래 준비한 '깜짝 파티' 같은 것을 의미합니다. 또는 surprise attack이라고 하면 '예상치 못한 공격'을 뜻하지요.

1 We were surprised when the player got hurt.

우리는 그 선수가 다쳤을 때 깜짝 놀랐다.

2 The girl squealed in surprise at seeing the party.

그 소녀는 파티를 보고 놀라서 소리를 질렀다.

 Plus + get hurt 다치다　　squeal 통 (특히 신이 니서) 소리를 지르다, 비명을 지르다

0746

beat

[biːt]

beat - beaten

통 (시합에서) 이기다, 때리다, 고동치다

명 맥박[고동], 박자[운율]

beat의 기본 뜻은 '때리다'입니다. 그리고 여기에서 많은 뜻이 파생했습니다. 일단 게임이나 대회 등에서 상대방을 '이기는' 것을 표현합니다. 그리고 심장이 뛰는 소리나 음악에서의 '박자'나 '리듬' 또한 beat로 표현할 수 있어요. 생각해 보면 모두 '때리다'라는 기본 뜻과 관련이 있습니다. 이렇게 상황에 따라 의미가 어떻게 확장되는지 아는 것도 단어 학습에 있어 중요합니다.

1 Billy beat me in the race.

Billy가 경주에서 나를 이겼다.

2 When I saw her, my heart beat faster.

그녀를 보았을 때, 내 심장 박동은 더 빨라졌다.

Plus + race 명 경주　　　　　　　　heart 명 심장

0747

screen

[skriːn]

명 화면, 칸막이, 영화, 차폐물

screen은 독특하게도 원래 '불을 막는 것'을 뜻하는 단어에서 유래했습니다. 그러다 시간이 지나면서 방과 방을 나누는 '칸막이'를 뜻하다가 점차 영화나 TV 등의 '화면'까지 나타내게 되었지요. 그래서 off-screen이라고 하면 '(영화에서가 아닌) 화면 밖의' 상황을 나타내며 영화 등의 '상영 시간'을 a screen time이라고 표현할 수 있습니다.

1 Alice was staring at the computer screen.

Alice는 컴퓨터 화면을 응시하고 있었다.

2 We put up a screen to block the sun.

우리는 햇빛을 가리기 위해 칸막이를 세웠다.

 Plus + stare at ~을 응시하다　　　　　　put up 세우다
block 통 막다, 차단하다

0748

twist

[twɪst]

图 비틀다[일그러뜨리다],
(줄 등을) 꼬다,
감다[얽히게 하다],
왜곡[곡해]하다

우리에게 많이 친숙한 단어인 twist의 기본적인 의미는 '꼬다'입니다. 주로 두 개를 꼬아서 하나로 만드는 것을 의미하는데, 여기서 뜻이 파생되어 추상적인 맥락에서는 어떤 정보나 사실 등을 꼬고 비트는 것을 나타내기도 합니다. 우리는 흔히 이런 행위를 '왜곡하다'라고 표현하죠.

1 Sarah twisted the paper into a candy wrapper.

Sarah는 종이를 뭉쳐 비틀어서 사탕 포장지처럼 만들었다.

2 Don't twist my words. I never said that.

내 말 좀 왜곡하지 마. 나는 그런 말을 한 적이 없어.

Plus + twist into 비틀어서 ~로 만들다   candy 圀 사탕
wrapper 圀 (특히 식품) 포장지

0749

trip

[trɪp]

圀 여행, 이동, (발을) 헛디딤

图 경쾌하게 걷다

trip은 원래 작은 단계를 밟아 나가는 것을 나타냈습니다. 이런 의미가 '걸음'과 결부되면서 더 많은 뜻이 파생되었고, 오늘날은 주로 '짧은 여행'을 의미하며 맥락에 따라 발을 헛디디거나 경쾌하게 걷는 것을 나타내기도 합니다. 이를테면 field trip(현장 학습), round trip(왕복 여행), trip over(~에 발이 걸려 넘어지다) 등처럼 말이지요.

1 We planned a trip to the beach this summer.

우리는 이번 여름에 해변으로 여행을 계획했다.

2 Mia tripped and spilled her milk all over Tim.

Mia는 발을 헛디뎌서 Tim에게 우유를 다 쏟았다.

Plus + plan 图 계획하다   spill 图 쏟다

0750

usual

['juːʒʊəl]

혱 보통의, 일상의,
흔히 하는[있는]

usual은 '평소에 일어나는, 평범한'이라는 뜻에 가장 가까워요. 아침에 일어나서 양치하고 아침 식사를 하는 것과 같이 일상적이고 반복되는 일을 모두 나타낼 수 있지요. 그래서 맥락에 따라 '보통의, 일상의, 흔히 있는' 등을 의미합니다.

1 Jake ordered his usual coffee at the cafe.

Jake는 카페에서 평소에 마시던 커피를 주문했다.

2 As usual, Lily arrived on time for her appointment.

늘 그렇듯 Lily는 약속 시간에 맞추어 도착했다.

Plus + order 图 주문하다   arrive 图 도착하다
on time 시간을 어기지 않고   appointment 圀 약속

Review Test 25

우리말에 맞게 빈칸에 알맞은 단어를 쓰세요.　　　　　　　　(정답은 본문을 확인하세요.)

1　The country is in good economic _____.　　　그 나라는 경제 상황이 양호한 편이다.

2　Morning _____ hour is terrible.　　　아침 출근 시간은 정말 끔찍하다.

3　Henry put the strawberry jam in small _____.　　　Henry는 딸기잼을 작은 단지에 담았다.

4　Linda _____ through the pages of the book.　　　Linda는 책장을 대충 넘겼다.

5　Our _____ continued late into the night.　　　우리의 대화는 밤늦게까지 계속되었다.

6　The farmers _____ the cows.　　　농부들이 소에게서 젖을 짰다.

7　Minnie held the little bird in the _____ of her hand.　　　Minnie는 손바닥 위에 작은 새를 올려놓았다.

8　The boy _____ the ball with all his might.　　　그 소년은 있는 힘을 다해 공을 쳤다.

9　One of my _____ lives in France.　　　나의 이모 중 한 분은 프랑스에 살고 계신다.

10　The magician converted a _____ into a dollar bill.　　　그 마법사는 비둘기를 1달러 지폐로 바꾸었다.

11　We _____ the orange to make juice.　　　우리는 주스를 만들기 위해 오렌지를 짰다.

12　Hazel told me to knock before _____ her room.　　　Hazel은 내게 자기 방에 들어오기 전에는 노크를 하라고 말했다.

13　Dutch is my mother _____.　　　네덜란드어는 나의 모국어이다.

14　The classroom was _____ after the teacher left.　　　선생님이 나가신 뒤로 교실은 조용했다.

15　I don't smoke _____.　　　나는 이제 담배를 피우지 않는다.

16　Julia suddenly _____ the ball to me.　　　Julia는 갑자기 나에게 공을 던졌다.

17　Snow White was hidden _____ the trees.　　　백설 공주는 나무들 사이에 숨어 있었다.

18　The _____ climbed up the tree quickly.　　　다람쥐는 빠르게 나무를 타고 올라갔다.

19　You have to be careful not to slip in the _____.　　　너는 진흙에서 미끄러지지 않게 조심해야 한다.

20　Lyla threw a _____ to the man who fell into the river.　　　Lyla는 강에 빠진 남자에게 밧줄을 던졌다.

21　The park is the _____ of our town.　　　그 공원은 우리 마을의 중심이다.

22　Nora was _____ for the recipe on the Internet.　　　Nora는 인터넷에서 요리법을 검색하고 있었다.

23　We went to the _____ to buy some groceries.　　　우리는 식료품을 사러 가게에 갔다.

24　The school has strict _____.　　　그 학교는 엄격한 규칙이 있다.

25　The girl squealed in _____ at seeing the party.　　　그 소녀는 파티를 보고 놀라서 소리를 질렀다.

26　Billy _____ me in the race.　　　Billy가 경주에서 나를 이겼다.

27　Alice was staring at the computer _____.　　　Alice는 컴퓨터 화면을 응시하고 있었다.

28　Don't _____ my words. I never said that.　　　내 말 좀 왜곡하지 마. 나는 그런 말을 한 적이 없어.

29　Mia _____ and spilled her milk all over Tim.　　　Mia는 발을 헛디뎌서 Tim에게 우유를 다 쏟았다.

30　Jake ordered his _____ coffee at the cafe.　　　Jake는 카페에서 평소에 마시던 커피를 주문했다.

Level 26

레벨별 단어 사용 빈도

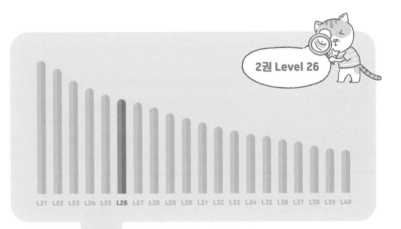

2권 Level 26

L21 L22 L23 L24 L25 **L26** L27 L28 L29 L30 L31 L32 L33 L34 L35 L36 L37 L38 L39 L40

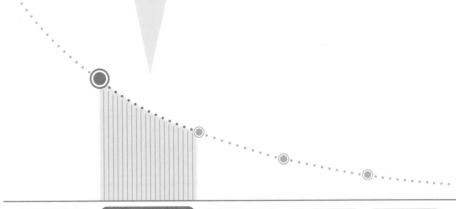

LEVEL 1~20　　**LEVEL 21~40**　　LEVEL 41~60　　LEVEL 61~80　　LEVEL 81~100

0751

chicken

['tʃɪkn]

명 닭(고기)

형 닭고기의

chicken은 잘 알고 있듯이 '닭'을 의미합니다. 살아있는 '닭'뿐만 아니라 '닭고기'를 뜻하기도 해요. 닭도 hen(암탉), cock(수탉) 등 암수에 따라 부르는 말이 다르긴 하지만, 동물일 때와 고기일 때를 모두 지칭하는 단어는 chicken 하나입니다.

1 **Andy thought he could finish an entire chicken himself.**
Andy는 혼자서 치킨 한 마리를 다 먹을 수 있겠다고 생각했다.

2 **The restaurant served a delicious chicken sandwich.**
그 식당은 맛있는 치킨 샌드위치를 제공했다.

Plus + finish 동 (음식을) 다 먹어 버리다   entire 형 전체의
serve 동 (식당 등에서 음식을) 제공하다

0752

hurry

['hɜːri]

hurried - hurried

동 서두르다

hurry는 '서두르다'라는 뜻을 가지고 있습니다. 일상에서 흔히 '빨리, 좀!'이라고 말하는 상황을 상상해 보세요. 예를 들면 해가 중천인데 아이가 빨리 일어나지 않아 학교에 늦을 것 같은 상황에서 부모님이 Hurry up, you'll be late for school!이라고 말하시겠죠.

1 **Hurry up, or you'll miss the bus!**
너는 서두르지 않으면 버스를 놓칠 거야!

2 **My brother is always in a hurry in the morning.**
우리 형은 아침에 항상 서두른다.

Plus + miss 동 놓치다   in a hurry 서둘러, 급히

0753

pause

[pɔːz]

동 잠시 멈추다, 정지시키다, 한숨 돌리다

명 (일시적인) 중단

pause의 기본 의미는 '잠시 멈추다'입니다. 그리고 상황에 따라 여러 의미가 파생되었어요. 예를 들어, 어떤 일을 진행하다가 잠시 멈추는 상황에서는 '한숨 돌리다' 정도의 뉘앙스를 풍길 수 있습니다. 또는 맥락에 따라 일시적으로 잠시 멈춘 상태 자체를 의미하기도 합니다.

1 **The actor paused for a moment before answering the question.**
그 배우는 질문에 답하기 전에 잠시 말을 멈추었다.

2 **There was a long pause before Mark spoke again.**
Mark는 다시 말하기 전에 한참 동안 잠시 멈추었다.

Plus + for a moment 잠시 동안   question 명 질문

0754

thick

[θɪk]

형 두꺼운, 두툼한, 빽빽한, (액체가) 진한

thick은 원래 물체의 두께만을 의미하는 단어였습니다. 그러다 시간이 지나면서 밀도나 농도의 개념에 '두꺼운'이라는 의미가 적용되면서 '빽빽한, (액체가) 진한'이라는 뜻도 나타내게 되었습니다. 그래서 예를 들어, thick soup라고 하면 스프의 농도가 아주 진한 것을 의미합니다.

1 Oliver cut the beef into thick slices.

Oliver는 소고기를 두툼한 조각으로 썰었다.

2 The forest is thick with trees.

그 숲은 나무로 빽빽하다.

Plus+ beef 명 소고기　　　　　　　　　　slice 명 조각
forest 명 숲

0755

tight

[taɪt]

형 단단히 맨[죈], 꽉 조이는, 단호한[엄격한], 빽빽한

우리에게 '타이트하다'라는 외래어로 익숙한 tight는 꽉 고정되어 있어 쉽게 움직이지 않는 느낌을 나타냅니다. 그리고 추상적인 맥락에서 쓰이면 '단호한, 엄격한, 빽빽한' 등을 의미하기도 해요. 예를 들어, tight rule은 '엄격한 규칙'을, tight-laced라고 하면 '틀에 박힌, 융통성이 없는'을 의미합니다.

1 The jeans were too tight for me.

그 청바지는 내게 너무 꽉 끼었다.

2 The principle runs a tight ship.

교장 선생님은 엄격하게 통제를 유지한다.

Plus+ jeans 명 청바지
run a tight ship 사람들을 바짝 다잡으며 능숙하게 운영해 나가다

0756

evening

[ˈiːvnɪŋ]

명 저녁, 밤, 야회(夜會)

evening은 '저녁'을 의미합니다. 원래 '해가 저물어 가는'이라는 뜻에서 출발했기 때문에 evening이 정확히 몇 시부터인지는 정답이 없어요. 그래서 주로 해가 저물어 가는 저녁 무렵 자체를 의미하며 맥락에 따라 '밤'이나 저녁에 하는 사교 모임인 '야회' 등을 뜻하기도 합니다.

1 I like to read books in the evening.

나는 저녁에 책을 읽는 것을 좋아한다.

2 The evening sky is filled with stars.

저녁 하늘에는 별이 가득했다.

Plus+ be filled with ~로 가득차다

0757

third

[θɜːrd]

형 제3의, 세 번째의

부 세 번째로, 제3으로

three가 숫자 '3'을 의미한다면 third는 순서상 '세 번째'를 의미하는 단어입니다. 그래서 맥락에 따라 '제3의'를 뜻하기도 합니다. 영어권에서는 주로 층을 지칭할 때 순서를 나타내는 단어를 쓰는데, 3층은 영어로 the third floor입니다. 또한 come in third place라고 하면 '3등을 차지하다'라는 뜻을 나타냅니다.

1 We live on the third floor.

우리는 3층에 살고 있다.

2 Jamie came in third place in the 500-meter race.

Jamie는 500미터 달리기에서 3등을 했다.

Plus + floor 명 (건물의) 층   place 명 (경주 등에서 입상권에 드는) 등위

0758

bread

[bred]

명 빵, 양식[생계]

동 빵가루를 묻히다

bread는 원래 '조각, 조각난 무언가'를 의미했습니다. 옛날에는 빵을 잘라서 파는 것이 아니라 큰 덩어리에서 뜯어서 먹어야 했습니다. 그 모습에서 의미가 확장되어 bread는 오늘날 우리가 즐겨 먹는 '빵'을 의미하게 되었습니다. 그리고 서양 사람들은 빵이 주식이다 보니 비유적으로 '생계'를 뜻하기도 합니다. 우리가 '밥'에 부여하는 정서와 비슷하다고 보시면 됩니다.

1 We usually eat bread for breakfast.

우리는 보통 아침 식사로 빵을 먹는다.

2 Lily earns her bread as a freelance writer.

Lily는 프리랜서 작가로 생활비를 벌고 있다.

Plus + earn one's bread 생활비를 벌다
freelance 형 프리랜서[자유 계약자]로 일하는

0759

poem

['poʊəm]

명 (한 편의) 시, 시적인 것

poem은 '시' 또는 '시적인 것'을 의미합니다. 원래 '만들다, 창조하다'라는 그리스어에서 유래했습니다. 이렇게 보니 뭔가 더 낭만적이지 않나요? 한편 시를 쓰는 것은 생각의 그림을 그리는 일입니다. 그래서 poem이 '시적인 것'이라는 뜻으로 쓰일 때는 바로 이렇게 낭만적인 아름답고, 감정이 풍부하게 표현된 그 무언가를 묘사하는 경우가 많습니다.

1 Jane wrote a tragic poem about love.

Jane은 사랑에 관한 비극적인 시를 썼다.

2 His life was like a sad poem.

그의 삶은 마치 슬픈 시와 같았다.

Plus + tragic 형 비극적인, 비극의   like 전 ~와 비슷한

0760

tea

[tiː]

몡 차(茶), 찻잎, 홍차

우리가 '차(茶)'라고 발음하는 한자를 중국 남부 지방에서는 *te*라고 하고, 영어로 넘어가면서 tea가 되었습니다. tea는 우리가 마시는 일반적인 '차'를 의미하기도 하지만 때로는 '찻잎'을 가리키기도 하며, 특히 '홍차'를 나타내기도 합니다. 참고로 '홍차'는 black tea라고도 부르니 함께 알아두세요!

1 I sat on the bench, sipping at my tea.

나는 차를 홀짝이면서 벤치 위에 앉아 있었다.

2 Josh put the tea leaves into the tea pot.

Josh는 찻잎을 찻주전자에 넣었다.

Plus + sip 용 (음료를) 홀짝이다   tea pot 찻주전자

0761

visit

[ˈvɪzɪt]

동 방문하다, 찾아가다, 시찰하다

몡 방문

visit은 딱히 정해진 맥락이 없어도 친구네 집, 관공서, 부모님 댁 등 다양한 장소에 방문하는 것을 나타낼 수 있습니다. 예를 들어, 아주 짧게 어딘가를 방문하는 것을 flying visit이라고 표현하기도 합니다. 가끔 관리자가 시설 등을 방문하는 경우에 '시찰하다'라는 뜻으로 쓰이기도 합니다.

1 Lisa visited villages all over France.

Lisa는 프랑스 전역에 있는 마을들을 방문했다.

2 The visit to my grandfather's was nice.

할아버지 댁 방문은 정말 좋았다.

Plus + village 몡 마을   all over 곳곳에, 온 데
nice 형 (기분) 좋은, 즐거운

0762

daddy

[ˈdædi]

몡 아빠

daddy는 보통 아이들이 '아버지'를 친근하게 부르는 단어입니다. 우리말의 '아빠'와 같은 개념이지요. '아버지'라는 정식 명칭은 father이고 이보다 친근한 호칭이 dad인데, 여기서 한 발 더 나간 것이 daddy입니다. 특히 아빠와 친한 아들이나 딸을 daddy's boy, daddy's girl이라 표현하기도 한답니다.

1 The boy said his daddy will be back soon.

그 소년은 아빠가 곧 돌아올 거라고 말했다.

2 Jamie is a daddy's girl.

Jamie는 완전 아빠 바라기이다. (=Jamie는 아빠와 정말 친하다.)

Plus + be back 돌아오다   soon 부 곧

0763

ice
[aɪs]

명 얼음, 얼음판

형 얼음의

동 얼음으로 덮다

ice는 낮은 온도에서 물이 고체 상태로 변한 것, 즉 '얼음'을 나타냅니다. 그리고 맥락에 따라 '얼음의', '얼음으로 덮다' 등을 의미할 수 있어요. 참고로 ice를 활용한 비유적 표현들이 많습니다. 예를 들면 '아주 차가운' 상태를 말하는 ice cold 나 살얼음판 위에 있는, 즉 '위험한 상황에 처한'을 뜻하는 on thin ice 등이 있지요.

1 The lake was covered with ice.
그 호수는 얼음으로 덮여 있었다.

2 Joey fell on the ice.
Joey는 얼음판 위에서 넘어졌다.

Plus + lake 명 호수   be covered with ~으로 뒤덮이다
fall 동 넘어지다

0764

consider
[kənˈsɪdə(r)]

동 고려하다, 숙고하다, 감안하다

consider는 기본적으로 어떤 사안에 대해 '깊이 생각하다'라는 어감을 가지고 있습니다. 그래서 맥락에 따라 '고려하다, 숙고하다, 감안하다' 등을 의미할 수 있어요. 영어에서 많이 쓰이는 표현 중에 all things considered가 있는데, 이는 '모든 것을 고려하면'이라는 뜻입니다.

1 You should consider all options before making a decision.
너는 결정을 내리기 전에 모든 선택지를 고려해야 한다.

2 It is important to consider the feelings of others.
다른 사람의 감정을 고려하는 것은 중요하다.

Plus + option 명 선택(권)   make a decision 결정을 하다
important 형 중요한   feeling 명 감정

0765

prince
[prɪns]

명 왕자, (소국의) 군주, 제1인자

prince는 옛 로마 제국에서 '지도자'를 지칭하던 단어인 *princeps*에서 유래했습니다. 정확한 뜻은 '제1시민'인데, 당시 정서로 보면 왕과 왕비 사이에서 태어난 '아들'이 그 나라의 첫 번째 시민이었지요. 그래서 자연스럽게 '왕자'를 뜻하게 되었고 중세부터는 '소국의 군주'를 의미하기도 했습니다.

1 The little prince became friends with the fox.
어린 왕자는 여우와 친구가 되었다.

2 Harry came across the prince of the country.
Harry는 그 나라의 군주를 우연히 마주쳤다.

Plus + come across 우연히 마주치다

shed

[ʃed]

shedded/shed - shedded/shed

图 흘리다, (옷을) 벗다, 떨어뜨리다, (빛을) 비추다

shed의 기본 의미는 '분리하다, 나누다'입니다. 그리고 이런 기본 뜻은 맥락에 따라 다양한 의미를 나타낼 수 있습니다. 예를 들어, 우리 몸에서 피나 땀 같은 것이 바깥으로 빠져나가는 것을 뜻하기도 하고, 옷이나 가죽 등을 몸에서 벗어 던지는 것도 의미합니다. 이들은 모두 몸에서 무엇을 '분리하다'라는 개념에서 나온 뜻이지요.

1　I shed my coat as soon as I got home.

나는 집에 도착하자마자 코트를 벗어 던졌다.

2　The trees shed their leaves in fall.

나무들은 가을에 잎을 떨군다.

Plus + as soon as ~하자마자　　　　fall 圀 가을

---

magic

['mædʒɪk]

图 마법, 마술, 신비한 힘

혱 마법[마술]의

magic은 보통 '마법, 마술'을 뜻합니다. 흔히 이야기나 영화에서 마법사가 무언가 바꾸거나 불가능해 보이는 일을 해내는 것 등을 나타내지요. 그래서 '신비한 힘'이라는 의미를 나타내기도 합니다. 마법, 마술에 어떤 '신비한 힘'이 작용했다고 믿었던 것에서 이런 뜻이 나온 것 같군요.

1　The fairy used magic to turn a pumpkin into a carriage.

그 요정은 마법을 사용하여 호박을 마차로 만들었다.

2　Jake has a magic touch when it comes to cooking.

Jake는 요리에 관해서라면 마법 같은 솜씨를 가지고 있다.

Plus + turn into ~로 바뀌다[변하다]　　carriage 圀 마차
touch 圀 솜씨　　　　　　　　　when it comes to ~에 관해서라면

---

distance

['dɪstəns]

图 거리, 먼 거리[지점], 차이

图 간격을 두다

distance는 원래 '떨어져 있다'를 뜻하는 단어에서 유래되었는데, 시간이 지나면서 다양한 의미로 확장되었어요. 떨어져 있는 두 지점 사이의 길이인 '거리'를 뜻하거나, 물리적·추상적으로 떨어져 있는 두 대상의 거리를 나타내는 '차이'를 의미할 수 있어요. 또한 동사로는 '간격을 두다'를 뜻하기도 합니다.

1　The distance from my house to the school is about 3 kilometers.

우리 집에서 학교까지의 거리는 약 3킬로미터이다.

2　There seems to be distance between them.

그들 사이에 거리가 있는 것 같다.

Plus + about 젠 약, ~쯤　　　　seem 图 ~인 것 같다

0769

smoke
[smoʊk]

통 담배를 피우다, 연기를 내뿜다, 훈제로 만들다

명 연기

smoke는 동사로는 '연기를 내뿜다' 등을 뜻하고, 명사로는 '연기'를 의미합니다. 그리고 연기를 내뿜는 모습에서 의미가 파생되어 '담배를 피우다' 또는 '훈제로 만들다'라는 뜻도 나타내게 되었습니다. 그래서 별도의 설명 없이 누군가 smoke 한다고 하면 대개 '담배를 피우다'라는 뜻인 경우가 많아요.

1 My father smokes a pack of cigarettes a day.
우리 아빠는 하루에 담배를 한 갑씩 피우신다.

2 Smoke billowed out of the burning building.
불타는 건물에서 연기가 뿜어져 나왔다.

Plus + pack 명 (담배의) 한 갑   cigarette 명 담배
billow 통 (연기 등이) 피어오르다   burning 형 불타는

0770

sack
[sæk]

명 (곡식 등을 담는) 부대, 해고, 침상

통 부대에 담다, 해고하다

sack은 원래 '가방'을 뜻하는 단어였지만 시간이 지나면서 조금씩 뜻이 변해왔습니다. 그래서 지금은 주로 '(곡식 등을 담는) 부대'나 '침상'을 의미하는데, 이는 로마인들이 부대를 침대처럼 썼기 때문이라고 하네요. 또한 맥락에 따라 '해고'와 관련된 뜻을 나타내기도 하는데, 이는 아마 '짐을 싼다'는 개념에서 나온 뜻으로 추정합니다.

1 Mindy carried a sack of potatoes on her back.
Mindy는 감자 부대를 등에 짊어지고 있었다.

2 After making a big mistake at work, Tim was sacked.
직장에서 큰 실수를 한 후, Tim은 해고당했다.

Plus + carry 통 짊어지다, 나르다   make a mistake 실수하다

0771

tower
['taʊə(r)]

명 탑, 고층 건물, 성채[요새]

통 높이 솟다

tower는 보통 높이가 매우 높은 건물이나 구조물을 뜻합니다. 또한 맥락에 따라 무언가 높이 솟아 있는 것을 나타내기도 합니다. 그래서 주로 '탑, 고층 건물'이나 '성채, 요새'와 같은 높고 방어적인 구조물을 의미합니다. 예를 들어, control tower라고 하면 '(항공) 관제탑'을 의미하고, tower above는 '~보다 훨씬 높다'를 뜻합니다.

1 The clock tower stands in the center of the city.
그 시계탑은 도시 중앙에 서 있다.

2 The new building towers above all the other buildings.
새로 지은 그 건물은 다른 모든 건물보다 높이 솟아 있다.

Plus + stand 통 서 있다

0772

size

[saɪz]

- 명 크기, 치수[사이즈], 규모
- 동 크기를 바꾸다

우리에게 '사이즈'라는 외래어로 친숙한 size는 주로 사람의 키나 발 크기부터 옷 치수까지 사람이나 물건이 얼마나 크고 작은지를 나타냅니다. 맥락에 따라 '규모' 를 뜻하기도 하는데, 이는 물리적 크기보다 어떤 일이나 조직의 범위나 정도를 의미합니다. 그밖에 동사로는 '크기를 바꾸다'를 뜻하기도 해요.

1 The bowls are graded according to size.
   그 그릇들은 크기에 따라 나눠져 있다.

2 The size of the room is perfect for this party.
   그 방의 크기는 이 파티를 열기에 딱 좋다.

Plus + grade 동 나누다, 분류하다   according to ~에 따라

0773

spread

[spred]

spread - spread

- 동 펼치다[펴다], 확산시키다, 퍼뜨리다, 뿌리다[살포하다]

spread는 주로 무언가 넓게 펼치거나 뿌리는 느낌을 나타냅니다. 이를테면 버터를 빵에 넓게 펴 바르는 것에서부터 시트를 침대에 펴는 것까지 모두 표현할 수 있지요. 또한 무언가 여기 저기 퍼져 나가는 모습을 묘사하기도 합니다. 예를 들어, 어떤 소식이 빠르게 퍼져나간 상황을 The news spread quickly.라고 할 수 있어요.

1 Gabriel spread peanut butter on the bread.
   Gabriel은 땅콩 버터를 빵에 펴 발랐다.

2 The rumor spread through the town.
   그 소문은 마을 전체에 퍼졌다.

Plus + peanut 명 땅콩   rumor 명 소문

0774

flour

[ˈflaʊə(r)]

- 명 (밀 등의) 가루
- 동 가루로 빻다

flour는 원래 '꽃'을 뜻하는 옛 프랑스어 flor에서 유래했는데, 밀을 밀가루로 만드는 과정이나 완성된 밀가루의 모습이 어딘가 '꽃'과 닮았다고 하여 '밀가루' 를 지칭하게 되었답니다. 이후 flour, flower의 형태로 영어로 넘어 오게 되면서 flour는 '밀가루'를, flower는 '꽃'을 뜻하게 되었습니다.

1 I kneaded the flour to make bread.
   나는 빵을 만들기 위해 밀가루를 반죽했다.

2 He floured the countertop before rolling out the dough.
   그는 반죽을 펴기 전에 조리대에 밀가루를 뿌렸다.

Plus + knead 동 반죽하다   countertop 명 (부엌의) 조리대
roll out (반죽 같은 것을) 밀어서 펴다

0775

scar

[skɑ:(r)]

명 흉터, 마음의 상처[상흔]

동 상처를 남기다, 흉터가 남다

scar는 원래 '바위'를 뜻하는 단어였습니다. 그런데 바위 표면에 생긴 '금'을 사람의 '흉터'에 비유하면서 지금의 뜻을 갖게 되었다고 해요. 오늘날 scar는 몸의 '흉터'뿐만 아니라 '마음의 상처'도 나타냅니다. 그래서 동사로는 '상처를 남기다, 흉터가 남다' 등을 뜻하지요.

1 The cut left a scar on Helen's hand.
그 상처는 Helen의 손에 흉터를 남겼다.

2 The accident scarred Tony for life.
그 사고는 Tony에게 평생의 상처를 남겼다.

Plus + cut 명 상처　　　　　　　　　leave 동 (흔적 등을) 남기다
for life 평생의, 죽을 때까지

0776

governor

[ˈgʌvərnə(r)]

명 주지사, 총독, 관리자

governor는 일반적으로 무언가를 관리하거나 통제하는 사람을 뜻합니다. 특히 주(州) 개념이 있는 나라에서 governer는 '주지사'를 의미하지요. 또는 그 나라의 정치 체제나 행정 체계에 따라 '총독'을 나타내기도 합니다. 모든 뜻에 공통점은 '관리자'라는 점입니다.

1 The governor of New York announced new policies.
뉴욕 주지사가 새로운 정책을 발표했다.

2 The governor of the prison has been replaced.
그 감옥의 관리자가 교체되었다.

Plus + announce 동 발표하다　　　　　policy 명 정책
prison 명 감옥　　　　　　　　replace 동 교체하다

0777

square

[skwer]

명 정사각형, 광장, (수학) 제곱, 고지식한 사람

square는 네 각이 모두 직각이고 네 변의 길이가 모두 같은 모양, 즉 '정사각형'을 뜻합니다. 그리고 이와 비슷한 모습이나 개념을 가진 것을 모두 나타냅니다. 대표적으로 '광장'이 있지요. 보통 광장의 모습이 정사각형에 가깝기 때문입니다. 그밖에 수학에서는 '제곱'을 뜻하고, 사각형처럼 꽉 막힌 느낌의 '고지식한 사람'을 의미하기도 합니다.

1 The lunch box is in the shape of a square.
그 도시락 통은 정사각형 모양이다.

2 The festival will take place in the central square.
축제가 중앙 광장에서 열릴 예정이다.

Plus + take place (특히 계획된 일이) 개최되다　　　　central 형 중앙의

0778

winter

[ˈwɪntə(r)]

명 겨울, 추운 기후

형 겨울의

동 겨울을 보내다

winter는 사계절 중 '겨울'을 뜻합니다. 겨울은 각 나라의 위도에 따라 시기가 달라지기 때문에 명확하게 정해진 때는 없습니다. 그래서 겨울에 해당하는 기간을 the winter months라고 묶어서 표현하기도 합니다. 또한 겨울이 주로 추운 날씨인 점에서 winter는 '추운 기후'를 뜻하기도 합니다.

1 I love the winter because I can make a snowman.
나는 눈사람을 만들 수 있어서 겨울을 좋아한다.

2 Some animals hibernate in winter.
어떤 동물들은 겨울에 겨울잠을 잔다.

Plus + hibernate 동 겨울잠을 자다

0779

dry

[draɪ]

dried - dried

형 마른[건조한],
비가 적은[오지 않는],
지루한[무미건조한]

동 말리다

dry는 기본적으로 '마른, 건조한' 상태를 묘사합니다. 그리고 맥락에 따라 묘사 대상이 조금씩 바뀜에 따라 의미가 달라질 수 있습니다. 예를 들어, 날씨나 기후를 설명할 때는 '건조한, 비가 적은' 등을 의미하고, 빨래를 말릴 때는 '마른'을 뜻하지요. 또한 비유적으로는 '지루한' 등을 뜻하기도 하고, 동사로는 무언가 말리는 것을 의미해요. 뜻은 다양하지만 모두 마르고 건조한 상태를 기반으로 하고 있는 점, 잊지 마세요!

1 The desert is always dry.
사막은 언제나 건조하다.

2 The weather cleared up so I could dry my clothes.
날씨가 개어서 나는 옷을 말릴 수 있었다.

Plus + desert 명 사막   clear up (날씨가) 개다

0780

blanket

[ˈblæŋkɪt]

명 담요[모포], 전면을 덮는 것

동 ~을 담요로 싸다[덮다],
~을 온통 덮다

blanket은 주로 우리가 잘 때 덮고 자는 천, 즉 '담요, 이불' 등을 의미합니다. 동사로는 '~을 담요로 싸다, ~을 온통 덮다'를 뜻하지요. 물론 담요나 이불로 덮는 것을 나타내지만 다른 것으로 덮는 것도 표현할 수 있어요. 예를 들어, blanket of snow라고 하면 '눈으로 덮인'이라는 뜻입니다.

1 My dad tucked me in with a blanket.
아빠는 내게 담요를 덮어주셨다.

2 Fog blanketed the city.
안개가 도시를 뒤덮었다.

Plus + tuck in ~에게 이불을 잘 덮어 주다   fog 명 안개

우리말에 맞게 빈칸에 알맞은 단어를 쓰세요.　　　　　　　　　　　　(정답은 본문을 확인하세요.)

1　The restaurant served a delicious ＿＿＿＿＿＿ sandwich.　　그 식당은 맛있는 치킨 샌드위치를 제공했다.

2　＿＿＿＿＿＿ up, or you'll miss the bus!　　너는 서두르지 않으면 버스를 놓칠 거야!

3　There was a long ＿＿＿＿＿＿ before Mark spoke again.　　Mark는 다시 말하기 전에 한참 동안 잠시 멈추었다.

4　The forest is ＿＿＿＿＿＿ with trees.　　그 숲은 나무로 빽빽하다.

5　The jeans were too ＿＿＿＿＿＿ for me.　　그 청바지는 내게 너무 꽉 끼었다.

6　I like to read books in the ＿＿＿＿＿＿.　　나는 저녁에 책을 읽는 것을 좋아한다.

7　We live on the ＿＿＿＿＿＿ floor.　　우리는 3층에 살고 있다.

8　We usually eat ＿＿＿＿＿＿ for breakfast.　　우리는 보통 아침 식사로 빵을 먹는다.

9　Jane wrote a tragic ＿＿＿＿＿＿ about love.　　Jane은 사랑에 관한 비극적인 시를 썼다.

10　I sat on the bench, sipping at my ＿＿＿＿＿＿.　　나는 차를 홀짝이면서 벤치 위에 앉아 있었다.

11　Lisa ＿＿＿＿＿＿ villages all over France.　　Lisa는 프랑스 전역에 있는 마을들을 방문했다.

12　The boy said his ＿＿＿＿＿＿ will be back soon.　　그 소년은 아빠가 곧 돌아올 거라고 말했다.

13　The lake was covered with ＿＿＿＿＿＿.　　그 호수는 얼음으로 덮여 있었다.

14　It is important to ＿＿＿＿＿＿ the feelings of others.　　다른 사람의 감정을 고려하는 것은 중요하다.

15　The little ＿＿＿＿＿＿ became friends with the fox.　　어린 왕자는 여우와 친구가 되었다.

16　The trees ＿＿＿＿＿＿ their leaves in fall.　　나무들은 가을에 잎을 떨군다.

17　Jake has a ＿＿＿＿＿＿ touch when it comes to cooking.　　Jake는 요리에 관해서라면 마법 같은 솜씨를 가지고 있다.

18　There seems to be ＿＿＿＿＿＿ between them.　　그들 사이에 거리가 있는 것 같다.

19　My father ＿＿＿＿＿＿ a pack of cigarettes a day.　　우리 아빠는 하루에 담배를 한 갑씩 피우신다.

20　After making a big mistake at work, Tim was ＿＿＿＿＿＿.　　직장에서 큰 실수를 한 후, Tim은 해고당했다.

21　The clock ＿＿＿＿＿＿ stands in the center of the city.　　그 시계탑은 도시 중앙에 서 있다.

22　The ＿＿＿＿＿＿ of the room is perfect for this party.　　그 방의 크기는 이 파티를 열기에 딱 좋다.

23　The rumor ＿＿＿＿＿＿ through the town.　　그 소문은 마을 전체에 퍼졌다.

24　I kneaded the ＿＿＿＿＿＿ to make bread.　　나는 빵을 만들기 위해 밀가루를 반죽했다.

25　The cut left a ＿＿＿＿＿＿ on Helen's hand.　　그 상처는 Helen의 손에 흉터를 남겼다.

26　The ＿＿＿＿＿＿ of New York announced new policies.　　뉴욕 주지사가 새로운 정책을 발표했다.

27　The lunch box is in the shape of a ＿＿＿＿＿＿.　　그 도시락 통은 정사각형 모양이다.

28　Some animals hibernate in ＿＿＿＿＿＿.　　어떤 동물들은 겨울에 겨울잠을 잔다.

29　The desert is always ＿＿＿＿＿＿.　　사막은 언제나 건조하다.

30　My dad tucked me in with a ＿＿＿＿＿＿.　　아빠는 내게 담요를 덮어주셨다.

Level 27

레벨별 단어 사용 빈도

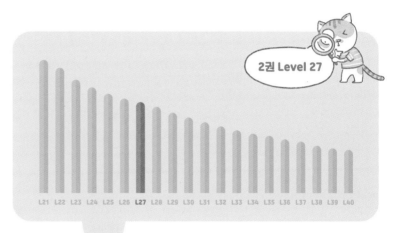

2권 Level 27

L21 L22 L23 L24 L25 L26 **L27** L28 L29 L30 L31 L32 L33 L34 L35 L36 L37 L38 L39 L40

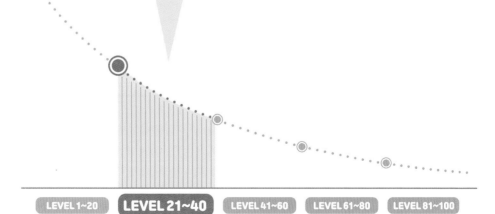

LEVEL 1~20   **LEVEL 21~40**   LEVEL 41~60   LEVEL 61~80   LEVEL 81~100

0781

hospital

['hɑːspɪtl]

명 병원

hospital은 '손님'을 뜻하는 host라는 단어에서 유래했어요. 생각해 보면 병원도 '손님'이 환자일 뿐, '손님'을 받아주는 곳이군요. 일반적으로 '병원에 가다'는 go to hospital로 표현합니다. 하지만 '병원에 입원하다'는 go to the hospital, be in the hospital로 나타내곤 합니다. 정관사 the 하나로 의미가 달라지므로 주의해야겠죠?

1 Alex was taken to the hospital after the accident.
   Alex는 사고 후 병원으로 실려갔다.

2 Julie was discharged from the hospital last night.
   Julie는 어젯밤에 퇴원했다.

Plus+ take 동 (사람을) 데리고 가다   discharge 동 퇴원시키다

0782

basket

['bæskɪt]

명 바구니, 한 바구니의 양,
   바구니 모양의 것,
   (농구에서) 득점

basket은 기본적으로 과일이나 장난감을 넣어 보관하거나 운반할 때 사용하는 '바구니'를 뜻해요. 이 외에도 다양한 의미를 나타내는데, '한 바구니의 양'을 뜻하기도 하고, 농구에서 골을 넣는 것을 basket이라고 부르기도 합니다.

1 Snow White took an apple out of the basket.
   백설 공주는 바구니에서 사과 한 개를 꺼냈다.

2 Eric scored a basket in the last second of the game.
   Eric은 경기의 마지막 순간에 골을 넣었다.

Plus+ take out of ~에서 꺼내다   score 동 득점하다
        last 형 맨 마지막의, 끝의   second 명 순간

0783

lesson

['lesn]

명 수업[교습], 교훈, 학과[과업]
동 훈련하다

lesson은 원래 '읽다'라는 뜻의 라틴어에서 유래했습니다. 그래서 '공부'와 관련 있는 단어가 되었지요. lesson은 보통 학교에서 선생님이 학생들에게 가르치는 '수업'을 의미하며, 때로는 '교훈'을 뜻하기도 합니다.

1 We couldn't concentrate on the lesson because of the noise.
   우리는 소음 때문에 수업에 집중할 수 없었다.

2 I learned a valuable lesson about friendship.
   나는 우정에 대한 소중한 교훈을 배웠다.

Plus+ concentrate on ~에 집중하다   valuable 형 소중한
        friendship 명 우정

0784

truck

[trʌk]

명 트럭[화물 자동차]

통 트럭으로 운반하다

truck은 우리에게 익숙한 대형 운송 수단인 '트럭'을 의미합니다. 트럭은 주로 무겁거나 많은 양의 물건을 한 곳에서 다른 곳으로 옮길 때 쓰이지요. 그래서 상황에 따라 트럭으로 무언가를 옮기는 행위를 나타내기도 합니다.

1 The truck was loaded with building materials.
그 트럭에는 건축 자재가 잔뜩 실려 있었다.

2 We trucked the goods to the warehouse.
우리는 트럭으로 제품을 창고로 운반했다.

Plus+ load 통 (~에 많은 짐 등을) 싣다   material 명 자재, 소재
goods 명 제품   warehouse 명 창고

0785

plant

[plænt]

명 식물, 공장, (대규모) 시설

통 심다

plant는 흔히 볼 수 있는 나무, 꽃, 풀 등을 모두 포함한 모든 '식물'을 나타내며 동사로는 무언가를 심는 것을 나타냅니다. 그리고 맥락에 따라 '공장'을 뜻하기도 하는데, 여기에 빗대어 종종 대량으로 제품을 만드는 건물이나 시설 등을 일컫기도 합니다.

1 My little brother waters the plants every morning.
내 남동생은 매일 아침 식물에 물을 준다.

2 They planted trees along the sidewalk.
그들은 보도를 따라 나무를 심었다.

Plus+ water 통 물을 주다   sidewalk 명 (포장한) 보도, 인도

0786

pour

[pɔː(r)]

통 붓다[따르다], 쏟다, 퍼붓다, 쇄도하다

pour는 주로 물이나 액체를 한 곳에서 다른 곳으로 이동시키는 것을 나타냅니다. 보통 '붓다, 따르다'를 뜻하는데, 경우에 따라 '쏟아내다, 퍼붓다'처럼 좀 더 강한 뉘앙스를 갖기도 합니다. 또한 많은 사람이 한 곳으로 몰려들거나, 한 번에 나타나는 상황을 비유적으로 나타냅니다.

1 Tears began to pour from his eyes.
그의 눈에서 눈물이 쏟아지기 시작했다.

2 A large number of people poured into the square.
많은 사람이 광장으로 쏟아져 나왔다.

Plus+ begin 통 시작하다   a number of 다수의
square 명 광장

paint
[peɪnt]

명 도료[페인트], 물감

동 페인트를 칠하다,
(물감으로) 그리다

우리에게 '페인트'라는 외래어로 친숙한 paint는 보통 '도료, 물감'을 의미합니다. 원래는 '그리다, 색칠하다'를 뜻했는데, 시간이 지나면서 그리거나 색칠하는 재료까지 의미하게 되었지요. 그래서 여전히 '페인트를 칠하다, 그리다'를 뜻하기도 하고, 그림을 그릴 때나 건물이나 가구에 색을 입히는 것을 묘사하기도 합니다.

1 We need to buy some paint for the room.

우리는 그 방에 칠할 페인트를 사야 한다.

2 Amy painted the fence white.

Amy는 울타리를 하얀색으로 칠했다.

Plus + fence 명 울타리

---

company
[ˈkʌmpəni]

명 회사, 중대, 손님, 동료

company는 원래 많은 사람들이 함께 있는 상황을 의미했어요. 그리고 이 의미는 맥락과 상황에 따라 달라지게 되었습니다. 이를테면 비즈니스와 관련된 흐름에서는 company는 '회사'를 뜻하고, 군대에서는 '중대'를, 집이나 가게 등에서는 '손님', '동료'를 의미할 수 있습니다.

1 The company is famous for its good benefits package.

그 회사는 좋은 복리 후생 제도로 유명하다.

2 Oh, I'm sorry. I didn't know you had company.

오, 미안해. 나는 손님이 와 계신지 몰랐어.

Plus + be famous for ~로 유명하다   benefits package 복리 후생 제도

---

travel
[ˈtrævl]

동 여행하다, 이동하다,
(소리 등이) 전해지다

명 여행

흔히 '여행하다'로 알고 있는 travel은 주로 사람이 다른 곳으로 이동하거나 떠나는 행동을 나타냅니다. 그래서 우리가 집을 나와서 학교나 공원에 가거나 여행을 떠나는 것을 모두 나타낼 수 있어요. 또한 물리적인 이동 외에도, 소리나 빛이 한 장소에서 다른 장소로 전해지는 것을 뜻하기도 합니다.

1 The sound of the alarm clock traveled far.

자명종 소리는 멀리까지 흘러갔다.

2 Travel is one of the ways to broaden your horizons.

여행은 시야를 넓히는 방법 중 하나이다.

Plus + far 부 멀리   way 명 방법
broaden 동 넓히다   horizon 명 시야

slow

[sloʊ]

웹 느린, 활기가 없는, 지체하는, 둔한

slow는 무언가 빠르지 않게 천천히 움직이는 것을 나타냅니다. 그런데 꼭 속도가 느린 것뿐만 아니라 흥미롭지 않고 재미없어 보이는 것을 묘사하기도 해요. 이럴 때는 '활기가 없는, 둔한' 등으로 표현됩니다. 하긴 사람이나 동물이나 느리면 활기가 없어 보입니다.

1 Snails are very slow animals.
달팽이는 아주 느린 동물이다.

2 The movie was slow and boring, so I yawned.
그 영화는 느리고 지루해서 나는 하품이 났다.

Plus+ snail 명 달팽이   yawn 동 하품하다

---

gun

[gʌn]

명 총, 대포

동 총으로 쏘다, 속도를 갑자기 올리다

gun은 주로 '총'을 뜻하는데 '대포'와 같은 큰 무기를 나타내기도 합니다. 그런데 특이하게 '속도를 갑자기 올리다'를 의미하기도 합니다. 예를 들어, 자동차가 속도를 빠르게 올리는 것을 gun the engine이라고 표현할 수 있어요. 아마도 총이나 대포를 '쏜다'라는 개념과 차가 속도를 내어 튀어나가는 느낌이 비슷해서 생긴 의미라고 추정됩니다.

1 Judy fired a gun at the target.
Judy는 표적에 총을 쏘았다.

2 The pirate ship has many guns.
그 해적선에는 많은 대포가 있었다.

Plus+ fire 동 사격하다   target 명 (공격의) 표적
pirate 명 해적

---

ceiling

['siːlɪŋ]

명 천장, 최대 한계, 최고 한도

ceiling은 기본적으로 '천장'을 의미합니다. 그리고 비유적으로는 '최대 한계, 최고 한도'를 뜻하기도 하죠. '천장'이 물리적인 공간의 최고점이라는 맥락에서 '한계, 한도'라는 뜻이 파생된 것으로 보시면 됩니다. 예를 들어, glass ceiling(유리천장)은 보이지 않지만 소수집단에 존재하는 사회적 장벽을 뜻합니다.

1 The ceiling in my room is quite high.
내 방의 천장은 꽤 높다.

2 The government raised the country's debt ceiling.
정부가 국가 부채 한도를 인상했다.

Plus+ quite 부 꽤   amount 명 양
raise 동 인상하다   debt 명 부채

busy

['bɪzi]

형 바쁜, 분주한, 번화한, 붐비는

busy는 우리가 잘 알고 있듯이 주로 할 일이 많거나 많은 시간을 필요로 하는 일에 몰두하고 있는 상황을 나타내요. 이런 상황은 사람뿐만 아니라 장소나 물건에도 적용할 수 있습니다. 예를 들어, 많은 사람이 몰리는 번화한 곳을 busy place라고 하고, 복잡한 디자인의 옷을 busy pattern이라고 표현할 수 있어요.

1 Alex was busy finishing his work before the deadline.
   Alex는 마감 기한 전에 일을 마치느라 바빴다.

2 The roads were busy with holiday traffic.
   휴일 교통 체증으로 도로가 혼잡했다.

Plus + deadline 명 마감 기한   be busy -ing[with 명사] ~으로 분주하다, 바쁘다
holiday 명 휴일   traffic 명 교통(량)

---

mark

[mɑːrk]

동 표시하다, 흔적을 내다, 기념하다

명 표시

mark는 주로 '표시하다, 흔적을 남기다'를 의미합니다. 예를 들어, 어떤 것을 기억하기 위해 중요한 부분에 표시를 하거나, 어딘가 다녀왔을 때 남겨진 흔적 등을 뜻하지요. 또한 특별한 날이나 이벤트를 기념하는 것도 나타낼 수 있어요.

1 Make sure to mark the important dates on your calendar.
   반드시 달력에 중요한 날짜를 표시해 주십시오.

2 I could see the marks of her shoes in the mud.
   나는 진흙 속에서 그녀의 신발 자국을 볼 수 있었다.

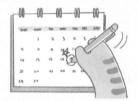

Plus + date 명 (특정한) 날짜   calendar 명 달력
mud 명 진흙

---

ring

[rɪŋ]

rang - rung

명 반지, 고리,
원형 경기장[무대], 종소리

동 (종이) 울리다

ring은 '원형, 고리 모양'을 의미하던 단어에서 유래했습니다. 그래서 지금도 손가락에 끼우는 '반지'나 '(원형 모양의) 경기장'처럼 원형 모양의 물체를 나타내지요. 그리고 '종소리'를 의미하기도 하는데, 이는 고리에 동그랗게 매달린 종의 모습에서 파생된 것으로 추정합니다. 그밖에 동사로는 종이 울리는 것을 의미하기도 해요.

1 The ring reminds me of memories with Jim.
   이 반지는 내게 Jim과의 추억을 떠올리게 한다.

2 The church bell rang at 12 o'clock.
   교회의 종소리가 12시에 울렸다.

Plus + remind 동 생각나게 하다   memory 명 추억

0796

roof

[ruːf]

형 지붕, 꼭대기[최고부], 천장

동 ~을 지붕으로 덮다

roof는 '지붕'을 뜻합니다. 주로 집의 맨 위에 있는 부분이죠. 예를 들어, under one roof라고 하면 '한 지붕 아래에 사는'을 뜻합니다. 그리고 이런 지붕의 특성에서 의미가 확장되어 roof는 비유적으로 '꼭대기, 최고부'를 뜻하기도 해요. 동사로는 '~을 지붕으로 덮다'를 뜻합니다.

1 The roof of the house was leaking.
그 집의 지붕이 새고 있었다.

2 The shed was roofed with blue slate.
그 헛간은 지붕이 파란색 슬레이트로 덮여 있었다.

 Plus + leak 동 새다   shed 명 헛간

0797

hungry

[ˈhʌŋgri]

형 배고픈, 굶주린,
갈망[열망]하는,
(토지가) 불모의[메마른]

우리가 잘 알고 있듯이 hungry의 기본 의미는 '배고픈, 굶주린'입니다. 그리고 무언가 굶주린다는 맥락에서 비유적으로 '갈망하는, 열망하는'을 뜻하기도 합니다. 또한 '(토지가) 불모의, 메마른'을 뜻하기도 합니다. 모든 의미에는 '배고픈'이라는 기본 개념이 깔려 있어요.

1 Linda had a hungry family to feed.
Linda에게는 부양해야 할 배고픈 가족이 있었다.

2 Politicians are hungry for power.
정치인들은 권력을 갈망하고 있다.

Plus + feed 동 (가족 등을) 부양하다   politician 명 정치인
be hungry for ~을 갈망하다   power 명 권력

0798

royal

[ˈrɔɪəl]

형 국왕[여왕]의, 왕실의,
당당한[고귀한]

명 왕족

royal은 주로 '왕족, 왕실'과 관련된 것을 나타냅니다. 과거에는 왕과 여왕, 그리고 왕족이 국가를 대표했기 때문에 사람들은 그들의 행동을 '당당하고 고귀하다' 여겼는데, 이런 모습에서 의미가 확장되어 royal은 '당당한, 고귀한'을 의미하기도 합니다.

1 The royal wedding was broadcast live around the world.
왕실의 결혼식은 전 세계에 생중계되었다.

2 This pot was discovered in a Chinese royal palace.
이 항아리는 중국의 황실에서 발견되었다.

 Plus + broadcast 동 방송하다   live 부 생방송으로, 실황으로
discover 동 발견하다   palace 명 궁전

0799

card

[kɑ:rd]

명 명함, 엽서,
(인사·축하·안내·초대 등의)
카드, (카드놀이의) 패,
방책[책략]

card는 기본적으로 종이나 판지 같은 것으로 만든 작은 사각형을 의미합니다. 그리고 이런 사각형을 어떤 맥락에서 활용하는지에 따라 '명함, 엽서, (카드놀이의) 패' 등의 다양한 뜻을 나타낼 수 있어요. 그리고 카드놀이에서 '패'를 쓰는 개념에 비유하여 card는 '방책, 책략'을 의미하기도 합니다.

1 Daniel applied for a new business card.
Daniel은 새 명함을 신청했다.

2 I made a colorful birthday card for my friend.
내 친구를 위해 다채로운 생일 카드를 만들었다.

Plus+ apply 동 신청하다 business card 명함
colorful 형 다채로운, 화려한

0800

ride

[raɪd]

rode - ridden

동 (말 등을) 타다, 타고 가다,
(자전거 등을) 몰다

명 타고 달리기[가기]

ride는 '타다, 타고 가다' 등을 의미합니다. 주로 말이나 자전거를 타고 가는 것을 나타내지요. 예를 들어, ride at이라고 하면 '(말 따위를) ~으로 향해 몰고가다'를 뜻합니다. 또한 ride는 타고 달리는 것 자체를 나타내기도 합니다. 그래서 버스 등의 교통 수단으로 20분정도 걸리는 거리를 a twenty-minute bus ride 라고 표현하기도 합니다.

1 Jackson taught me how to ride a horse.
Jackson이 내게 말 타는 법을 가르쳐 주었다.

2 Most Dutch people ride a bike to work.
대부분의 네덜란드 사람들은 자전거를 타고 출근한다.

Plus+ Dutch 형 네덜란드의 work 명 직장

0801

sheet

[ʃi:t]

명 (종이) 한 장, 홑이불[얇은 천],
얇은 판, 넓게 퍼져 있는 것

sheet는 원래 '넓게 펼친 것' 전반을 의미하다가 시간이 지나 의미가 확장되면서 '(종이) 한 장'을 비롯하여 '홑이불, 얇은 판' 등을 뜻하게 되었습니다. 그리고 맥락에 따라 무언가 넓게 퍼져 있는 것을 나타내기도 합니다. 예를 들어, a blank sheet of paper는 '백지 한 장'을 뜻하고, a sheet of glass는 '유리 한 장'을 의미합니다.

1 Luke clipped a sheet of paper to another.
Luke는 종이 한 장을 다른 종이에 고정시켰다.

2 We need to change the bed sheets.
우리는 침대 시트를 갈아야 한다.

Plus+ clip 동 ~을 고정시키다

0802

mad
[mæd]

형 미친, 정신 나간, 몹시 흥분한, 격노한

mad는 주로 '미친, 정신 나간'을 뜻합니다. 물론 진짜 정신 상태가 이상한 사람을 묘사하기도 하지만, 비유적으로 '몹시 흥분한, 격노한' 상태를 나타내기도 합니다. 우리도 흔히 너무 신나고 재미있어서 흥분할 때가 있죠. 그래서 mad는 때로는 신나고 재미있는 상황에 쓰이기도 합니다.

1 Harry is mad about soccer.
Harry는 축구에 미쳐 있다.

2 Matilda is mad at me for forgetting her birthday.
Matilda는 내가 그녀의 생일을 잊어버려서 화가 나 있다.

Plus + be mad at 화를 내다   forget 동 잊어버리다

0803

mostly
['moʊstli]

부 일반적으로, 대개, 주로

mostly는 형용사 most(대부분의)에 -ly가 결합한 부사입니다. 그래서 '일반적으로, 대개, 주로' 등을 뜻하지요. 예를 들어, I study mostly at home.이라고 하면 '나는 주로 집에서 공부한다.'를 뜻합니다. 참고로 mostly와 비슷한 단어로는 mainly, usually, generally 등이 있으니 함께 알아두셔도 좋겠군요.

1 Visitors came mostly from Japan.
방문객들은 주로 일본에서 왔다.

2 I mostly spend my time writing books.
나는 주로 책을 쓰며 시간을 보낸다.

Plus + visitor 명 방문객   spend 동 (시간 등을) 보내다

0804

tail
[teɪl]

명 (동물의) 꼬리,
꼬리 모양의 물건,
꼬리 부위[부분],
말미[끝]

tail은 기본적으로 '꼬리'를 의미합니다. 물론 다른 많은 단어가 그렇듯이 tail도 실제 '꼬리'뿐만이 아니라 '꼬리 모양의 물건'을 가리키기도 합니다. 그리고 비유적으로는 어떤 사물이나 상황의 '끝부분'을 나타내기도 해요. 예를 들어, turn tail이라고 하면 '꽁무니를 빼다'를 의미하고, at the tail end는 '(~의) 맨 마지막에'를 뜻합니다.

1 The puppy is wagging its tail.
강아지가 꼬리를 흔들고 있다.

2 They are at the tail end of the project.
그들은 프로젝트의 말미에 있다.

Plus + wag 동 (개가 꼬리를) 흔들다

0805

blink

[blɪŋk]

- 동 눈을 깜빡이다, 모른 체하다, (빛 등이) 깜빡거리다
- 명 깜빡거림

blink는 눈을 빠르게 감았다 뜨는 행동을 나타냅니다. 그리고 여기서 뜻이 확장되어 '모른 체 하다, (빛 등이) 깜빡거리다'를 의미하기도 합니다. 이는 눈을 감고 일부러 보지 않는 모습이 어떤 사실을 인정하지 않거나 무시하는 행동과 닮아서 파생된 것으로 보시면 됩니다.

1 Joey blinked in surprise.
   Joey는 놀라서 눈을 깜빡였다.

2 The neon sign is blinking on and off.
   네온사인이 불규칙하게 깜빡거리고 있다.

Plus + in surprise 놀라서   on and off 불규칙하게, 때때로

0806

row

[roʊ]

- 명 열[줄], (행렬의) 행, 노젓기, 소란[소동]

row는 원래 '노를 젓는 행위'를 뜻했습니다. 그러다 시간이 지나면서 일렬로 늘어서서 노를 젓는 그 모습 자체를 의미하게 되었고, 점차 그와 닮은 것들도 광범위하게 일컫는 단어가 되었습니다. 그래서 오늘날은 '열, 줄, 행' 등을 모두 나타내며 간혹 '싸움, 소란'을 뜻하기도 합니다.

1 The girl sitting in the front row is my daughter.
   앞줄에 앉아있는 여자아이가 내 딸이다.

2 The books were arranged in a row on the shelf.
   책들은 선반에 일렬로 정리되어 있었다.

Plus + front 형 앞쪽의   arrange 동 정리하다, 배열하다
         shelf 명 선반

0807

curl

[kɜːrl]

- 동 곱슬곱슬하게 하다, 일그러지다, 웅크리다
- 명 곱슬머리

curl은 원래 '곡선을 그리다'라는 뜻에서 유래되어 무언가 곡선이나 나선형으로 휘어지는 것을 나타냅니다. 주로 머리카락이 곱슬거리는 상태를 표현하지요. 그리고 맥락에 따라 일그러지거나 웅크린 것을 나타내기도 합니다. 예를 들어, curl up은 누워있거나 앉아서 몸을 웅크린 상태를 나타내고, curl around라고 하면 무언가를 똘똘 말거나 감는 것을 의미합니다.

1 He decided to curl his hair.
   그는 머리를 곱슬곱슬하게 하기로 결정했다.

2 My cat likes to curl up in front of the fireplace.
   내 고양이는 벽난로 앞에서 몸을 웅크리고 있는 것을 좋아한다.

Plus + decide 동 결정하다   fireplace 명 벽난로

0808

peer

[pɪr]

명 동료, (지위 등) 동등한 사람, (가치 등) 동등한 것

동 대등[필적]하다, 유심히 보다[응시하다]

peer는 '동료' 또는 '(지위나 나이, 실력 등이) 비슷한 사람'을 의미합니다. 예를 들어, 학생이라면 같은 학년의 '동급생'을 나타낼 수 있어요. 꼭 사람만이 아니라 무언가 서로 가치가 동등한 것을 가리키기도 합니다. 그래서 동사로는 '대등하다, 필적하다'를 의미하기도 하고, 때에 따라 무언가를 응시하는 것을 나타내기도 합니다.

1 Cindy has a good reputation with her peers.
Cindy는 동료들에게 평판이 좋다.

2 Smith peered into the darkness, searching for any clues.
Smith는 단서가 있는지 찾아보며 어둠 속을 응시하였다.

Plus + reputation 명 평판   darkness 명 어둠
search for ~을 찾다   clue 명 단서

0809

information

[ˌɪnfərˈmeɪʃn]

명 정보, 지식, 자료

information은 '정보, 지식, 자료' 등을 뜻하는 명사입니다. 우리가 어떤 것을 보고, 듣고, 읽어서 얻는 것들이나 판단을 내리고 결정을 할 때 기준이 되는 것을 모두 information이라 할 수 있어요. 또한 보다 넓은 맥락에서는 사람의 머리에 저장된 무언가를 가리키기도 합니다. information의 의미가 참 다양하죠?

1 Sam gave me some useful information about the project.
Sam은 내게 그 프로젝트에 관한 몇 가지 유용한 정보를 주었다.

2 The Internet is a source of information.
인터넷은 정보의 원천이다.

Plus + useful 형 유용한   source 명 원천

0810

weapon

['wepən]

명 무기, 공격의 수단[기관]

weapon은 주로 공격 또는 방어의 목적으로 쓰이는 도구나 장비를 의미합니다. 예를 들어, nuclear weapons는 '핵무기'를 의미하고, chemical weapon은 '화학 무기'를 뜻합니다. 또한 비유적으로는 어떤 상황에서 승리하거나 목표를 달성하기 위한 수단이나 도구를 가리키기도 합니다. 요즘에는 '지식'두 여기에 쏘삽될 수 있겠군요.

1 Knowledge is always a powerful weapon.
지식은 언제나 강력한 무기이다.

2 That machine is our project's secret weapon.
그 기계는 우리 프로젝트의 비장의 무기이다.

Plus + knowledge 명 지식   secret weapon 비장의 무기

우리말에 맞게 빈칸에 알맞은 단어를 쓰세요.

(정답은 본문을 확인하세요.)

1　Julie was discharged from the ＿＿＿＿＿ last night.　　Julie는 어젯밤에 퇴원했다.

2　Snow White took an apple out of the ＿＿＿＿＿.　　백설 공주는 바구니에서 사과 한 개를 꺼냈다.

3　I learned a valuable ＿＿＿＿＿ about friendship.　　나는 우정에 대한 소중한 교훈을 배웠다.

4　The ＿＿＿＿＿ was loaded with building materials.　　그 트럭에는 건축 자재가 잔뜩 실려 있었다.

5　They ＿＿＿＿＿ trees along the sidewalk.　　그들은 보도를 따라 나무를 심었다.

6　Tears began to ＿＿＿＿＿ from his eyes.　　그의 눈에서 눈물이 쏟아지기 시작했다.

7　Amy ＿＿＿＿＿ the fence white.　　Amy는 울타리를 하얀색으로 칠했다.

8　The ＿＿＿＿＿ is famous for its good benefits package.　　그 회사는 좋은 복리 후생 제도로 유명하다.

9　The sound of the alarm clock ＿＿＿＿＿ far.　　자명종 소리는 멀리까지 흘러갔다.

10　Snails are very ＿＿＿＿＿ animals.　　달팽이는 아주 느린 동물이다.

11　Judy fired a ＿＿＿＿＿ at the target.　　Judy는 표적에 총을 쏘았다.

12　The ＿＿＿＿＿ in my room is quite high.　　내 방의 천장은 꽤 높다.

13　Alex was ＿＿＿＿＿ finishing his work before the deadline.　　Alex는 마감 기한 전에 일을 마치느라 바빴다.

14　Make sure to ＿＿＿＿＿ the important dates on your calendar.　　반드시 달력에 중요한 날짜를 표시해 주십시오.

15　The ＿＿＿＿＿ reminds me of memories with Jim.　　이 반지는 내게 Jim과의 추억을 떠올리게 한다.

16　The ＿＿＿＿＿ of the house was leaking.　　그 집의 지붕이 새고 있었다.

17　Linda had a ＿＿＿＿＿ family to feed.　　Linda에게는 부양해야 할 배고픈 가족이 있었다.

18　This pot was discovered in the a Chinese ＿＿＿＿＿ palace.　　이 항아리는 중국의 황실에서 발견되었다.

19　Daniel applied for a new business ＿＿＿＿＿.　　Daniel은 새 명함을 신청했다.

20　Jackson taught me how to ＿＿＿＿＿ a horse.　　Jackson이 내게 말 타는 법을 가르쳐 주었다.

21　Luke clipped a ＿＿＿＿＿ of paper to another.　　Luke는 종이 한 장을 다른 종이에 고정시켰다.

22　Harry is ＿＿＿＿＿ about soccer.　　Harry는 축구에 미쳐 있다.

23　Visitors came ＿＿＿＿＿ from Japan.　　방문객들은 주로 일본에서 왔다.

24　The puppy is wagging its ＿＿＿＿＿.　　강아지가 꼬리를 흔들고 있다.

25　Joey ＿＿＿＿＿ in surprise.　　Joey는 놀라서 눈을 깜빡였다.

26　The girl sitting in the front ＿＿＿＿＿ is my daughter.　　앞줄에 앉아있는 여자아이가 내 딸이다.

27　He decided to ＿＿＿＿＿ his hair.　　그는 머리를 곱슬곱슬하게 하기로 결정했다.

28　Cindy has a good reputation with her ＿＿＿＿＿.　　Cindy는 동료들에게 평판이 좋다.

29　The Internet is a source of ＿＿＿＿＿.　　인터넷은 정보의 원천이다.

30　Knowledge is always a powerful ＿＿＿＿＿.　　지식은 언제나 강력한 무기이다.

Level 28

레벨별 단어 사용 빈도

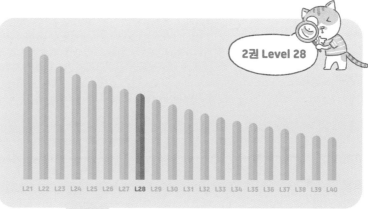

2권 Level 28

L21 L22 L23 L24 L25 L26 L27 **L28** L29 L30 L31 L32 L33 L34 L35 L36 L37 L38 L39 L40

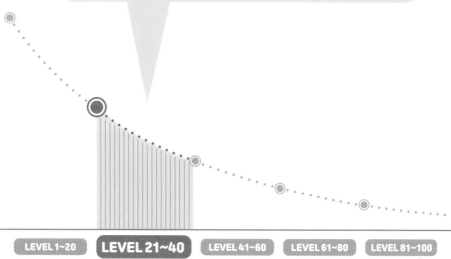

LEVEL 1~20   **LEVEL 21~40**   LEVEL 41~60   LEVEL 61~80   LEVEL 81~100

0811

spring

[sprɪŋ]

명 봄, 용수철, 샘[수원지], 활력[활기]

spring은 원래 '뛰어오르다'라는 뜻에서 출발했습니다. 그리고 무언가 뛰어오르는 모습에서 만물이 솟아나는 계절인 '봄'이라는 의미가 파생되었습니다. spring에는 또한 '용수철'이라는 의미도 있습니다. 이런 식으로 뜻이 확장되면서 '샘, 활력'까지 모두 일컫는 단어가 되었습니다.

1 Everyone loves the flowers that bloom in the spring.
  모든 사람은 봄에 피는 꽃을 좋아한다.

2 There is a spring near this building that supplies drinking water.
  이 건물 근처에 식수를 공급하는 샘이 있다.

Plus + bloom **동** 꽃이 피다   supply **동** 공급하다
drinking water 식수

0812

ill

[ɪl]

형 병든[아픈], 나쁜[유해한], 불길한, 악의가 있는

ill은 기본적으로 병들거나 좋지 않은 느낌을 표현하는 형용사입니다. 그래서 어딘가 아프거나 바람직하지 않은 상태를 의미하지요. 또한 맥락에 따라 '불길한' 분위기나 사건을 뜻하기도 하고 누군가의 의도에 '악의가 있는' 것을 의미하기도 합니다. 참고로 '아픈' 상태를 나타내는 단어로 sick이 있습니다. ill이 주로 형식적인 맥락에서 심각한 질병이나 상태를 나타낸다면, sick은 일상적인 맥락에서 몸 상태가 좋지 않은 상태를 나타냅니다.

1 Sally has been ill for a week.
  Sally는 일주일 동안 아팠다.

2 Nick was ill informed about the area.
  Nick은 그 지역에 대해 잘 몰랐다.

Plus + ill-informed (무엇에 대해) 잘 모르는

0813

pair

[per]

명 한 쌍[짝], 한 쌍의 남녀

동 (둘씩) 짝을 짓다, 한 쌍으로 만들다

pair는 원래 '같은'이라는 뜻에서 출발했습니다. 이후 시간이 지나면서 같은 종류의 사람이나 사물을 뜻하게 되었죠. 그래서 지금은 주로 같은 종류의 '한 쌍'을 의미합니다. 예를 들어, '신발 한 쌍'을 a pair of shoes라고 하고, '안경 하나'를 a pair of glasses라고 표현하지요. 그밖에 동사로는 '짝을 짓다, 한 쌍으로 만들다'를 뜻합니다.

1 Wendy bought a new pair of shoes.
  Wendy는 새 신발 한 쌍을 샀다.

2 The teacher paired the students for the discussion.
  선생님은 토론을 위해 학생들을 둘씩 짝지었다.

Plus + discussion **명** 토론

0814

pack

[pæk]

통 (짐을) 싸다, 포장하다,
채워 넣다,
틈막이를[패킹을] 대다

pack은 무언가를 꾸러미로 묶거나 짐을 싸는 것을 나타냅니다. 예를 들어, 어디론가 떠나기 위해 짐을 싸는 것은 pack up이라 표현할 수 있어요. 또는 어떤 공간을 가득 메우는 것을 pack into로 나타내고, 물건이 부서지지 않게 신문 등으로 포장하는 것을 be packed in newspaper라고 말할 수 있어요.

1 **We have to pack and make travel plans by tomorrow.**
우리는 내일까지 짐을 싸고 여행 계획을 짜야 한다.

2 **He packed a lunch for his children.**
그는 아이들을 위해 도시락을 쌌다.

Plus + make a plan 계획을 짜다   by 전 (늦어도) ~까지는

0815

wild

[waɪld]

형 야생의, 자연 그대로의,
난폭한, 다루기 힘든

wild는 일반적으로 사람이 개입하지 않은 자연 상태를 묘사합니다. 가령 wild animals는 사람에 손을 타지 않은 '야생 동물'을 뜻하지요. 그리고 여기에 빗대어 무언가 난폭하거나 다루기 힘들 때를 나타내기도 합니다. 예를 들어, Wild West는 '(미국 개척 시대의) 황량한 서부'를 표현하고, wild times는 '난세', 즉 어지러워 살기 힘든 세상을 의미합니다.

1 **The forest was home to wild animals.**
그 숲은 야생 동물의 터전이었다.

2 **Strong winds and wild waves overturned the ship.**
강한 바람과 거친 파도로 인해 배가 뒤집혔다.

Plus + home 명 (동물 등의) 집, 서식지   wave 명 파도
overturn 통 뒤집다

0816

hundred

['hʌndrəd]

명 100[백]

형 100의

hundred는 숫자 '100'을 나타내는 단어예요. 관용적으로 '많은'을 뜻할 때는 hundreds of라고 표현하기도 합니다. 예를 들어, a popular city visited by hundreds of tourists라고 하면 '많은 사람들이 방문하는 인기있는 도시'를 의미합니다. 따라서 맥락에 따라 hundred가 숫자 '100'을 의미하는지 '많은' 무언가를 나타내는지 잘 파악해야 합니다.

1 **I have over a hundred books in my personal library.**
내 개인 서재에는 책이 100권 넘게 있다.

2 **The witch lived for hundreds of years.**
그 마녀는 수백 년 동안 살았다.

Plus + personal 형 개인의   witch 명 마녀

0817

repeat

[rɪˈpiːt]

⑧ 반복[되풀이]하다,
(말 등을) 따라 하다,
말을 옮기다

⑨ 되풀이

repeat의 무언가 한 번 이상 반복하는 것을 나타냅니다. 이는 자신이 하는 행동을 반복하는 것을 의미할 수도 있지만, 경우에 따라서 누군가 한 말이나 행동을 그대로 따라 하거나 그 말을 옮기는 것을 나타내기도 합니다. 예를 들어, Repeat after me.라고 하면 "내 말을 따라해라.'라는 뜻이고, repeat the experiment는 '실험을 반복하다'라는 의미입니다.

1 Fiona played the song on repeat for hours.
Fiona는 이 노래를 몇 시간 동안 반복해서 재생했다.

2 Mika repeated the process several times.
Mika는 그 과정을 몇 번이나 반복했다.

Plus + process ⑨ 과정　　　　　several ⑲ 몇 번의

0818

tap

[tæp]

⑧ 톡톡 두드리다[치다],
도청하다, 선임하다

⑨ 수도꼭지

tap은 원래 '두드리다'라는 뜻에서 출발했고 지금도 여전히 '톡톡 두드리다'를 뜻하지만, 독특하게도 맥락에 따라서 '도청하다'를 의미하기도 합니다. 아마 예전의 아날로그 도청 방식에서 파생한 의미로 보입니다. 그밖에 '수도꼭지'를 뜻하기도 하는데, 이는 수도꼭지에서 물이 똑똑 떨어지는 모습에서 비롯되었답니다.

1 Lily tapped on the window to get his attention.
Lily는 그의 주의를 끌기 위해 창문을 톡톡 두드렸다.

2 Daniel turned on the tap to wash his hands.
Daniel은 손을 씻기 위해 수도꼭지를 돌렸다.

Plus + attention ⑨ 주의, 주목　　　　turn on (수도 등을) 켜다

0819

grandfather

[ˈɡrænfɑːðə(r)]

⑨ 할아버지, 조부

grandfather는 보시다시피 grand(큰)와 father(아버지)가 결합된 명사입니다. 글자 그대로 하면 '큰 아버지', 즉 '할아버지'를 의미합니다. 참고로 '할머니'는 grandmother죠? 그래서 할아버지, 할머니 두 분을 모두 모두 지칭할 때는 grandparents라고 한답니다.

1 My grandfather used to be a farmer.
나의 할아버지는 한때 농부셨다.

2 Leah's grandfather taught her how to knit.
Leah의 할아버지는 그녀에게 뜨개질하는 법을 알려주셨다.

Plus + used to V 한때는 ~이었다　　　　knit ⑧ 뜨개질을 하다

0820

hate

[heɪt]

- 통 몹시 싫어하다, 증오[미워]하다, 유감으로 생각하다
- 명 증오[혐오]

hate는 기본적으로 불쾌한 감정을 표현합니다. 그리고 불쾌한 감정을 느끼는 대상이 무엇인지에 따라 조금씩 어감이 달라지죠. 어떤 사람을 정말 싫어하거나 미워할 때 '증오하다, 미워하다'를 뜻할 수 있고, 어떤 결과에 대해 실망하거나 아쉬울 때는 '유감으로 생각하다'를 의미할 수 있어요.

1 I hate being late for an appointment.
나는 약속 시간에 늦는 걸 몹시 싫어한다.

2 Jackson has a hate for injustice.
Jackson은 불평등을 혐오한다.

Plus + late for ~에 늦은   appointment 명 약속
injustice 명 불평등

0821

warn

[wɔːrn]

- 통 경고하다, 주의를 주다, 훈계하다

warn은 '경고하다'를 뜻하는 동사입니다. 물론 누군가를 겁주기 위한 것도 나타내지만, 누군가를 보호하기 위해 알려주는 행동을 의미하기도 해요. 예를 들어, 엄마가 아이에게 도로를 혼자 건너지 않도록 주의를 주는 상황에서 '주의를 주다'라는 뜻으로 warn을 쓰기도 합니다.

1 I warn you, this game is difficult.
내가 경고하는데, 이 게임은 어려워.

2 Mom warned me to be careful when crossing the street.
엄마는 내게 길을 건널 때 조심하라고 경고했다.

Plus + difficult 형 어려운   cross 통 횡단하다, 건너다
street 명 큰 길, 거리

0822

rice

[raɪs]

- 명 쌀, 벼, 밥

rice는 '쌀'을 뜻하는 명사입니다. 좀 더 넓은 범위에서는 '벼'를 뜻하기도 하며 우리가 먹는 쌀의 형태 즉, '밥'을 의미하기도 해요. 우리는 '쌀'이 주식이기 때문에 상황에 따라 '밥, 쌀, 벼' 등으로 분류해서 사용할 수 있지만 밀이 주식인 영어권에서는 이런 구분이 없으므로 모두 rice라는 단어로 지칭하는 편입니다.

1 Rice is a staple food in many countries.
쌀은 많은 나라에서 주식이다.

2 The farmers were reaping the rice in the field.
농부들이 들판에서 벼를 수확하고 있었다.

Plus + staple 형 주된, 주요한   reap 통 (농작물을) 수확하다
field 명 들판

0823

normal

[ˈnɔːrml]

형 보통의, 정상적인, 표준의

명 보통

normal은 원래 '기준'을 뜻하는 단어 norm에서 파생되었어요. 그래서 규칙에 따르는 평범한 상태를 묘사하는데, 맥락에 따라 '보통의, 정상적인, 표준의' 등으로 표현할 수 있습니다. 그밖에 명사로는 '보통'인 상태 자체를 의미합니다.

1 It's normal for young children to be curious.
어린 아이들이 호기심이 많은 것은 정상이다.

2 The weather returned to normal after the heavy rain.
폭우가 끝나고 날씨가 정상으로 돌아왔다.

Plus + curious 형 호기심이 많은　　　　　　　　return 통 돌아오다
heavy 형 (양, 정도가 보통보다) 심한

0824

camp

[kæmp]

명 야영지, 수용소, 막사, 진영

camp는 야외에서 잠을 자거나 지낼 수 있는 장소를 가리킵니다. 일반적인 맥락에서는 '야영지'라는 뜻에 가깝지만, 군사적인 맥락에서는 '막사, 진영' 따위를 나타내요. 그리고 여기서 뜻이 더 추상화 되어 특정한 생각이나 주장을 가지고 있는 집단, 즉 '진영'을 의미하기도 합니다.

1 They set up a camp in the forest.
그들은 숲속에 야영지를 설치했다.

2 There are two camps in the debate on climate change.
기후 변화에 대한 논쟁에는 두 개의 진영이 있다.

Plus + set up 준비하다, 설립하다　　　　　　　debate 명 논쟁
climate 명 기후

0825

sweet

[swiːt]

형 달콤한, 감미로운[듣기 좋은], 냄새가 좋은, 기분좋은

sweet은 원래 '쾌적한, 즐거운'을 뜻했습니다. 오늘날 sweet은 단 음식을 먹었을 때의 '달콤한' 느낌이나 어떤 소리나 음악이 '감미로운' 상태를 표현해요. 또는 무언가 냄새가 좋거나 기분이 좋은 상태 등을 나타내기도 합니다.

1 When I'm stressed, I crave sweet food.
나는 스트레스를 받으면 단 음식이 먹고 싶다.

2 The melody of the song is very sweet.
그 노래의 멜로디는 매우 감미롭다.

Plus + stressed 형 스트레스를 받는　　　　　　crave 통 ~을 (몹시) 원하다

0826

marry

['mæri]

통 결혼하다[시키다],
결혼식을 주례하다,
결합[합체]시키다

marry는 '결혼하다'를 뜻하면서 때로는 '결혼식을 주례하다'를 의미하기도 합니다. 또한 서로 다른 사물이나 요소를 결합시키는 것을 의미하는데, 이는 서로 다른 두 사람이 결혼하여 가정을 꾸리는 과정에 비유하여 확장된 의미로 보시면 됩니다.

1 Peter asked Wendy to marry him.
   Peter는 Wendy에게 결혼해 달라고 말했다. (= Peter는 Weny에게 청혼했다.)

2 This sauce marries well with the pasta.
   이 소스는 파스타와 잘 어울린다.

Plus + ask ~ to marry 청혼하다, 프러포즈를 하다   well 부 잘

0827

grin

[grɪn]

통 [방긋, 활짝, 피식] 웃다,
(고통, 분노 등으로) 이를
드러내며 악물다

명 [방긋, 활짝, 피식] 웃음,
(고통, 분노 등으로) 이를
드러냄

grin은 주로 이를 보이며 활짝 웃는 것을 나타내요. 보통 웃는 것과 관련된 단어로 smile이 떠오르실 텐데, smile은 살짝 미소를 보이는 정도를 뜻합니다. 한편 grin은 고통이나 분노 등으로 이를 드러내는 것을 뜻하기도 하는데, 결국 핵심은 웃거나 화를 낼 때 '이'를 드러내는지에 따라 단어가 달라지는 점입니다.

1 Cinderella grinned when she saw the present.
   Cinderella는 선물을 보고 활짝 웃었다.

2 Ethan's grin grew when he saw the man.
   Ethan은 그 남자를 보자 미소가 번졌다.

Plus + present 명 선물   grow 통 커지다, 늘어나다

0828

within

[wɪˈðɪn]

전 이내에, 안에

부 안에서

within은 전치사 with와 in이 결합한 단어로 '~이내에, 안에'를 뜻하지만 전치사 in보다 더 좁은 개념을 나타냅니다. 거리나 시간의 범위를 나타낼 때는 '~이내에'를 뜻하고, 무언가 포함되어 있는 상태를 나타낼 때는 '안에'라는 뜻에 더 가까워진다고 보시면 됩니다.

1 We should arrive within 10 minutes.
   우리는 10분 안에 도착해야 한다.

2 There are candies within the small box.
   그 작은 상자 안에는 사탕이 있다.

Plus + arrive 통 도착하다

0829

spin

[spɪn]

통 (빙빙) 돌다[돌리다],
회전[선회]하다,
(실을) 잣다[내다],
(장황하게) 이야기하다

spin은 기본적으로 '돌다, 회전하다'를 뜻합니다. 놀이공원에서 빙글빙글 도는 회전목마를 한번 떠올려보세요. 바로 그런 느낌의 '돌다'가 spin입니다. 또한 '(장황하게) 이야기하다'를 뜻하기도 하는데, 이는 어떤 정보나 사실을 특정 방향으로 끌고 가서 사람들의 관점을 그 방향으로 돌린다는 개념에서 나왔습니다.

1 The earth spins on its axis.
지구는 축을 중심으로 회전한다.

2 She is good at spinning stories.
그녀는 그럴싸하게 이야기를 꾸미는 데 능숙하다.

Plus + axis 명 (사물의) 축   be goot at ~에 능숙하다

0830

forth

[fɔːrθ]

부 앞으로, ~에서 멀리,
밖으로[바깥으로], ~이후

forth는 '앞으로, 밖으로, 멀리' 등을 의미합니다. 즉, 무언가 앞으로 나아가거나 안에서 밖으로 이동하거나, 또는 어떤 기준점으로부터 멀리 떨어져 가는 상황을 묘사할 수 있어요. 참고로 forth를 활용한 표현 중 back and forth가 있는데, 바로 '왔다 갔다' 하는 상황을 나타내는 말입니다.

1 The teacher called forth the bully.
선생님은 아이들을 괴롭힌 학생을 앞으로 불러냈다.

2 Thomas fluttered back and forth in the room.
Thomas는 마음을 조이며 방 안을 왔다 갔다 서성거렸다.

Plus + call 통 (누구를 오라고) 부르다   bully 명 (약자를) 괴롭히는 사람, 개구쟁이
flutter 통 마음 조이며 서성거리다

0831

lap

[læp]

명 (앉은 자세에서 허리에서
무릎까지) 무릎,
(스커트의) 앞자락,
(경기장의) 한 바퀴,
(두 개의 물건의) 겹치는 부분

lap은 우리가 흔히 '허벅지'라고 부르는 부위를 뜻하는데, 정확히는 앉은 자세에서 허리에서 무릎까지의 부위를 뜻합니다. 그래서 '(스커트의) 앞자락'을 의미하기도 합니다. 참고로 우리가 흔히 '노트북'이라 부르는 laptop은 원래 책상 위에 놓는 desktop에 대한 상대적인 개념으로 '무릎 위에 놓고 쓰는 컴퓨터'라는 뜻입니다.

1 The kitten was sitting on my lap.
새끼 고양이가 내 무릎 위에 앉아 있었다.

2 John took the lead in the third lap.
John은 세 번째 바퀴에서 선두가 되었다.

Plus + kitten 명 새끼 고양이   take the lead (~하는 데) 선두에 서다

0832

prison

['prɪzn]

명 감옥, 교도소, 감금하는 장소

prison은 '감옥, 교도소'를 의미합니다. 주로 법을 어긴 사람들이 벌을 받기 위해 가는 곳을 광범위하게 나타내지요. 또한 좀 더 추상적인 맥락에서 감금하는 장소를 의미하기도 합니다. 예를 들어, 누군가 자신의 마음을 '감옥'처럼 느낀다면 그 마음을 prison이라고 표현할 수도 있어요.

1 Celine was sent to prison for stealing.
Celine는 절도죄로 감옥에 들어갔다.

2 Sean felt like his office was a prison.
Sean은 사무실이 마치 감옥처럼 느껴졌다.

Plus + send to prison 투옥[수감]하다   stealing 명 절도, 훔침

0833

fix

[fɪks]

동 고치다, 고정하다,
(날짜 등을) 정하다,
준비[주선]하다

fix는 원래 '고정하다, 확정하다'라는 뜻으로 출발했습니다. 그러다 시간이 지나면서 무언가 고장 나서 풀려있는 것을 고정한다는 맥락에서 '고치다'라는 뜻이 나왔습니다. 이후 여러 의미로 더 확장되면서 오늘날은 '고치다, 고정하다' 외에도 '(날짜 등을) 정하다, 준비하다' 등을 의미하게 되었습니다.

1 I call the repairman to fix the copier.
나는 복사기를 고치기 위해 수리공을 불렀다.

2 We need to fix a date for the meeting as soon as possible.
우리는 되도록 빨리 회의 날짜를 정해야 한다.

Plus + repairman 명 수리공   copier 명 복사기
date 명 (특정한) 날짜   as soon as possible 되도록 빨리

0834

escape

[ɪ'skeɪp]

동 달아나다, 탈출하다,
(위험 등에서) 벗어나다,
(가스 따위가) 새다

escape는 기본적으로 '탈출하다'를 의미합니다. 즉, 특정 범위에서 벗어나 '달아나다'라는 뜻에 가깝죠. 그러다 보니 맥락에 따라 '(위험 등에서) 벗어나다'를 뜻하기도 해요. 또한 '(가스 따위가) 새다'를 의미하기도 하는데, 이는 가스가 원래 있어야 할 장소인 관에서 벗어난다는 뜻으로 보시면 됩니다.

1 The zebra escaped from the cage.
얼룩말이 우리에서 탈출했다.

2 The alarm went off that gas was escaping from the pipe.
가스가 관에서 새고 있다는 경보가 울렸다.

Plus + zebra 명 얼룩말   cage 명 우리
alarm 명 경보(음)   go off (경보음 등이) 울리다

0835

cream

[kri:m]

명 크림, 크림[담황]색,
(특정 집단에서) 최고의
인물들[것들]

형 크림[담황]색의

cream은 우유를 거품을 내거나 휘저어 만드는 부드러운 액체를 의미하기도 하고 cream은 그런 액체와 비슷한 질감 또는 크림색 자체를 지칭하기도 합니다. 그밖에 '최고의 인물들'을 뜻하기도 하는데, 이는 크림이 우유에서 가장 좋은 부분으로 만들어진다는 개념에서 파생되었다고 해요.

1 Owen likes to put cream in his coffee.

Owen은 커피에 크림을 넣는 것을 좋아한다.

2 Madame Curie is the cream in the field of science.

퀴리 부인은 과학 분야에서 최고의 인물이다.

Plus + field 명 분야

0836

soul

[soul]

명 영혼, 정신[마음], 중심인물,
(사물의) 정수[핵심]

soul은 '소울메이트'라는 외래어로 우리에게 참 익숙한 단어입니다. 원래는 '바다, 호수' 등을 뜻했는데, 아마 옛사람들이 느끼기에 '영혼'이란 바다나 호수처럼 깊고 무한한 것이라 여겼기 때문인 듯합니다. 그래서인지 soul은 '영혼' 외에도 '(사물의) 정수, 핵심'을 뜻하기도 합니다.

1 After checking my account balance, it felt like my soul was escaping.

계좌 잔고를 확인하고 나니 내 영혼이 빠져나가는 것 같았다.

2 Max was the soul of the project.

Max는 그 프로젝트의 중심인물이었다.

Plus + check 동 확인하다   account 명 계좌
balance 명 잔고

0837

egg

[eg]

명 알, 달걀

egg는 '새의 알'을 의미합니다. 사실 어떤 새의 알이든 모두 나타낼 수 있지만 아무래도 닭이 사람에게 가장 친숙한 조류이다 보니 별다른 설명이 없으면 '달걀'을 뜻하게 되었어요. 영어에는 Don't put all your eggs in one basket.이라는 말이 있는데, 이는 '달걀을 한 바구니에 담지 말라'는 뜻으로 위험을 분산시키라는 격언입니다.

1 The hen lays two or three eggs every day.

그 암탉은 매일 2~3개의 알을 낳는다.

2 We had fried eggs for breakfast.

우리는 아침에 달걀 프라이를 먹었다.

Plus + hen 명 암탉   lay 동 (새 등이 알을) 낳다
have 동 먹다

0838

baseball

['beɪsbɔ:l]

형 야구, 야구공

baseball은 base와 ball(공)이 결합된 단어로 '야구'를 의미합니다. base는 흔히 '누(壘)'를 뜻하는데, '공'을 치고 뛰어서 '누'를 돌아 홈으로 돌아오면 점수를 얻는 게임이 바로 '야구'지요. 또한 baseball은 '야구'뿐만 아니라 야구에서 쓰는 '야구공'을 의미하기도 해요.

1 I'm going to the stadium to watch baseball today.
나는 오늘 야구를 보기 위해 경기장에 갈 것이다.

2 Alex practiced baseball every day.
Alex는 매일 야구 연습을 했다.

Plus + stadium 명 경기장   practice 동 연습하다

0839

protect

[prə'tekt]

동 보호하다, 지키다

protect는 주로 어떤 대상을 안전하게 보호하거나 피해를 받지 않게 지키는 것을 의미합니다. 친구를 괴롭힘으로부터 보호하거나, 집을 도둑으로부터 지키는 상황을 모두 나타낼 수 있습니다. 예를 들면 protect the environment(환경을 보호하다), protect freedom(자유를 지키다) 등처럼 말이죠.

1 Swords and shields protect soldiers from injury in war.
칼과 방패는 전쟁에서 병사들이 부상을 입지 않게 보호해준다.

2 We should revise the regulations to protect children.
우리는 아이들을 보호하기 위해 규정을 개정해야 한다.

Plus + sword 명 칼, 검   shield 명 방패
revise 동 개정하다   regulation 명 규정

0840

funny

['fʌni]

형 우스운, 재미있는,
기묘한[괴상한], 수상한

funny는 명사 fun(즐거움)에서 나온 형용사로 우습고 재미있는 상황이나 일상에서 흔히 볼 수 없는 이상하거나 예상치 못한 상황을 나타냅니다. 이럴 때는 '기묘한, 괴상한, 수상한'이라는 뜻에 가까워지기도 합니다. 그래서 예를 들어 다락방에서 무언가 수상한 것을 보게 된 상황을 I saw something funny in the attic.이라고 표현할 수 있어요.

1 It's funny that we both wore the same coat today.
오늘 우리 둘 다 같은 코트를 입었다는 게 재미있다.

2 A lot of funny things happen to me these days.
요즘 내게 기묘한 일들이 많이 일어난다.

Plus + happen 동 발생하다   these days (과거와 비교해서) 요즘에는

우리말에 맞게 빈칸에 알맞은 단어를 쓰세요.　　　　　　　(정답은 본문을 확인하세요.)

1　Everyone loves the flowers that bloom in the _____.　　모든 사람은 봄에 피는 꽃을 좋아한다.

2　Sally has been _____ for a week.　　Sally는 일주일 동안 아팠다.

3　Wendy bought a new _____ of shoes.　　Wendy는 새 신발 한 쌍을 샀다.

4　He _____ a lunch for his children.　　그는 아이들을 위해 도시락을 썼다.

5　The forest was home to _____ animals.　　그 숲은 야생 동물의 터전이었다.

6　The witch lived for _____ of years.　　그 마녀는 수백 년 동안 살았다.

7　Mika _____ the process several times.　　Mika는 그 과정을 몇 번이나 반복했다.

8　Lily _____ on the window to get his attention.　　Lily는 그의 주의를 끌기 위해 창문을 톡톡 두드렸다.

9　My _____ used to be a farmer.　　나의 할아버지는 한때 농부셨다.

10　I _____ being late for an appointment.　　나는 약속 시간에 늦는 걸 몹시 싫어한다.

11　I _____ you, this game is difficult.　　내가 경고하는데, 이 게임은 어려워.

12　_____ is a staple food in many countries.　　쌀은 많은 나라에서 주식이다.

13　It's _____ for young children to be curious.　　어린 아이들이 호기심이 많은 것은 정상이다.

14　They set up a _____ in the forest.　　그들은 숲속에 야영지를 설치했다.

15　When I'm stressed, I crave _____ food.　　나는 스트레스를 받으면 단 음식이 먹고 싶다.

16　This sauce _____ well with the pasta.　　이 소스는 파스타와 잘 어울린다.

17　Cinderella _____ when she saw the present.　　Cinderella는 선물을 보고 활짝 웃었다.

18　We should arrive _____ 10 minutes.　　우리는 10분 안에 도착해야 한다.

19　She is good at _____ stories.　　그녀는 그럴싸하게 이야기를 꾸미는 데 능숙하다.

20　Thomas fluttered back and _____ in the room.　　Thomas는 마음을 조이며 방 안을 왔다 갔다 서성거렸다.

21　The kitten was sitting on my _____.　　새끼 고양이가 내 무릎 위에 앉아 있었다.

22　Celine was sent to _____ for stealing.　　Celine은 절도죄로 감옥에 들어갔다.

23　I call the repairman to _____ the copier.　　나는 복사기를 고치기 위해 수리공을 불렀다.

24　The zebra _____ from the cage.　　얼룩말이 우리에서 탈출했다.

25　Owen likes to put _____ in his coffee.　　Owen은 커피에 크림을 넣는 것을 좋아한다.

26　Max was the _____ of the project.　　Max는 그 프로젝트의 중심인물이었다.

27　The hen lays two or three _____ every day.　　그 암탉은 매일 2~3개의 알을 낳는다.

28　I'm going to the stadium to watch _____ today.　　나는 오늘 야구를 보기 위해 경기장에 갈 것이다.

29　Swords and shields _____ soldiers from injury in war.　　칼과 방패는 전쟁에서 병사들이 부상을 입지 않게 보호해준다.

30　A lot of _____ things happen to me these days.　　요즘 내게 기묘한 일들이 많이 일어난다.

Level
29

레벨별 단어 사용 빈도

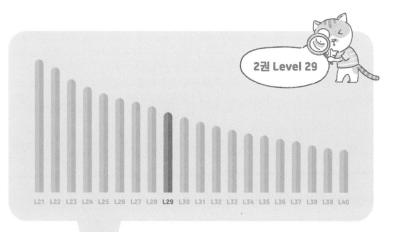

2권 Level 29

L21 L22 L23 L24 L25 L26 L27 L28 **L29** L30 L31 L32 L33 L34 L35 L36 L37 L38 L39 L40

LEVEL 1~20   **LEVEL 21~40**   LEVEL 41~60   LEVEL 61~80   LEVEL 81~100

0841

wheel

[wiːl]

명 바퀴, (자동차의) 핸들, 바퀴 모양의 것, 회전[선회]

wheel은 원래 '회전하다'를 뜻하는 동사에서 유래했습니다. 역사상 최초로 회전하는 물체는 '바퀴'였습니다. wheel은 이후 '바퀴 모양의 것'을 포함해서 '회전, 선회'라는 추상적 개념까지 모두 의미하게 되었습니다. 참고로 자동차의 '핸들'도 wheel이라고 한답니다.

1 Jin tried to fix the bike wheel herself but failed.
Jin은 직접 자전거 바퀴를 고치려 했지만 실패했다.

2 Henry was behind the wheel when the accident happened.
그 사고가 났을 때 Henry가 운전을 하고 있었다.

Plus + fail 동 실패하다   be behind the wheel 차를 운전하다
accident 명 사고

0842

farm

[fɑːrm]

명 농장, 사육[양식]장, 농가

동 경작하다

farm은 원래 오래전 로마인들이 쓰던 *firma*라는 단어에서 유래했는데, 이는 '고정된 지불'을 뜻했습니다. 당시 로마에서는 땅을 빌려서 농사를 짓고 그 대가로 정해진 돈을 받았기 때문에 시간이 지나면서 '농장'이라는 의미로 확장된 듯합니다. 그래서 live on a farm이라고 하면 '농장에서 살다'를 뜻하고, work on a farm은 '농장에서 일하다'를 의미합니다.

1 Matilda works on a farm in the middle of nowhere.
Matilda는 멀리 떨어진 곳에 있는 농장에서 일한다.

2 We farmed the land to grow vegetables.
우리는 채소를 재배하기 위해 그 땅을 경작했다.

Plus + in the middle of nowhere (다른 마을 등에서) 외떨어진 곳   land 명 땅
vegetable 명 채소

0843

bank

[bæŋk]

명 은행, 저장고, 둑[제방]

동 예금하다

bank에는 여러 가지 뜻이 담겨있습니다. 먼저 대표적으로 '은행'이라는 뜻이 있고 또 다른 뜻으로는 '둑'이 있죠. 사실 이 둘은 원래 전혀 관련이 없는 단어였는데 그런데 우연히 발음과 철자가 비슷해서 하나로 합쳐지게 되었죠. 그밖에 bank는 동사로는 '예금하다'라는 뜻을 나타내기도 합니다.

1 I got a credit card issued from the bank.
나는 은행에서 신용카드를 발급받았다.

2 Mike decided to bank his salary every month.
Mike는 매달 월급을 은행에 예금하기로 결심했다.

Plus + credit 명 신용   issue 동 발행하다
salary 명 월급

0844

strength

[streŋθ]

명 힘[기운], 강점, 내구력, 영향력[위력]

strength는 형용사 strong(강한)에서 파생된 명사로 '힘'을 의미합니다. 주로 무거운 물건을 들어 올릴 수 있는 능력과 같은 물리적인 힘을 나타내기도 하고, 추상적으로는 '기운, 위력' 등을 뜻하기도 해요. 예를 들어, 어떤 사람이 조직에 큰 영향력을 미친다면 그 또한 strength로 표현할 수 있지요.

1 Lily showed her strength by lifting the heavy box.

Lily는 무거운 상자를 들어 올리며 자신의 힘을 보여줬다.

2 Jack's strength is his ability to make friends easily.

Jack의 강점은 쉽게 친구를 사귀는 능력이다.

Plus + show 통 보여주다   lift 통 들어 올리다
ability 명 능력

0845

careful

['kerfl]

형 조심하는, 신중한, 주의 깊은, 꼼꼼한[철저한]

careful은 care(주의)와 -ful(가득한)이 결합한 단어입니다. '조심하는, 신중한, 주의 깊은' 등을 의미하며 주로 주의가 가득한 상태를 나타냅니다. 흔히 우리는 무언가를 조심하라고 할 때 Be careful!이라고 하지요? 이 외에도 무언가 꼼꼼하거나 철저한 상태를 나타내기도 합니다.

1 Be careful when the train is approaching.

열차가 올 때는 조심해야 한다.

2 He made a careful decision after thinking a lot.

그는 많은 고민 끝에 신중한 결정을 내렸다.

Plus + approach 통 다가오다   decision 명 결정

0846

float

[floʊt]

동 (물 위에) 뜨다[띄우다], 떠오르다, (회사 등이) 설립되다, (어음이) 유통되다

float은 기본적으로 '(물 위에) 뜨다, 띄우다'를 의미합니다. 원래는 물리적 맥락에서만 쓰였는데 이후 의미가 확장되면서 비유적으로는 무언가 '떠오르다, 나타나다'도 뜻하게 되었어요. 그래서 오늘날은 회사를 설립하거나 어음 등이 시장에서 유통되는 것을 나타내기도 합니다.

1 The ducks were floating on the pond.

오리들이 연못 위에 떠 있었다.

2 The publishing company was floated in 2022.

그 출판사는 2022년에 설립되었다.

Plus + pond 명 연못   publishing 명 출판, 출판업

0847

enjoy

[ɪnˈdʒɔɪ]

동 즐기다, 만끽하다, 누리다

enjoy의 기본 의미는 '즐기다'입니다. 그리고 즐기는 대상에 따라 조금씩 뜻이 달라집니다. 놀이나 음식, 사람들과 함께하는 시간을 즐기는 때를 나타내기도 하지만 특별한 권리나 이익을 누리는 것도 표현할 수 있어요. 그래서 맥락에 따라 '만끽하다, 누리다'라는 의미를 나타내기도 합니다.

1 I usually enjoy watching movies at home.
나는 대개 집에서 영화 보는 것을 즐긴다.

2 Everyone should enjoy the right to speak freely.
모든 사람은 자유롭게 말할 권리를 누려야 한다.

Plus + at home 집에(서) right 명 권리
freely 부 자유롭게

0848

main

[meɪn]

형 주요한, 주된
명 (수도 가스를 나르는) 본관

main은 원래 '힘, 권력'을 뜻했습니다. 그리고 '힘'이나 '권력'을 가진 사람이 그 집단에서 '주요한' 역할과 지위를 맡았기 때문에 지금의 뜻으로 변했습니다. 그래서 오늘날은 주로 '주요한, 주된'을 뜻하는데, 독특하게도 명사로는 '(수도 가스를 나르는) 본관'을 의미하기도 합니다.

1 The main road was blocked due to construction.
주요 도로는 공사로 인해 막혀 있었다.

2 You should focus on your main goal.
너는 주된 목표에 주력해야 한다.

Plus + block 동 (지나가지 못하게) 막다 due to ~때문에
construction 명 공사 focus on ~에 주력하다

0849

weight

[weɪt]

명 무게, 체중, 추, 짐[부담]

weight은 '무게'를 나타내는 명사입니다. 그리고 무게를 나타내는 대상에는 제약이 없기 때문에 사람이나 사물의 무게를 모두 나타낼 수 있어요. 때로는 맥락에 따라 무게를 잴 때 쓰는 '추'를 의미하기도 하고, 비유적으로는 마음의 무게, 즉 '짐, 부담' 등을 뜻하기도 합니다.

1 The weight of the boxes are not equal.
그 상자들의 무게는 동일하지 않다.

2 She carries the weight of the whole project.
그녀는 전체 프로젝트의 부담을 짊어지고 있다.

Plus + equal 형 동일한, 같은 carry 동 (부담 등을) 짊어지다
whole 형 전체의, 모든

0850

nervous

['nɜːrvəs]

형 긴장한[초조한], 신경질적인, 신경의

nervous는 주로 '긴장한' 상태를 나타냅니다. 예를 들어, 무대 위에 서기 직전이나 시험을 보기 전에 우리가 느끼는 초조하고 걱정되는 감정을 표현하지요. 또한 '신경의'를 뜻하여 우리 몸의 신경계가 어떻게 작동하는지 설명하기도 합니다. 생각해 보면 긴장과 초조함 역시 신경계의 작용이라는 점에서 서로 맞닿아 있군요!

1 Tom was nervous before negotiating his salary with his boss.

Tom은 상사와 연봉 협상을 하기 전에 긴장했다.

2 Sue has a nervous habit of biting her nails.

Sue는 손톱을 물어뜯는 신경질적인 버릇이 있다.

Plus + negotiate 통 협상하다   salary 명 연봉
bite 통 물어뜯다   nail 명 손톱

0851

member

['membə(r)]

명 구성원, 일원, 회원

member는 어떤 단체나 그룹에 속한 사람을 가리킵니다. 학교의 동아리, 축구팀, 음악 밴드, 그리고 가족 구성원들까지 모두 포함되지요. 때로는 보다 넓은 의미에서 어떤 집합의 일부를 이루는 요소를 표현하기도 합니다.

1 John is a member of the church choir.

John은 교회 성가대의 일원이다.

2 Our boss tries to treat every team member equally.

우리 팀장님은 모든 팀원들을 동등하게 대하려고 노력한다.

Plus + choir 명 성가대, 합창단   try to V ~하려고 노력하다
treat 통 (특정한 태도로) 대하다   equally 부 동등하게

0852

station

['steɪʃn]

명 역, 정거장, 방송국, 위치

station은 원래 '정지하다, 서 있다'를 뜻하는 단어에서 유래했어요. 그러다 기술의 발전과 함께 열차나 버스가 멈추는 곳을 지칭하기 시작하면서 '역, 정거장'을 뜻하게 되었지요. 또한 맥락에 따라 '어떤 정보가 모이는 곳'이라는 의미에서 TV나 라디오 '방송국'을 뜻하기도 하고, 그냥 특정한 '위치'를 가리키기도 합니다.

1 The train station was crowded with people going home.

기차역은 고향에 가는 사람들로 붐볐다.

2 I listen to that radio station every evening.

나는 매일 저녁 그 라디오 채널을 듣는다.

Plus + crowded 형 (사람들이) 붐비는   home 명 고향

0853

silver

[ˈsɪlvə(r)]

명 은, 은화[화폐], 은색

형 은으로 만든

silver는 보통 백색의 귀중한 금속인 '은'을 뜻합니다. 그리고 예로부터 화폐의 재료로 '은'이 많이 쓰였기 때문에 '화폐, 동전' 등을 의미하기도 하지요. 또한 맥락에 따라 '은색'이나 '은으로 만든'을 뜻하기도 합니다. 예를 들어, silver lining 이라고 하면 '은색 빛이 나는 구름의 흰 가장자리'를 의미하는데, 이는 '밝은 희망'을 나타냅니다.

1 The guy wearing the silver necklace is Gray.
은목걸이를 착용하고 있는 남자는 Gray이다.

2 Every cloud has a silver lining.
모든 구름의 뒤편은 은빛으로 빛난다. (= 괴로움 뒤에는 기쁨이 있다.)

Plus+ necklace 명 목걸이　　　　　　cloud 명 구름

0854

bend

[bend]

bent - bent

동 굽히다[굽혀지다],
굴복시키다, (발길 등을)
돌리다, (마음을) 쏟다

bend는 어떤 대상을 '굽히는' 것을 뜻합니다. 처음에는 물리적으로 굽히는 것만 뜻했는데, 시간이 지나면서 좀 더 넓은 의미로 '굴복시키다, (발길 등을) 돌리다, (마음을) 쏟다' 등의 추상적인 뜻을 나타내기 시작했어요. 예를 들어, 마음을 집중하거나 힘을 쏟는 것은 bend one's mind to something으로 표현합니다.

1 Sally had to bend down to tie her shoes.
Sally는 신발 끈을 묶기 위해 허리를 굽혀야 했다.

2 The river bends to the west at this point.
이 지점에서 강은 서쪽으로 꺾인다.

Plus+ tie 동 (끈 등으로) 묶다　　　　　west 명 서쪽
point 명 (특정한) 지점

0855

choice

[tʃɔɪs]

명 선택, 선정

형 아주 질 좋은, 상등급의

choice는 동사 choose(선택하다)에서 파생된 단어로 주로 '선택'을 의미합니다. 보통 '선택'이란 여러 가지 중 무엇을 고를지 결정하는 것이죠? 여기서 의미가 파생되어 무언가 엄밀하게 골라낸 좋은 것, 즉 '아주 질 좋은, 상등급의'라는 뜻도 나타내게 되었습니다. 참고로 '선택'을 뜻하는 단어로 option도 있습니다. choice가 특정 상황에서 실제로 결정을 내린 것을 의미한다면, option은 선택할 수 있는 여러 대안 중 하나를 나타낸다고 보시면 됩니다.

1 You have a choice of four flavors of ice cream.
너는 네 가지 맛의 아이스크림을 고를 수 있다.

2 This is a choice piece of farmland.
이 농지는 품질이 아주 좋다.

Plus+ flavor 명 맛　　　　　　farmland 명 농지, 경지

0856

team

[tiːm]

명 단체[팀]

동 팀을 구성하다

우리에게 '팀'이란 외래어로 익숙한 team은 흔히 '모임'이라고 생각할 수 있는 것들을 일컫는 단어입니다. 보통 여러 사람이 같은 목표를 위해 함께 작업하려고 모인 것을 의미합니다. 그래서 '팀을 구성하다'를 뜻하기도 합니다. 흔히 '팀을 구성하다, ~와 함께 팀을 이루다'라는 뜻으로 team up (with)를 쓰기도 하지요.

1 Henry was captain of the school soccer team.

Henry는 학교 축구부의 주장이었다.

2 The companies teamed up for a joint marketing campaign.

두 회사는 공동 마케팅 캠페인을 위해 팀을 구성했다.

Plus + captain 명 주장 　　　　　joint 형 공동의

0857

doorway

[ˈdɔːrweɪ]

명 출입구, 문간

doorway는 보통 우리가 건물 안으로 들어가거나 나가는 길을 통칭하는 단어입니다. 단어의 생김새를 보면 door(문)와 way(길)가 결합되어 있는 걸 알 수 있습니다. 그래서 글자 그대로 해석하면 '문을 통한' 길이 됩니다. 이렇게 보니 doorway가 '출입구, 문간'을 의미하는 것이 자연스럽군요.

1 We stood in the doorway and watched Helen.

우리는 출입구에 서서 Helen을 봤다.

2 They took shelter from the rain in a doorway.

그들은 문간에서 비를 피했다.

Plus + stand 동 서 있다 　　　　take shelter from ~로부터 피난하다

0858

crawl

[krɔːl]

동 기어가다, 굽실거리다 [비굴하게 대하다, 아첨하다], 우글우글하다[바글거리다]

명 기어가기[서행]

crawl은 기본적으로 배를 바닥에 대고 천천히 움직이는 행동을 나타냅니다. 아기들이 아직 걸음마를 시작하기 전에 기어다니는 모습을 상상하면 됩니다. 또한 비유적으로는 누군가에게 굽신거리거나 아첨하는 것을 표현하기도 합니다. 상대에게 잘 보이고 싶은 나머지 바닥에 기다시피 몸을 낮춘 모습에 비유한 것이죠.

1 The babies crawled across the room.

아기들은 방을 가로질러 기어갔다.

2 Jane had to crawl to get through the small tunnel.

Jane은 좁은 터널을 빠져 나가기 위해 기어가야 했다.

Plus + across 부 가로질러, 건너서 　　　　get through ~을 빠져 나가다

0859

straight

[streɪt]

형 곧은[일직선의], 똑바른,
연속된[끊임없는],
솔직한[직접의]

straight는 무언가 '곧은' 상태를 묘사합니다. 주로 물리적인 형태를 설명합니다. 예를 들면 머리카락 등이 '곧은' 것을 표현할 수 있습니다. 비유적으로는 '연속된, 끊임없이'를 의미하기도 합니다. 그래서 '7일 동안 매일 일어나는 일'을 for seven staright days라고 표현할 수 있지요.

1 It is important to sit with a straight back.
등을 곧게 펴고 앉는 것이 중요하다.

2 Emily has been eating the same lunch menu for six straight days.
Emily는 6일째 같은 점심 메뉴를 먹고 있다.

Plus + important 형 중요한　　　　　back 명 등

0860

cup

[kʌp]

명 컵[잔], 잔 모양의 것

동 잔에 넣다[받다],
(손 등을) 잔 모양으로 만들다

cup은 우리가 무언가 마실 때 사용하는 바로 그 '컵'을 뜻합니다. 또는 그와 형태가 유사한 대상을 묘사하기도 합니다. 예를 들어, 특정 동물의 귀나 꽃의 모양이 '컵'과 비슷할 때 이를 cup-shaped라고 표현합니다. 그밖에 동사로는 '컵에 담다, 손을 컵 모양으로 만들다' 등을 의미합니다.

1 The flowers are cup-shaped.
그 꽃들은 컵 모양이다.

2 Sarah cupped her hands to drink water from the pond.
Sarah는 연못의 물을 마시기 위해 손을 움푹하게 모았다.

Plus + shaped 형 ~한 모양을 한　　　　　pond 명 연못

0861

mistake

[mɪ'steɪk]

mistook - mistaken

명 실수, 잘못, 오류

동 잘못 생각하다

mistake는 mis-(잘못)와 take(가져가다)가 결합한 단어로 원래는 '잘못 가져가다'를 뜻했다고 합니다. 원래 가져가야 할 것을 잘못 가져갔다는 맥락에서 '실수, 잘못'이라는 지금의 의미가 파생되었지요. 주로 우리가 무언가 실수하거나 오해하는 상황을 나타냅니다. 그래서 make a mistake(실수를 하다), mistake his offer(그의 제안을 오해하다) 등으로 쓸 수 있어요.

1 It's okay to make a mistake. We can learn from them.
실수해도 괜찮아. 우리는 실수로부터 배울 수 있어.

2 The man mistook me for his niece.
그 남자는 나를 그의 조카딸로 잘못 생각했다.

Plus + learn 동 배우다　　　　　niece 명 조카딸

0862 suggest
[sə'dʒest]

동 제안하다, 추천하다,
(넌지시) 말하다, 암시하다

suggest는 누군가에게 어떤 생각이나 행동을 '권하거나 제안하는' 것을 의미합니다. 예를 들어, 친구에게 I suggest this book.이라고 하면 이 책을 친구에게 추천하는 것을 나타내지요. 또한 간접적으로 무언가를 '넌지시 말하는' 것이나 '암시하다' 등을 의미하기도 합니다.

1 I suggested taking a five-minute break.
나는 5분간 휴식을 취할 것을 제안했다.

2 Luna's attitude suggests that she was not interested in this movie.
Luna의 태도는 그녀가 이 영화에 관심이 없었음을 암시한다.

Plus+ take a break 잠시 휴식을 취하다   attitude 명 태도
be interested in ~에 관심이 있다

0863 beneath
[bɪ'niːθ]

전 아래[밑]에, ~보다 낮은,
~할 가치가 없는

부 밑에

beneath는 어떤 것이 다른 것 '아래에' 위치하고 있는 경우를 나타냅니다. 예를 들어, The cat is beneath the table.이라고 하면, '고양이가 테이블 아래에 있다.'라는 뜻이 되지요. 또한 비유적으로는 어떤 대상이 특정 기준보다 '낮거나 못한' 것을 나타내기도 합니다.

1 There is a puppy beneath the rocking chair.
흔들의자 밑에 강아지가 있다.

2 Her actions were beneath her position as a leader.
그녀의 행동은 지도자로의 지위에 어울리지 않았다.

Plus+ rocking 형 흔들리는   action 명 행동
position 명 (영향력과 관련된) 지위, (높은) 신분

0864 bathroom
['bæθruːm]

명 화장실, 목욕탕

bathroom은 bath(목욕)와 room(방)이라는 두 단어가 결합한 명사입니다. 원래는 '목욕을 할 수 있는 공간'만 의미했지만 시간이 지나면서 '화장실' 전체를 뜻하게 되었지요. 그래서 영어권에서는 맥락에 따라 '화장실'이나 '목욕탕'을 모두 가리킬 수 있습니다.

1 Our bathroom is under construction now.
우리 집 화장실은 지금 공사 중이다.

2 I turned on the fan to ventilate the bathroom.
나는 목욕탕을 환기하려고 환풍기를 틀었다.

Plus+ under 전 (작업이나 과정이) 중인   turn on (전원 등을) 켜다
fan 명 환풍기   ventilate 동 환기하다

0865

tonight

[tə'naɪt]

부 오늘 밤에

명 오늘 밤

tonight은 to와 night(밤)이 결합한 단어입니다. to는 옛 영어에서 '이번'이라는 의미였습니다. 그래서 직역하면 '이번 밤'이 되는데 지금의 의미와 비슷합니다. 주로 아직 일어나지 않은 이벤트나 일정을 설명할 때 쓰인다고 보시면 됩니다.

1 Guess what's for dessert tonight? Ice cream!
오늘 밤 후식이 무엇일 것 같아? 바로 아이스크림이야!

2 There will be a big party at the palace tonight.
오늘 밤 궁전에서 성대한 파티가 열릴 것이다.

Plus + guess 동 (추측으로) 알아맞히다   palace 명 궁전

0866

char

[tʃɑː(r)]

명 숯[목탄]

동 숯이 되다[을 만들다]

char는 원래 '불을 질러 태우다'를 뜻했다고 합니다. 그러다 점점 '불에 타서 검정색이 된 것'을 의미하게 되었는데, 여기서 바로 우리가 잘 알고 있는 '숯'이라는 뜻이 나왔습니다. 그래서 맥락에 따라 '숯이 되다, 숯을 만들다'를 의미하기도 합니다. 예를 들어, There were char marks on the steak.라고 하면 '스테이크에 탄 자국이 있었다.'라는 뜻이 됩니다.

1 She burned wood into char.
그녀는 나무를 태워 숯으로 만들었다.

2 Harry charred the table with the hot pan.
Harry는 뜨거운 팬으로 테이블을 검게 태웠다.

Plus + burn 동 태우다   wood 명 나무, 목재
pan 명 (손잡이가 달린 얕은) 팬[냄비]

0867

struggle

[strʌgl]

동 투쟁하다, 힘겹게 나아가다
[하다], 몸부림치다

명 분투

struggle의 기본 의미는 '몸부림치다'에 가깝습니다. 무언가를 이루기 위해 힘겹게 노력하는 그런 모습 있죠? 그렇게 어려움을 겪으면서 몸부림치는 것을 나타낸다고 보시면 됩니다. 그래서 맥락에 따라 '투쟁하다, 힘겹게 나아가다' 등으로 표현되곤 합니다. 그밖에 명사로는 '분투'를 뜻합니다.

1 He is struggling to finish his homework.
그는 숙제를 끝내기 위해 몸부림치고 있다.

2 Jim has been struggling with poverty for years.
Jim은 몇 년째 빈곤에 허덕이고 있다.

Plus + poverty 명 빈곤, 가난

0868

everywhere

[ˌevrɪwer]

부 어디에나[도처에],
어디에 ~라도

명 모든 곳

'모든'을 뜻하는 every와 '장소'를 뜻하는 where이 결합한 everywhere는 말 그대로 '모든 곳', '어디에나' 등을 뜻합니다. '모든 곳'에 있다는 것은 결국 '어디에나'있다는 말과 같은 셈이죠. 예를 들어, My dog follows me everywhere. 이라고 하면 '나의 강아지는 어디를 가든 나를 따라다닌다.'라는 의미가 됩니다.

1 I found traces of Ann everywhere I looked.

나는 어디를 둘러봐도 Ann의 흔적을 찾을 수 있었다.

2 Jake searched for his toy everywhere, but he couldn't find it.

Jake는 사방에서 장난감을 찾았지만 찾지 못했다.

Plus + trace 명 흔적　　　　　　　search for ~를 찾다

0869

narrow

['næroʊ]

형 좁은, 좁다란, 한정된[제한된],
편협한

narrow의 기본 의미는 '좁은'입니다. 예를 들어, narrow street라고 하면 '좁은 길'이라는 뜻이 되지요. 또한 비유적으로 '한정된, 제한된'을 뜻하기도 하며, 마음이나 생각이 '편협한' 것을 나타내기도 합니다. 모두 무언가 '좁은' 상태를 나타낸다고 보시면 됩니다.

1 The road is so narrow that only one car can pass at a time.

그 길은 너무 좁아서 한 번에 한 대의 차밖에 지나갈 수 없다.

2 Her view on the matter is very narrow.

그 문제에 대한 그녀의 견해는 매우 편협하다.

Plus + pass 동 지나가다　　　　　　at a time 한 번에
view 명 견해　　　　　　matter 명 문제

0870

warden

['wɔ:rdn]

명 교도관, 관리인, 학장[교장],
감시관[감독원]

warden은 원래 '보호자, 감시자'를 뜻하는 단어에서 유래했으나, 시간이 지나 다양한 맥락에서 쓰이면서 좀 더 구체적인 뜻을 갖게 되었습니다. 오늘날은 '교도관, 관리인, 학장, 감시관' 등 다양한 의미를 나타냅니다. 이들 모두 '어떤 장소나 사람들을 관리하거나 감시하는 사람'이라는 공통적인 뜻을 내포하고 있어요.

1 The prison warden emphasized the rules.

교도관은 규칙을 강조했다.

2 The warden maintained discipline among the students.

관리인은 학생들 사이의 질서를 유지했다.

Plus + emphasize 동 강조하다　　　　rule 명 규칙
maintain 동 유지하다　　　　discipline 명 질서

우리말에 맞게 빈칸에 알맞은 단어를 쓰세요. (정답은 본문을 확인하세요.)

1 Jin tried to fix the bike _____ herself but failed.
Jin은 직접 자전거 바퀴를 고치려 했지만 실패했다.

2 We _____ the land to grow vegetables.
우리는 채소를 재배하기 위해 그 땅을 경작했다.

3 I got a credit card issued from the _____.
나는 은행에서 신용카드를 발급받았다.

4 Lily showed her _____ by lifting the heavy box.
Lily는 무거운 상자를 들어 올리며 자신의 힘을 보여줬다.

5 Be _____ when the train is approaching.
열차가 올 때는 조심해야 한다.

6 The ducks were _____ on the pond.
오리들이 연못 위에 떠 있었다.

7 I usually _____ watching movies at home.
나는 대개 집에서 영화 보는 것을 즐긴다.

8 The _____ road was blocked due to construction.
주요 도로는 공사로 인해 막혀 있었다.

9 The _____ of the boxes are not equal.
그 상자들의 무게는 동일하지 않다.

10 Sue has a _____ habit of biting her nails.
Sue는 손톱을 물어뜯는 신경질적인 버릇이 있다.

11 John is a _____ of the church choir.
John은 교회 성가대의 일원이다.

12 I listen to that radio _____ every evening.
나는 매일 저녁 그 라디오 채널을 듣는다.

13 The guy wearing the _____ necklace is Gray.
은목걸이를 착용하고 있는 남자는 Gray이다.

14 Sally had to _____ down to tie her shoes.
Sally는 신발 끈을 묶기 위해 허리를 굽혀야 했다.

15 You have a _____ of four flavors of ice cream.
너는 네 가지 맛의 아이스크림을 고를 수 있다.

16 The companies _____ up for a joint marketing campaign.
두 회사는 공동 마케팅 캠페인을 위해 팀을 구성했다.

17 We stood in the _____ and watched Helen.
우리는 출입구에 서서 Helen을 봤다.

18 The babies _____ across the room.
아기들은 방을 가로질러 기어갔다.

19 It is important to sit with a _____ back.
등을 곧게 펴고 앉는 것이 중요하다.

20 The flowers are _____-shaped.
그 꽃들은 컵 모양이다.

21 The man _____ me for his niece.
그 남자는 나를 그의 조카딸로 잘못 생각했다.

22 I _____ taking a five-minute break.
나는 5분간 휴식을 취할 것을 제안했다.

23 There is a puppy _____ the rocking chair.
흔들의자 밑에 강아지가 있다.

24 Our _____ is under construction now.
우리 집 화장실은 지금 공사 중이다.

25 Guess what's for dessert _____? Ice cream!
오늘 밤 후식이 무엇일 것 같아? 바로 아이스크림이야!

26 She _____ wood into char.
그녀는 나무를 태워 숯으로 만들었다.

27 He is _____ to finish his homework.
그는 숙제를 끝내기 위해 몸부림치고 있다.

28 I found traces of Ann _____ I looked.
나는 어디를 둘러봐도 Ann의 흔적을 찾을 수 있었다.

29 Her view on the matter is very _____.
그 문제에 대한 그녀의 견해는 매우 편협하다.

30 The prison _____ emphasized the rules.
교도관은 규칙을 강조했다.

Level 30

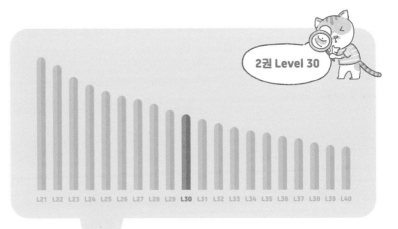

2권 Level 30

L21 L22 L23 L24 L25 L26 L27 L28 L29 **L30** L31 L32 L33 L34 L35 L36 L37 L38 L39 L40

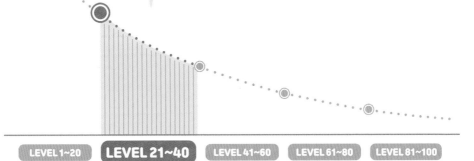

LEVEL 1~20   **LEVEL 21~40**   LEVEL 41~60   LEVEL 61~80   LEVEL 81~100

0871

pray

[preɪ]

⑧ 기도하다[빌다], 기원하다,
간절히 바라다

pray는 원래 '간절히 바라다'라는 뜻이었습니다. 보통 우리가 원하는 것이나 바라는 것을 다른 대상, 특히 신에게 요청하는 행동을 묘사합니다. 사람은 간절할 때 자연스럽게 신을 찾곤 하지요. 그래서 오늘날은 주로 '기도하다, 간절히 바라다, 기원하다' 등을 의미합니다.

1 Every night, I pray for our family's happiness.
매일 밤, 나는 우리 가족의 행복을 기도한다.

2 Irene prayed to get good marks on her final exam.
Irene은 기말고사에서 좋은 점수를 받게 해달라고 기도했다.

Plus + happiness ⑨ 행복　　　　　　mark ⑨ 점수, 평점

0872

map

[mæp]

⑨ 지도

⑧ 지도를 만들다[그리다],
(지도 제작을 위해) 측량하다

map은 특정 지역이나 공간을 묘사한 그림 즉, '지도'를 뜻합니다. 원래 '수건, 천' 등을 의미했습니다. 옛사람들이 천 위에 '지도'를 그리면서 지금의 뜻이 되었습니다. 그래서 동사로는 '지도를 만들다' 또는 '측량하다'를 의미합니다.

1 We need a map to find our way to the museum.
박물관으로 가는 길을 찾으려면 지도가 필요하다.

2 Jack mapped the route before we started our road trip.
Jack은 자동차 여행을 시작하기 전에 지도에 길을 그렸다.

Plus + way ⑨ (어떤 곳에 이르는) 길
route ⑨ (한 곳에서 다른 곳으로 가기 위해 따라가는) 길

0873

heat

[hiːt]

⑨ 열, 더위, (감정의) 격함, 온도

heat은 우리가 잘 알고 있듯이 '열, 더위' 등을 나타냅니다. 주로 실제 온도가 높아서 무언가 따뜻하거나 뜨거운 상태를 설명하지요. 또한 '감정의 격함'이나 '열정'을 의미하기도 하는데, 이는 사람의 감정을 불이나 열이 강할 때의 그 뜨거움에 비유한 것으로 추정됩니다. 이 외에도 blood heat(정상 체온)처럼 heat은 '온도'를 의미하기도 합니다.

1 The heat from the fire warmed the whole house.
불의 열기가 집안 전체를 따뜻하게 데웠다.

2 We can't stand the heat in this room.
우리는 이 방의 더위를 참을 수가 없다.

Plus + warm ⑧ (더) 따뜻하게 하다, 데우다　　　　stand ⑧ 참다, 견디다

0874

include

[ɪnˈkluːd]

⑧ 포함하다, 포괄하다,
포함시키다

include는 '~을 안에 넣다'라는 뜻에 가장 가깝습니다. 그래서 맥락에 따라 무언가를 '포함하다, 포괄하다, 포함시키다' 등을 의미할 수 있어요. 예를 들어, 보고서에 많은 정보가 포함되어 있다거나 점심 메뉴에 햄버거와 샐러드가 포함되어 있다고 말할 때 모두 include를 쓸 수 있습니다.

1 Symptoms of a cold include chills and coughing.
감기 증상은 오한과 기침을 포함한다.

2 Tom's hobbies include fishing and golf.
Tom의 취미에는 낚시와 골프가 포함된다.

Plus + symptom 몡 증상   chill 몡 오한
coughing 몡 기침   hobby 몡 취미

0875

shift

[ʃɪft]

⑧ 이동하다, 옮기다, 달라지다,
바꾸다

shift는 맥락에 따라 '이동하다, 옮기다, 달라지다, 바꾸다' 등 다양한 의미를 나타냅니다. 물체를 다른 위치로 옮기거나, 상황이나 관점이 변화하는 것을 모두 뜻하지요. 특히 자동차를 운전할 때 기어를 변속하는 경우를 나타내기도 하는데, 여기에 빗댄 shift grears라는 표현은 어떤 환경이나 상황에 대한 전환을 나타냅니다.

1 We shifted the books to the bottom shelf.
우리는 책을 맨 아래 선반으로 옮겼다.

2 Adam shifted his weight from one foot to the other.
Adam은 체중을 한쪽 발에서 다른 쪽 발로 옮겼다.

Plus + bottom 혱 맨 아래 쪽에 몡 맨 아래 (부분)   from A to B A에서 B로

0876

language

[ˈlæŋgwɪdʒ]

몡 언어, 말, 표현

language는 주로 문자나 단어, 표현 등을 두루 일컫습니다. 사실 '언어'를 정확히 정의를 내리는 것은 어렵습니다. 사람들이 서로 소통하려고 할 때 상황에 따라 각기 다른 방법을 쓰기 때문이죠. 그래서 엄밀히 따졌을 때 language는 단어와 문법을 사용해서 '말'하는 것을 의미한다고 생각하시면 됩니다.

1 English is a global language.
영어는 세계 공용어이다.

2 He expressed his feelings through the language of dance.
그는 춤의 언어를 통해 자신의 감정을 표현했다.

Plus + global 혱 세계적인   express 동 표현하다

0877

hug

[hʌɡ]

동 껴안다[포옹하다],
  (편견 따위를) 품다

명 포옹

hug는 누군가를 팔로 꼭 감싸는 행위 즉, '포옹'을 뜻해요. '포옹'은 사람들이 서로 애정을 표현하거나 위로할 때 하는 행동이죠? 그러나 가끔은 부정적인 뜻으로 쓰이기도 합니다. 우리가 껴안고 있는 것이 만약 '편견'이라면? 이건 '포옹'과는 또 다른 의미겠죠? 이렇게 hug는 부정적인 단어와 함께 쓰여 '~를 품다'를 뜻하기도 해요.

1 Jake gave his mother a big hug.
  Jake는 엄마를 크게 안아드렸다.

2 Grieving the breakup, Sally hugged me tight.
  이별에 마음 아파하며 Sally는 나를 꼭 안아주었다.

Plus + grieve 동 마음 아파하다, 몹시 슬퍼하다   breakup 명 이별, 헤어짐

0878

shelf

[ʃelf]

명 선반, 선반처럼 생긴 것

shelf는 일반적으로 벽에 붙어 있어 물건을 놓을 수 있는 평평한 수평 구조물, 즉 '선반'을 의미합니다. 또한 지면이나 수면 위에 돌출된 것과 같은 선반 모양을 닮은 것을 나타내기도 해요. 그래서 빙하의 일부가 바다 위로 돌출된 부분을 ice shelf(빙붕)라고 부릅니다.

1 The bag of sugar is on the top shelf.
  설탕 봉지는 제일 위쪽 선반에 있다.

2 The ice shelf continues to melt due to global warming.
  지구 온난화로 인해 빙붕이 계속 녹고 있다.

Plus + continue 동 (쉬지 않고) 계속되다   melt 동 녹다
global warming 지구 온난화

0879

recognize

[ˈrekəɡnaɪz]

동 알아보다[알다],
  인정하다[받다], 승인하다

recognize는 어떤 대상을 '알아보는' 것을 뜻해요. 이를테면 거리에서 친구를 알아보는 상황 등을 나타낼 수 있지요. 또한 어떤 사실이 옳다는 것을 '인정하는' 것을 의미하기도 합니다. 예를 들어, 타인의 능력이나 성취를 인정하거나 국가나 정부를 공식적으로 승인하는 경우에도 recognize를 쓸 수 있어요.

1 I could recognize Sally in the crowd.
  나는 사람들 속에서 Sally를 알아볼 수 있었다.

2 Tony was recognized for his exceptional talent.
  Tony는 그의 특출한 재능을 인정받았다.

Plus + crowd 명 사람들, 군중   exceptional 형 특출한, 우수한
talent 명 재능

0880

apple

['æpl]

명 사과

apple은 우리가 즐겨 먹는 '사과'를 뜻합니다. 영어권에서 '사과'는 꽤 긍정적인 이미지를 나타냅니다. 격언 중에 An apple a day keeps the doctor away. 라는 말이 있는데, 이는 '하루 사과 한 알이면 의사를 멀리한다.'라는 뜻으로 그만큼 사과가 건강에 좋다는 것을 나타냅니다.

1 This apple is not very sweet.

이 사과는 별로 달지 않다.

2 The apple crop was good this year.

올해는 사과 농사가 잘됐다. (= 올해는 사과 농사가 풍작이다.)

Plus + sweet 형 달콤한, 단   crop 명 (한 철에 거둔) 수확량

0881

trunk

[trʌŋk]

명 (생물, 물건의) 몸통[본체, 주요부분], (자동차) 트렁크, 주요[간선] 도로, 코끼리 코

trunk는 원래 '잘린, 손상된'을 뜻하는 라틴어에서 유래했습니다. 그러다 이 의미가 부수적인 것이 잘려 나가고 원래의 중심부만 남은 것을 나타내어 '몸통'이나 '주요 도로' 등을 뜻하게 된 것으로 추정합니다. 이 외에도 '(자동차의) 트렁크, 코끼리 코' 등을 의미하기도 해요.

1 This oak tree has a very wide trunk.

이 떡갈나무는 몸통이 아주 넓다.

2 Put your luggage in the trunk of the car before dinner.

저녁 식사 전에 짐을 차의 트렁크에 넣어라.

Plus + oak (tree) 명 떡갈나무   wide 형 넓은
luggage 명 짐

0882

lower

['loʊə(r)]

동 낮추다, (가치 등을) 떨어뜨리다, 줄이다 [약하게 하다]
형 더 낮은[아래] 쪽의

lower는 동사로는 '낮추다'를 뜻하고, 형용사로는 '더 낮은, 더 아래 쪽의'를 의미합니다. 그리고 여기서 뜻이 확장되어 어떤 대상의 가치를 떨어뜨리거나 줄이는 것을 나타내기도 합니다. 예를 들어, lower one's sights라고 하면 '목표를 내리다'를 뜻합니다.

1 The salesman refused to lower the price.

판매원은 가격을 낮추는 것을 거절했다.

2 Our room is on a lower deck of this ship.

우리 객실은 이 배의 아래쪽 갑판에 있다.

Plus + refuse 동 거절하다   price 명 가격
room 명 객실   deck 명 (배의) 갑판

0883

bill

[bɪl]

명 청구서, 계산서, 법안, 부리

bill의 기본 의미는 무언가 '목록화 된 문서'입니다. 이후 의미가 확장되어 오늘날은 주로 '청구서, 계산서'를 뜻하지요. 맥락에 따라 '법안'을 의미하기도 하는데, 이는 정부에서 새로운 법을 만들거나 기존의 법을 변경하고자 할 때 사용하는 문서를 가리킵니다.

1 We received the electricity bill today.

우리는 오늘 전기 요금 청구서를 받았다.

2 The bill has not been passed yet in Parliament.

그 법안은 아직 의회에서 통과되지 않았다.

Plus + receive 동 받다   electricity 명 전기
pass 동 통과하다   parliament 명 의회

0884

dare

[der]

동 ~할 용기가 있다, 감히 ~하다,
(위험을) 무릅쓰다

명 모험[도전]

dare는 용기를 내어 어떤 일을 시도하거나 도전하는 것을 의미합니다. 더 정확하게는 '감히 시도하다'에 가깝습니다. 예를 들어, 누군가 너무 높은 나무에 오르는 것을 '감히 시도한다'라고 하면, 그 일을 dare 하는 것으로 이해하시면 됩니다.

1 We wouldn't dare jump off that high cliff.

우리는 그렇게 높은 절벽에서 뛰어내릴 용기가 없다.

2 She dared to speak out against the unfair rules.

그녀는 불공정한 규칙에 대해 과감하게 목소리를 내었다.

Plus + jump off ~에서 뛰어내리다   cliff 명 절벽
speak out (~에 반대하는 뜻을) 공개적으로 말하다   unfair 형 불공정한

0885

brush

[brʌʃ]

명 붓[솔], 솔 모양의 것

동 솔질하다, ~을 닦다

brush는 원래 '염소의 꼬리털'을 뜻하는 프랑스어에서 유래되었습니다. 그러다 시간이 지나면서 동물의 털로 만든 '솔'이나 '빗'을 의미하게 되었고, 또는 맥락에 따라 무언가를 솔질하거나 닦는 것을 나타내기도 합니다. 예를 들어, brush down이라고 하면 무언가를 '깨끗이 솔질하다'를 의미하고, brush teeth는 '이를 닦다'를 뜻합니다.

1 Daniel used a new brush to paint the picture.

Daniel은 그림을 그리기 위해 새 붓을 사용했다.

2 Lily brushed her hair before going out.

Lily는 외출하기 전에 머리를 빗었다.

Plus + paint 동 (그림물감으로) 그리다   go out 외출하다

puppet
[ˈpʌpɪt]

명 꼭두각시, (손가락으로 조종하는) 인형

puppet은 손으로 조종하여 사람이나 동물을 흉내내는 인형인 '꼭두각시'를 의미합니다. 비유적으로는 다른 사람에게 통제 받는 사람이나 조직을 표현하기도 하지요. 마치 '꼭두각시'처럼 다른 사람이나 조직에 의해 수동적으로 행동하는 것을 뜻합니다.

1 Jack made a wooden puppet for his little brother.
Jack은 동생을 위해 나무 인형을 만들었다.

2 The manager is no more than a puppet for the company.
그 관리인은 단지 회사의 꼭두각시에 지나지 않는다.

Plus + wooden 형 나무로 된, 목재의   manager 명 관리인
no more than 단지 ~에 지나지 않다

---

jacket
[ˈdʒækɪt]

명 (셔츠 위에 입는) 상의, 덮개[씌우개], (감자의) 껍질

동 ~에 재킷을 입히다

우리에게 외래어 '자켓'으로 익숙한 jacket은 셔츠나 스웨터 위에 입는 가벼운 상의나 외투를 뜻합니다. 그리고 맥락에 따라 무언가를 보호하거나 포장하는 데 쓰이는 '덮개'나 '씌우개'를 나타내기도 해요. 요리에서는 '(감자의) 껍질'을 뜻하기도 하지요. 모두 무언가를 '덮는다'는 공통점이 있습니다.

1 Lisa put on a jacket before leaving the house.
Lisa는 집에서 나가기 전에 외투를 입었다.

2 First, boil the potatoes with their jackets on.
먼저 감자는 껍질을 벗기지 않은 채로 삶아라.

Plus + put on ~을 입다   leave 동 (장소 등으로부터) 떠나다
boil 동 삶다   potato 명 감자

---

pale
[peɪl]

형 창백한, 흐릿한, 활기가 없는

동 창백해지다

pale은 창백하거나, 색깔 등이 선명하지 않은 것을 나타내는 형용사입니다. 사람의 얼굴색이나 물건, 빛 등을 모두 묘사할 수 있고, 비유적으로는 활기가 없는 상태를 나타내기도 합니다. 예를 들면 공포에 질려 핼쑥해진 상태를 pale with fear라고 하기도 하고, 안색이 나쁜 것을 look pale이라고 말하기도 합니다.

1 Eric looked pale and tired.
Eric은 창백하고 피곤해 보였다.

2 Her face turned pale with fear.
그녀의 얼굴은 두려움으로 창백해졌다.

Plus + turn 동 (~한 상태로) ~되다, 변하다   fear 명 두려움, 공포

0889

husband

['hʌzbənd]

명 남편
동 절약하다

husband는 옛 영어에서 '집'을 뜻하던 hus와 '주인'을 나타내는 band가 결합한 단어입니다. 말 그대로 '집주인'을 뜻합니다. 과거 집을 지키는 사람이 그 집의 '가장'이었다는 점에서 지금의 '남편'이라는 뜻이 파생되었습니다. 흥미롭게도 husband는 동사로 '절약하다'라는 의미를 나타내기도 합니다.

1 Jamie introduced her husband.

Jamie는 자신의 남편을 소개했다.

2 We need to husband our resources.

우리는 자원을 절약해야 한다.

Plus + introduce 동 소개하다　　　　　resource 명 자원

0890

trap

[træp]

명 함정[덫], 올가미, 음모[술책]
동 덫으로 잡다

trap은 대개 '덫, 함정'을 의미합니다. 다른 사람을 속이려고 만든 계획을 포함하여, 동물을 사냥하기 위한 장치까지 모두 나타낼 수 있어요. 그래서 '(작은 동물이나 새를 잡는) 덫'을 gin trap이라고 하고, 덫을 놓는 것을 set a trap이라고 표현합니다. 또한 맥락에 따라 '덫, 올가미'뿐만 아니라 '음모'를 뜻하기도 해요.

1 Helen set a trap to catch the rabbit.

Helen은 토끼를 잡기 위해 덫을 놓았다.

2 Be careful not to fall into his trap.

그의 음모에 빠지지 않도록 조심해.

Plus + set 동 (덫 등을) 설치하다　　　　　fall into ~에 빠지다

0891

bury

['beri]

buried - buried

동 묻다[매장하다],
　(땅 속에) 숨기다[감추다],
　잊어버리다[망각하다]

bury는 주로 죽은 사람이나 동물을 땅에 묻는 행위를 표현합니다. 또한 비유적으로는 '숨기다'나 '잊어버리다'라는 뜻을 나타내기도 합니다. 생각해 보면 우리말에도 '묻다, 묻어두다'라는 말이 비슷한 의미로 쓰일 때가 많죠? 영어에서도 비밀이나 추억을 땅 속에 '묻는다'라는 말은 이를 '숨기다, 잊어버리다'라는 뜻으로 인식한다고 보시면 됩니다.

1 The pirate buried the treasure on the island.

해적들은 그 섬에 보물을 묻었다.

2 He decided to bury his past and start a new life.

그는 과거를 잊고 새로운 인생을 시작하기로 결심했다.

Plus + pirate 명 해적　　　　　treasure 명 보물
past 명 과거

0892

thousand

[ˈθaʊznd]

- 형 1000[천]
- 형 천의, 수천의[다수의]

thousand는 명사로는 숫자 '1000[천]'을 의미하고, 형용사로는 '천의, 수천의'를 뜻합니다. 비유적으로는 매우 많은 양이나 수를 나타내기도 합니다. 예를 들어, thousand words는 '천 마디' 정도로 해석할 수 있는데, 이는 우리가 흔히 쓰는 '백문이 불여일견'에서 '백문'에 해당합니다.

1 This book sold over a thousand copies.

이 책은 천 권이 넘게 팔렸다.

2 I have a thousand things to do today.

나는 오늘 할 일이 아주 많다.

Plus + sell 동 팔리다   copy 명 (책 등의) 한 부

0893

law

[lɔː]

- 명 법, 규칙

law는 사회에서 모두가 안전하게 살 수 있도록 또는 공정한 대우를 받을 수 있게 정해진 '규칙'을 나타냅니다. 또한 물리학이나 화학에서 발견되는 '규칙'들을 설명하기도 합니다. 예를 들어, 우리가 흔히 말하는 '자연의 법칙'이 바로 law of nature입니다.

1 We must obey the law.

우리는 법을 지켜야 한다.

2 The law of gravity explains why apples fall from trees.

중력의 법칙은 사과가 왜 나무에서 떨어지는지 설명한다.

Plus + obey 동 (법 등을) 지키다, 따르다   gravity 명 중력
explain 동 설명하다

0894

left

[left]

- 형 왼쪽의
- 부 왼쪽에
- 명 좌측[왼쪽], 좌파

우리가 잘 알고 있듯이 left는 '왼쪽'을 뜻합니다. 예를 들어, '왼손잡이'는 left-handed person이라고 표현하며 운전 중 '좌회전을 하다'는 take a left라고 하지요. 또한 left는 정치적 맥락에서는 보다 진보적이거나 급진적인 경향을 지닌 '좌파'를 의미하기도 합니다.

1 Alex is left-handed.

Alex는 왼손잡이다.

2 Harry is a member of the left-wing party.

Harry는 좌파 정당의 당원이다.

Plus + left-handed 왼손잡이의   left wing (정당의) 좌파
party 명 당, 정당

0895

frown

[fraʊn]

⑧ (얼굴, 눈살을) 찌푸리다, 난색을 표하다, (얼굴을 찌푸리며) 위압감을 주다

⑨ (얼굴, 눈살을) 찌푸리기

frown은 얼굴을 '찌푸리는 것'을 나타냅니다. 우리는 어떤 것이 마음에 들지 않거나 혹은 생각에 깊이 빠져 있을 때 얼굴을 찌푸리곤 하지요? 그래서 frown은 불평하거나 불만이 있을 때, 또는 무언가 헷갈리는 상황을 표현하기도 합니다.

1 Cindy frowned when she saw the messy room.

Cindy는 지저분한 방을 보고 얼굴을 찌푸렸다.

2 He frowned with a headache.

그는 머리가 아파 얼굴을 찌푸렸다.

Plus + messy ⑱ 지저분한, 엉망인   headache ⑨ 머리가 아픔, 두통

0896

college

[ˈkɑːlɪdʒ]

⑨ 대학, 학부[단과 대학]

college는 우리가 흔히 '대학'이라 부르는 교육 기관을 뜻합니다. 또는 특정 분야의 전문 지식을 제공하는 '학부'나 '단과 대학'을 의미하기도 합니다. 원래 '동료'를 뜻하는 단어에서 유래했습니다. 이것이 사람들이 모여 공동의 목표를 이루기 위한 장소를 뜻하게 되면서 교육 기관을 가리키는 단어로 발전되었다고 합니다.

1 Kate is a biology major in college.

Kate는 대학에서 생물학을 전공했다.

2 My sister struggled with her college classes.

우리 언니는 대학 수업에 어려움을 겪었다.

Plus + biology ⑨ 생물학   major ⑨ (대학생의) 전공
struggle with ~로 고심하다

0897

sweep

[swiːp]

swept - swept

⑧ 쓸다, 청소하다, 휩쓸고 가다, (스포츠 경기에서) 완승을 거두다

sweep은 무언가 청소하거나 쓸어버리는 동작을 의미합니다. 또한 비유적인 맥락에서 많은 사람이나 아이디어가 한 곳으로 모이는 것을 표현하기도 하고, 스포츠에서는 한 팀이 다른 팀에 완승을 거두는 것을 나타내기도 해요. 맥락에 따라 의미가 확장되는 것을 보니 '쓸어버리다'라는 말이 딱 와닿죠?

1 Irene swept and mopped the floor.

Irene은 바닥을 쓸고 닦았다.

2 Our team swept the series.

우리 팀이 시리즈에서 완승했다.

Plus + mop ⑧ 대걸레로 닦다

0898

tire

[taɪə(r)]

명 (고무로 만든) 타이어

동 피곤하게 하다,
지치다[피로해지다],
싫증나다[물리다]

tire는 명사로는 자동차나 자전거에 달린 고무로 만든 '타이어'를 의미하고, 동사로는 '피곤하게 하다, 지치다'를 뜻합니다. 원래 이 두 의미는 서로 다른 단어에서 유래했는데, 우연히 서로 발음과 철자가 비슷하여 tire라는 단어 하나로 합쳐졌습니다. 그밖에 비유적으로는 무언가에 싫증난 것을 나타내기도 합니다.

1 Tom changed a flat tire last night.
   Tom은 어젯밤에 바람이 빠진 타이어를 갈아 끼웠다.

2 I think I tire easily these days.
   나는 요즘 쉽게 피곤해지는 것 같다.

Plus+ flat 형 바람이 빠진　　　these days (과거와 비교해서) 요즘에는

0899

unless

[ən'les]

접 ~하지 않는 한,
만약 ~이 아니면

unless는 어떤 조건이 충족되지 않으면 다른 일이 일어나지 않을 것이라는 것을 나타내는 접속사입니다. 예를 들어, Unless it rains, we will go to the park.라고 하면 '비가 오지 않는 한, 우리는 공원에 갈 것이다.'라는 뜻이 됩니다. 참고로 unless와 비슷한 표현으로 if not이 있습니다. if not은 주로 긍정적인 조건을 나타냅니다. 가령 I'll be there by 5, if not a bit earlier.는 '5시까지는 거기에 있을 거야, 아니면 그보다 조금 더 일찍 도착할 거야.'를 의미해요.

1 Unless you leave now, you'll be late for the appointment.
   지금 출발하지 않으면 너는 약속 시간에 늦을 것이다.

2 I won't go to the concert unless you come with me.
   만약 네가 같이 가지 않는다면 나는 그 콘서트에 가지 않을 것이다.

Plus+ appointment 명 약속

0900

beg

[beg]

동 간청[애원]하다,
구걸하다[빌다]

beg는 무언가를 강하게 부탁하거나 요청하는 것을 나타내요. 주로 '간청하다, 애원하다'라는 뜻으로 누군가에게 도움을 청하거나 간곡히 부탁하는 것을 표현하지요. 또는 조금 과격하지만 돈이나 음식 등을 '구걸하는' 것을 나타내기도 해요.

1 Jake begged her to forgive him.
   Jake는 그녀에게 자신을 용서해 달라고 애원했다.

2 The boy begged for food and money on the street.
   그 소년은 거리에서 음식과 돈을 구걸했다.

Plus+ forgive 동 용서하다　　　street 명 거리

우리말에 맞게 빈칸에 알맞은 단어를 쓰세요.　　　　　　　　(정답은 본문을 확인하세요.)

1 Every night, I ＿＿＿＿＿＿ for our family's happiness.　　　매일 밤, 나는 우리 가족의 행복을 기도한다.

2 We need a ＿＿＿＿＿＿ to find our way to the museum.　　　박물관으로 가는 길을 찾으려면 지도가 필요하다.

3 We can't stand the ＿＿＿＿＿＿ in this room.　　　우리는 이 방의 더위를 참을 수가 없다.

4 Tom's hobbies ＿＿＿＿＿＿ fishing and golf.　　　Tom의 취미에는 낚시와 골프가 포함된다.

5 We ＿＿＿＿＿＿ the books to the bottom shelf.　　　우리는 책을 맨 아래 선반으로 옮겼다.

6 English is a global ＿＿＿＿＿＿.　　　영어는 세계 공용어이다.

7 Jake gave his mother a big ＿＿＿＿＿＿.　　　Jake는 엄마를 크게 안아드렸다.

8 The bag of sugar is on the top ＿＿＿＿＿＿.　　　설탕 봉지는 제일 위쪽 선반에 있다.

9 I could ＿＿＿＿＿＿ Sally in the crowd.　　　나는 사람들 속에서 Sally를 알아볼 수 있었다.

10 This ＿＿＿＿＿＿ is not very sweet.　　　이 사과는 별로 달지 않다.

11 This oak tree has a very wide ＿＿＿＿＿＿.　　　이 떡갈나무는 몸통이 아주 넓다.

12 The salesman refused to ＿＿＿＿＿＿ the price.　　　판매원은 가격을 낮추는 것을 거절했다.

13 We received the electricity ＿＿＿＿＿＿ today.　　　우리는 오늘 전기 요금 청구서를 받았다.

14 She ＿＿＿＿＿＿ to speak out against the unfair rules.　　　그녀는 불공정한 규칙에 대해 과감하게 목소리를 내었다.

15 Daniel used a new ＿＿＿＿＿＿ to paint the picture.　　　Daniel은 그림을 그리기 위해 새 붓을 사용했다.

16 Jack made a wooden ＿＿＿＿＿＿ for his little brother.　　　Jack은 동생을 위해 나무 인형을 만들었다.

17 Lisa put on a ＿＿＿＿＿＿ before leaving the house.　　　Lisa는 집에서 나가기 전에 외투를 입었다.

18 Eric looked ＿＿＿＿＿＿ and tired.　　　Eric은 창백하고 피곤해 보였다.

19 Jamie introduced her ＿＿＿＿＿＿.　　　Jamie는 자신의 남편을 소개했다.

20 Helen set a ＿＿＿＿＿＿ to catch the rabbit.　　　Helen은 토끼를 잡기 위해 덫을 놓았다.

21 The pirate ＿＿＿＿＿＿ the treasure on the island.　　　해적들은 그 섬에 보물을 묻었다.

22 This book sold over a ＿＿＿＿＿＿ copies.　　　이 책은 천 권이 넘게 팔렸다.

23 We must obey the ＿＿＿＿＿＿.　　　우리는 법을 지켜야 한다.

24 Alex is ＿＿＿＿＿＿ -handed.　　　Alex는 왼손잡이다.

25 He ＿＿＿＿＿＿ with a headache.　　　그는 머리가 아파 얼굴을 찌푸렸다.

26 Kate is a biology major in ＿＿＿＿＿＿.　　　Kate는 대학에서 생물학을 전공했다.

27 Irene ＿＿＿＿＿＿ and mopped the floor.　　　Irene은 바닥을 쓸고 닦았다.

28 I think I ＿＿＿＿＿＿ easily these days.　　　나는 요즘 쉽게 피곤해지는 것 같다.

29 ＿＿＿＿＿＿ you leave now, you'll be late for the appointment.　　　지금 출발하지 않으면 너는 약속 시간에 늦을 것이다.

30 Jake ＿＿＿＿＿＿ her to forgive him.　　　Jake는 그녀에게 자신을 용서해 달라고 애원했다.

Level 31

레벨별 단어 사용 빈도

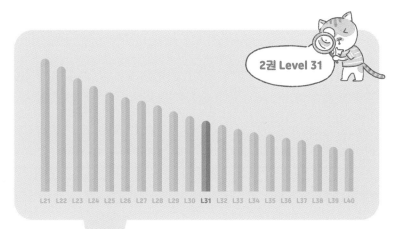

2권 Level 31

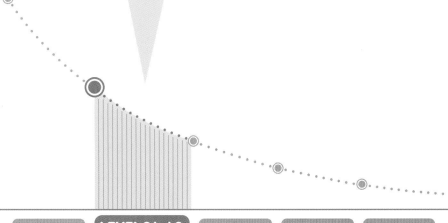

LEVEL 1~20 | **LEVEL 21~40** | LEVEL 41~60 | LEVEL 61~80 | LEVEL 81~100

0901

creature

['kri:tʃə(r)]

명 생물, (신에 의한) 창조물, 산물[소산]

creature는 '생명을 가진 모든 것'을 가리킵니다. 사람, 동물, 곤충, 심지어는 작은 바이러스까지도 creature이라고 할 수 있지요. 또한 시적으로 감정과 정서를 나타낼 때 쓰이기도 하는데, 예를 들어 poor creature라고 하면 우리말의 '가여운 것'에 가장 가깝습니다.

1 This forest is full of mysterious creatures.
이 숲은 신비한 생물들로 가득하다.

2 The unicorn is a legendary creature.
유니콘은 전설에 나오는 동물이다.

Plus + mysterious 형 신비한　　　legendary 형 전설에 나오는

0902

extra

['ekstrə]

형 추가의, 여분의, 규정

명 추가되는 것

extra의 기본 의미는 '많이, 더 추가로'에 가깝습니다. '기본적인' 것을 '규정'에 맞는 것이라고 본다면, extra는 기본에서 '추가'로 더 필요한 것이나 제공되는 것을 나타내지요. 그래서 extra-curricular라고 하면 '정규 교과 외의'를 의미하고, extra pay는 '특별 수당'을 뜻합니다.

1 Can we have an extra piece of cake?
케이크를 한 조각 더 먹어도 될까?

2 There are extra chairs in the warehouse.
창고에 여분의 의자들이 있다.

Plus + piece 명 조각　　　warehouse 명 창고

0903

surround

[sə'raʊnd]

동 둘러싸다, 포위하다

명 둘러싸는 것

surround는 sur-(위)과 round(원형의)가 결합한 단어로 '위에서 둘러싸다'라는 개념에 가깝습니다. 그래서 동사로는 '둘러싸다, 포위하다'를 뜻하고, 명사로는 '둘러싸는 것'을 나타냅니다. 예를 들어, '어떤 중심의 주변'을 center-surround라고 표현하고, '입체 음향'은 surround sound라고 합니다.

1 The house was surrounded by trees.
그 집은 나무들로 둘러싸여 있었다.

2 The police surrounded the suspects' house.
경찰이 용의자들의 집을 포위했다.

Plus + suspect 명 용의자

0904

forehead

['fɔːrhed, 'fɔːred, 'fɑːred]

명 이마

forehead는 참 직관적인 단어입니다. fore-(앞에)와 head(머리)가 결합한 단어로 머리의 앞, 즉 '이마'를 뜻합니다. 그래서 흔히 우리가 이마를 찡그리는 모습을 winkle one's foread라고 표현하고, 무언가 생각해 내려고 이마를 문지르는 모습을 rub one's forehead라고 합니다.

1 **John rubbed his forehead.**

John은 이마를 문질렀다.

2 **Helen wiped the sweat from her forehead.**

Helen은 이마에 맺힌 땀을 닦았다.

 Plus + rub 통 (손 등을 대고) 문지르다　　　　wipe 통 닦다
sweat 명 땀

0905

park

[pɑːrk]

명 공원, 지역[단지], 경기장

동 주차하다

우리에게 '공원'이란 뜻으로 익숙한 park는 원래 '사육장'을 의미했습니다. 옛 사람들이 어떤 공간 안에 가축들을 몰아넣고 키우던 곳인데, 이는 시간이 지나면서 '넓은 녹지'를 뜻하다가 현대에 와서 차량이나 기차를 특정 구역에 멈추는 행위까지 의미하게 되었습니다. 그래서 오늘날 park는 명사로는 '공원'을, 동사로는 '주차하다'를 뜻합니다.

1 **The man was resting on a park bench.**

그 남자는 공원 벤치에서 쉬고 있었다.

2 **Julie parked by the roadside.**

Julie는 길가에 주차했다.

 Plus + rest 통 쉬다, 휴식을 취하다　　　　roadside 명 길가

0906

flat

[flæt]

형 평평한, 납작한, (요금 등이) 균일한[변동 없는], 무미건조한[맥빠진]

flat의 기본 의미는 '평평한'입니다. '평평하다'라는 것은 '높낮이가 없다'는 뜻이겠죠? 여기서 다양한 의미가 파생되었습니다. 가격이나 요금이 '균일한' 상태를 나타내기도 하고, '맥이 빠지거나 무미건조한' 마음을 표현하기도 해요. 모든 의미의 핵심은 바로 변동 없이 '납작하게 펴진' 상태라는 점입니다.

1 **The roads are completely flat.**

그 도로들은 완전히 평평하다.

2 **Her speech was flat and uninspiring.**

그녀의 연설은 무미건조하고 지루했다.

Plus + completely 부 완전히　　　　speech 명 연설
uninspiring 형 지루한, 영감을 주지 않는

0907

patch
[pætʃ]

명 (덧대는 데 쓰이는) 조각, 안대, (상처 따위에) 대는 것, (주변과는 다른 조그만) 부분

동 헝겊을 대고 깁다, 수선하다

patch는 기본적으로 '조각'을 뜻합니다. 보통 무언가 뜯어져서 이를 덮거나 고치는 데 쓰이는 작은 조각을 가리킵니다. 여기서 의미가 확장되어 눈이 아프거나 보호할 때 쓰는 '안대'나 상처 입은 자리에 무언가 '대는 것'을 나타내기도 합니다. 또는 동사로 '헝겊을 대고 깁다, 수선하다'를 뜻하기도 해요.

1 Peter wears an eye patch due to an eye injury.
   Peter는 눈 부상으로 안대를 쓰고 있다.

2 I borrowed a ladder to patch a hole in the roof.
   나는 지붕에 난 구멍을 메우기 위해 사다리를 빌렸다.

Plus + due to ~때문에   injury 명 부상
         ladder 명 사다리   roof 명 지붕

0908

gasp
[gæsp]

동 숨이 차다[숨막히다], (간절히) 열망하다, 숨을 헐떡거리며 말하다

명 숨참[숨막힘]

gasp은 흔히 숨이 차거나 막히는 상황을 묘사합니다. 예를 들어, 열심히 달린 후에 숨을 크게 들이쉬는 모습이나 무서워서 숨이 막히는 모습 등을 나타내지요. 또한 무언가 간절하게 원하는 상황을 표현하는데, 이는 '숨이 막히듯이' 간절하게 원하는 것을 나타낸 것이라고 이해하시면 됩니다.

1 After running a mile, Cathy was gasping for air.
   1마일을 달리고 난 후 Cathy는 숨을 헐떡이고 있었다.

2 A large gasp escaped my lips when I saw the gift.
   나는 선물을 보고 입에서 큰 한숨이 새어 나왔다.

Plus + gasp for air 거칠게 숨을 쉬다   escape 동 새어 나오다

0909

belong
[bɪˈlɔːŋ]

동 (~에) 속하다, (~의) 소유물이다, 제자리[알맞은 위치]에 있다, (주위와) 조화하다

belong은 주로 무언가 어디에 '속해 있음'을 나타냅니다. 예를 들어, '나는 축구팀에 속해 있어.'라고 하면 I belong to the soccer team.이라고 할 수 있지요. 또한 어떤 대상이 누구의 소유물인지를 나타내기도 합니다. '이것은 내 것이야.'라고 할 때 This belongs to me.라고 표현하곤 합니다.

1 My son belongs to the school baseball club.
   내 아들은 학교 야구팀 소속이다.

2 The copyright to the book belongs to ABC Publishing Company.
   그 책의 저작권은 ABC 출판사에 있다.

Plus + copyright 명 저작권

share

[ʃer]

동 공유하다, 나누다

명 몫[지분], 주식

share는 원래 '자르다'를 뜻하는 단어에서 유래했는데, 시간이 지나면서 '나누다, 공유하다'를 뜻하게 되었습니다. 그리고 이 의미가 확장되어 어떤 회사에 대한 소유권을 일정 금액으로 나눈 것, 즉 '주식'도 의미하게 되었습니다. 그래서 share는 명사로 '몫, 주식' 등을 가리킵니다.

1 Alice shared her cheesecake with the other kids.
Alice는 치즈 케이크를 다른 아이들과 나누어 먹었다.

2 The company's share price is going up day by day.
그 회사의 주가는 나날이 오르고 있다.

Plus + share price 주가   day by day 나날이

---

toe

[toʊ]

명 발가락, 발가락 비슷한 것, 연장의 아래끝[선단]

동 발끝을 대다

toe는 기본적으로 '발가락'을 뜻합니다. 또한 모양이나 기능이 '발가락과 비슷한 것'을 설명하기도 하는데, 예를 들면 '망치의 한쪽 끝'을 toe라고 부르기도 합니다. 그밖에 동사로는 '발끝을 대다'를 뜻하기도 합니다. 그래서 stand on one's toes라고 하면 '발끝으로 서다'라는 의미가 됩니다.

1 Jane looked me over from head to toe.
Jane은 나를 머리부터 발끝까지 살펴봤다.

2 The hammer's toe is sharp.
그 망치의 끝은 날카롭다.

Plus + look over ~을 살펴보다   hammer 명 망치
sharp 형 (칼날 등이) 날카로운

---

giant

['dʒaɪənt]

명 거인, 거대 조직, 거장[대가]

형 거대한

giant는 매우 크거나 강한 것을 묘사하는 단어입니다. 그래서 주로 '거인'이나 '거대한 것'을 나타내는데, 사람이나 동물, 심지어는 물건 또는 조직까지 표현할 수 있어요. 종종 특정 분야에서 '뛰어난 사람'을 가리키기도 합니다. 우리도 이런 사람들을 '거물'이라고 부르곤 하죠?

1 Paul was a giant compared to the little child.
Paul은 그 어린아이와 비교해 보면 거인 같았다.

2 The giant building was over 100 stories tall.
이 거대한 건물은 100층이 넘는 높이였다.

Plus + compared to ~와 비교하여   story 명 (건물의) 층

0913

besides

[bɪˈsaɪdz]

전 ~외에[밖에], ~에 더하여

부 게다가, 더욱이

besides는 원래 '옆에'를 뜻하는 단어에서 유래되었습니다. 그러다 시간이 지나면서 원래 있던 것 말고 그밖에 다른 것을 뜻하게 되었고, 이것이 점차 확장하여 지금의 의미가 되었습니다. 그래서 오늘날 besides는 '~외에도' 또는 '게다가, 더욱이'를 뜻합니다.

1 Besides bananas, Jimmy also bought apples.
   Jimmy는 바나나 외에 사과도 샀다.

2 Besides, it's too late to change the event plans.
   게다가, 행사의 계획을 바꾸기엔 너무 늦었다.

Plus + too ~ to V 너무 ~해서 …할 수 없다   event 명 행사
plan 명 계획

0914

expression

[ɪkˈspreʃn]

명 표현, 표정, (감정 등이) 나타남, (수학) 식(式)

expression은 어떤 생각이나 감정이 드러나거나 이를 전달하는 방법을 의미합니다. 말이나 글, 음악, 또는 얼굴 표정 등 다양한 방식으로 이루어질 수 있어요. 또한 맥락에 따라 expression은 숫자나 기호 등을 이용하여 어떤 수학적 개념을 표현한 '식'을 의미하기도 합니다.

1 Jack's expression showed that he was annoyed.
   Jack의 표정에서 그가 짜증이 났음을 알 수 있었다.

2 Painting is a popular form of self-expression.
   그림은 인기 있는 자기 표현의 형태이다.

Plus + annoyed 형 짜증이 난   popular 형 인기 있는
form 명 형식   self-expression 자기 표현

0915

relief

[rɪˈliːf]

명 안도[안심], 경감, 원조 물자, 기분 전환

relief는 주로 '안도, 안심'을 뜻하는 명사로 어려운 상황이나 불안한 마음이 사라질 때 느끼는 감정을 나타내요. 또한 맥락에 따라 '경감'을 뜻하기도 하는데, 이는 부담이나 고통이 줄어드는 것을 의미합니다. 모두 부정적인 것이 줄어든다는 점이 공통점이지요. 그밖에 '원조 물자, 기분 전환'을 뜻하기도 합니다.

1 We felt a sense of relief when the rescue team arrived.
   구조대가 도착했을 때 우리는 안도감을 느꼈다.

2 The medicine provided some relief from his headache.
   그 약이 그의 두통을 어느 정도 완화시켜 주었다.

Plus + rescue 명 구조 동 구조하다   medicine 명 약
provide 동 제공하다

0916

thumb

[θʌm]

명 엄지손가락

동 (책을) 엄지손가락으로 넘기다, (책 등을) 급히 읽어 넘기다, (엄지손가락으로 신호하여) 자동차를 얻어 타다

thumb은 명사로는 '엄지손가락'을 뜻하고, 동사로는 '(책을) 엄지손가락으로 넘기다'를 의미합니다. 흔히 책을 훑어볼 때 엄지로 쭉 넘기는 경우가 있죠? 그런 행위를 나타낸다고 보시면 됩니다. 또한 '자동차를 얻어 타다'를 뜻하기도 하는데, 이는 아마 엄지를 들고 히치하이킹 하는 모습에서 유래한 것으로 보입니다.

1   I banged my thumb while closing the door.
나는 문을 닫다가 엄지손가락을 쿵 하고 찧었다.

2   Judy thumbed through the book to find the page she wanted.
Judy는 원하는 페이지를 찾기 위해 책을 휙휙 넘겼다.

Plus + bang 동 (신체 일부를) 쿵 하고 찧다   close 동 (문 등을) 닫다

0917

fence

[fens]

명 울타리[담], (운동 경기 등의) 장애물

동 울타리를 치다, 둘러막다

fence의 기본 의미는 '울타리'입니다. 그래서 동사로는 '울타리를 치다, 둘러막다'를 뜻하기도 하지요. '울타리'의 목적이 특정 공간을 구분하거나 보호하는 것이라 이해하시면 fence의 의미가 와 닿으실 겁니다. 그밖에 운동 경기의 '장애물'을 가리키기도 합니다.

1   The house was surrounded by tall fences.
그 집은 높은 울타리들로 둘러싸여 있었다.

2   We fenced our garden to keep the hound out.
우리는 사냥개가 들어오지 못하게 정원에 울타리를 쳤다.

Plus + keep out (~에) 들어가지 않게 하다   hound 명 사냥개

0918

doubt

[daʊt]

명 의혹, 불신

동 의심하다, 확신하지 못하다

doubt는 원래 '두 가지 사이에서 망설이다'라는 뜻이었으나 시간이 지나면서 지금의 뜻으로 확장되었습니다. 그래서 오늘날 doubt은 명사로는 '의혹, 불신'을 뜻하고, 동사로는 '의심하다, 확신하지 못하다'를 의미합니다.

1   There is no doubt that he is a talented artist.
그가 재능 있는 예술가라는 것에는 의심의 여지가 없다.

2   I doubt Jane will come to the party.
나는 Jane이 파티에 올 거라고 확신하지 못한다.

Plus + There is no doubt that ~라는 것에 의심의 여지가 없다
talented 형 (타고난) 재능이 있는

0919

bite

[baɪt]

bit - bitten

통 (이빨로) 물다,
(모기 등이) 물다[쏘다],
(톱니바퀴 등이) 맞물리다,
(물고기가 미끼를) 물다

bite는 주로 '(이빨로) 물다'를 뜻하는 동사입니다. 그리고 무는 대상이 무엇인지에 따라 정말 다양한 뜻이 파생됩니다. 모기가 사람을 무는 것을 나타내기도 하고, 기계의 톱니바퀴가 서로 맞물려 움직이는 것을 표현하기도 합니다. 또한 물고기가 미끼를 무는 것을 뜻하기도 하지요.

1   Be careful, the dog might bite.
조심해, 그 개가 물 수 있어.

2   The gears must bite together for this machine to work.
이 기계가 작동되려면 톱니바퀴가 서로 맞물려야 한다.

Plus + gear 명 톱니바퀴 (장치)   work 동 (기계 등이) 작동되다

0920

fresh

[freʃ]

형 신선한, 새로운[신규의],
맑은, 상쾌한

fresh는 주로 '신선한, 새로운'을 뜻하는 형용사입니다. 물론 물리적인 '신선함'을 의미하기도 하지만, 추상적으로 '맑은, 상쾌한'과 같은 비유적 뜻을 나타내기도 합니다. 예를 들면 신선한 공기, 새로운 아이디어, 맑은 날씨 등을 모두 fresh를 써서 묘사할 수 있어요.

1   She suggested a fresh idea for the project.
그녀는 그 프로젝트에 대한 새로운 아이디어를 제안했다.

2   Let's take a break and get some fresh air.
잠깐 쉬면서 바람 좀 쐬자.

아하!

Plus + suggest 동 제안하다   get some air 바람을 좀 쐬다

0921

bar

[bɑː(r)]

명 막대, 판매대, 술집[바],
장애[차단]

bar는 원래 '막대, 봉'을 의미했는데 여기서 다양한 뜻이 파생되었습니다. 예를 들어, 술집에 있는 카운터의 모양이 '막대기'처럼 길다 하여 bar는 '술집'을 뜻하기도 합니다. 또한 막대나 봉을 세워 무언가를 막는 맥락에서 '장애, 차단'을 의미하기도 합니다. 이렇게 보니 bar의 뜻이 꽤 직관적이죠?

1   Olivia lifted the heavy bar.
Olivia는 무거운 막대를 들어 올렸다.

2   Her work attitude was a bar to her promotion.
그녀의 업무 태도는 승진에 장애가 되었다.

Plus + lift 동 (위로) 들어올리다   heavy 형 무거운
attitude 명 태도   promotion 명 승진

0922

favorite

[féɪvərɪt]

형 매우 좋아하는, 특히 잘하는

명 인기 있는 사람,
특히 좋아하는 물건

favorite은 '매우 좋아하는' 것을 나타냅니다. 좋아하는 대상이 무엇인지에 따라 가장 좋아하는 색깔이나 음식, 또는 친구 등 모두 나타낼 수 있어요. 또한 명사로는 '인기 있는 사람, 특히 좋아하는 물건' 등을 나타내기도 합니다. 흔히 '행운아'를 a fortune's favorite으로 말하곤 하는데, 이는 아마 행운이 '매우 좋아하는' 사람이라는 의미에서 나온 표현 같네요.

1 **This restaurant is my favorite hangout.**

이 식당은 내가 좋아하는 단골집이다.

2 **Sophie is the teacher's favorite pupil.**

Sophie는 그 선생님이 가장 좋아하는 학생이다.

Plus + hangout 명 단골로 가는 곳　　　　　pupil 명 학생, 제자

0923

wander

[ˈwɑːndə(r)]

동 (정처 없이) 돌아다니다,
헤매다, (옆으로) 빗나가다,
(정신 따위가) 산란해지다

wander는 특정한 목적이나 방향 없이 돌아다니거나 헤매는 것을 의미합니다. 또한 추상적으로는 주제에서 벗어나 다른 곳으로 생각이 빗나가는 것을 나타내기도 하지요. 예를 들어, 공원이나 쇼핑몰에서 특정한 목적 없이 둘러보거나 말을 하다가 삼천포로 빠지는 것 등을 표현할 수 있어요.

1 **I like to wander around the lake on weekends.**

나는 주말마다 그 호수 주변을 돌아다니는 것을 좋아한다.

2 **A dog wandered around the town.**

개 한 마리가 마을을 돌아다니고 있었다.

Plus + lake 명 호수　　　　　on weekends 주말마다

0924

wrist

[rɪst]

명 손목 (관절),
손목의 힘[손끝의 재주]

wrist는 '손목'을 의미합니다. 손목은 손의 움직임을 조절하는 중요한 부분으로 탁구나 테니스에서 공을 칠 때 손목의 힘을 잘 사용하는 것이 중요합니다. 여기서 의미가 파생되어 wrist는 '손목의 힘, 손끝의 재주'를 뜻하기도 합니다.

1 **Julia wears her watch on her left wrist.**

Julia는 왼쪽 손목에 시계를 찬다.

2 **Adam has a good wrist movement when he plays tennis.**

Adam은 테니스를 칠 때 손목 움직임이 좋다.

Plus + movement 명 움직임

0925

list

[lɪst]

명 목록, 명단, 일람표

동 목록을 작성하다

list는 명사로는 '목록, 명단'을 의미하고, 동사로는 '목록을 작성하는 것'을 나타냅니다. 쇼핑을 할 때 필요한 물건을 적어 놓거나 어떤 품목의 목록을 작성하는 것을 모두 표현할 수 있지요. 예를 들어, wish list는 '소원을 적은 목록'을 의미하고, to-do list는 '해야 할 일 목록'을 뜻합니다.

1 He added orange juice to the shopping list.
그는 쇼핑 목록에 오렌지 주스를 추가했다.

2 Jane asked me to list my favorite movies.
Jane은 내게 좋아하는 영화 목록을 작성해 달라고 부탁했다.

Plus + add 동 추가하다   ask 동 (어떻게 해 달라고) 부탁하다

0926

message

['mesɪdʒ]

명 메시지[전갈], 교훈

동 메시지를 보내다

우리에게 '메시지'라는 외래어로 익숙한 message는 원래 '전령사'라는 다소 신화적인 단어에서 유래했습니다. 오늘날은 주로 한 사람이 다른 사람에게 전달하려는 정보나 생각을 의미해요. 또한 message는 휴대 전화로 보내는 글이나, 말로 전달하는 내용을 모두 나타낼 수 있습니다. 이와 관련된 예로 text message (문자 메시지), voice message(음성 메시지) 등이 있습니다.

1 I received an unpleasant message.
나는 불쾌한 메시지를 받았다.

2 Sue messaged Luke to let him know about the change in plans.
Sue는 Luke에게 계획 변경을 알리기 위해 메시지를 보냈다.

Plus + unpleasant 형 불쾌한   change 명 변경, 변화

0927

demand

[dɪˈmænd]

동 요구하다, 필요로 하다

명 요구, 청구, 수요

demand는 어떤 것이 필요하다고 느끼거나 그것을 강력하게 원하는 상태를 나타냅니다. 예를 들면 지인에게 돈을 빌려달라고 요구하는 상황 등을 표현할 수 있어요. 그래서 동사로는 '요구하다, 필요로 하다'를 뜻하고, 명사로는 '요구, 청구, 수요'를 의미합니다.

1 He strongly demanded a refund.
그는 강하게 환불을 요구했다.

2 There is a high demand for organic crops.
유기농 작물에 대한 수요가 많다.

Plus + strongly 부 강하게   refund 명 환불 동 환불하다
organic 형 유기농의   crop 명 (농)작물

0928

mutter

[ˈmʌtə(r)]

동 투덜거리다,
중얼거리다[속삭이다]

명 중얼거림, 투덜거림

mutter는 작은 목소리로 말하는 것을 뜻합니다. 주로 화가 나거나 불만이 있을 때 궁시렁 거리는 소리 또는 누군가를 놀라게 하지 않기 위해 작게 중얼거리는 말 등을 나타내지요. 예를 들어, mutter against a person이라고 하면 '~에 대하여 불평을 말하다'를 뜻하고, mutter to oneself는 '혼자 중얼거리다'를 의미합니다.

1 Leah muttered something under her breath.

Leah는 작은 소리로 무언가를 중얼거렸다.

2 I heard his mutters about the bad service.

나는 그가 서비스가 나쁘다고 투덜거리는 것을 들었다.

Plus + under one's breath 작은 소리로

0929

atomic

[əˈtɑːmɪk]

형 원자(력)의,
매우 강력한[심대한]

atomic은 atom(원자)과 -ic(~와 관련된)가 결합한 형용사로 '원자(력)의'를 뜻합니다. 또한 무언가 엄청나게 강력하거나 큰 것을 설명하기도 하는데, 이는 원자가 에너지로 쓰일 때 그 위력이 어마어마한 것에 착안한 비유적인 의미라고 생각됩니다.

1 Atomic energy provides electricity.

원자력은 전기를 공급한다.

2 The atomic bomb was dropped in World War II.

그 원자폭탄은 제2차 세계대전 때 투하되었다.

Plus + provide 동 공급하다   electricity 명 전기
bomb 명 폭탄   drop 동 (땅 위로) 투하하다

0930

gaze

[ɡeɪz]

동 응시하다

명 응시[주시]

gaze는 보통 어떤 대상을 오랫동안 집중해서 보는 것을 나타냅니다. 그래서 동사로는 '응시하다'를 뜻하고, 명사로는 '응시, 주시'를 의미하지요. 바라보는 의도는 좋을 수도, 나쁠 수도 있어서 맥락을 잘 파악하는 것이 중요해요. 일상에서는 meet someone's gaze라는 말로 '누군가의 시선을 마주치다'라는 뜻을 나타내기도 합니다.

1 The girl sat for minutes gazing into the sky.

그 소녀는 하늘을 바라보며 몇 분을 앉아 있었다.

2 Jake met my gaze and smiled.

Jake는 나의 시선을 마주치고 미소를 지었다.

Plus + minute 명 (시간 단위의) 분   gaze into ~을 응시하다

우리말에 맞게 빈칸에 알맞은 단어를 쓰세요.　　　　　　　　　　　(정답은 본문을 확인하세요.)

1　This forest is full of mysterious _____.　　　　이 숲은 신비한 생물들로 가득하다.

2　Can we have an _____ piece of cake?　　　　케이크를 한 조각 더 먹어도 될까?

3　The house was _____ by trees.　　　　그 집은 나무들로 둘러싸여 있었다.

4　John rubbed his _____.　　　　John은 이마를 문질렀다.

5　The man was resting on a _____ bench.　　　　그 남자는 공원 벤치에서 쉬고 있었다.

6　The roads are completely _____.　　　　그 도로들은 완전히 평평하다.

7　I borrowed a ladder to _____ a hole in the roof.　　　　나는 지붕에 난 구멍을 메우기 위해 사다리를 빌렸다.

8　After running a mile, Cathy was _____ for air.　　　　1마일을 달리고 난 후 Cathy는 숨을 헐떡이고 있었다.

9　My son _____ to the school baseball club.　　　　내 아들은 학교 야구팀 소속이다.

10　Alice _____ her cheesecake with the other kids.　　　　Alice는 치즈 케이크를 다른 아이들과 나누어 먹었다.

11　The hammer's _____ is sharp.　　　　그 망치의 끝은 날카롭다.

12　Paul was a _____ compared to the little child.　　　　Paul은 그 어린아이와 비교해 보면 거인 같았다.

13　_____ bananas, Jimmy also bought apples.　　　　Jimmy는 바나나 외에 사과도 샀다.

14　Jack's _____ showed that he was annoyed.　　　　Jack의 표정에서 그가 짜증이 났음을 알 수 있었다.

15　We felt a sense of _____ when the rescue team arrived.　　　　구조대가 도착했을 때 우리는 안도감을 느꼈다.

16　I banged my _____ while closing the door.　　　　나는 문을 닫다가 엄지손가락을 쿵 하고 찧었다.

17　The house was surrounded by tall _____.　　　　그 집은 높은 울타리들로 둘러싸여 있었다.

18　There is no _____ that he is a talented artist.　　　　그가 재능 있는 예술가라는 것에는 의심의 여지가 없다.

19　Be careful, the dog might _____.　　　　조심해, 그 개가 물 수 있어.

20　She suggested a _____ idea for the project.　　　　그녀는 그 프로젝트에 대한 새로운 아이디어를 제안했다.

21　Her work attitude was a _____ to her promotion.　　　　그녀의 업무 태도는 승진에 장애가 되었다.

22　This restaurant is my _____ hangout.　　　　이 식당은 내가 좋아하는 단골집이다.

23　I like to _____ around the lake on weekends.　　　　나는 주말마다 그 호수 주변을 돌아다니는 것을 좋아한다.

24　Julia wears her watch on her left _____.　　　　Julia는 왼쪽 손목에 시계를 찬다.

25　He added an orange juice to the shopping _____.　　　　그는 쇼핑 목록에 오렌지 주스를 추가했다.

26　I received an unpleasant _____.　　　　나는 불쾌한 메시지를 받았다.

27　He strongly _____ a refund.　　　　그는 강하게 환불을 요구했다.

28　Leah _____ something under her breath.　　　　Leah는 작은 소리로 무언가를 중얼거렸다.

29　_____ energy provides electricity.　　　　원자력은 전기를 공급한다.

30　Jake met my _____ and smiled.　　　　Jake는 나의 시선을 마주치고 미소를 지었다.

Level 32

레벨별 단어 사용 빈도

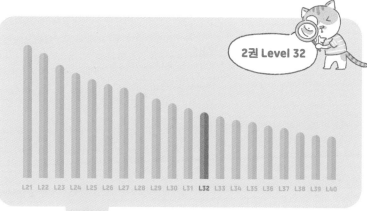

2권 Level 32

L21 L22 L23 L24 L25 L26 L27 L28 L29 L30 L31 **L32** L33 L34 L35 L36 L37 L38 L39 L40

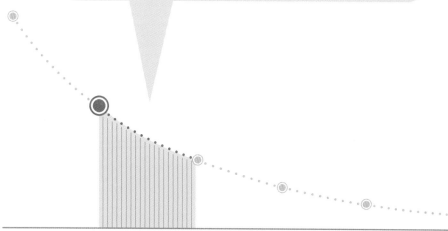

LEVEL 1~20   **LEVEL 21~40**   LEVEL 41~60   LEVEL 61~80   LEVEL 81~100

0931

pipe

[paɪp]

⑲ 관[배관], 담뱃대, 피리,
(식물) 줄기

pipe는 기본적으로 '관'을 의미하는데, '관'의 모양과 기능에 빗대어 다양한 뜻이 파생되었습니다. 예를 들어, 물이나 가스를 통과시키는 '배관', 담배를 피울 때 쓰는 '담뱃대' 등이 있어요. 이들은 모두 원통형이면서 특정 물질을 다른 곳으로 전달하는 역할을 한다는 공통점이 있습니다. 그밖에 '피리, (식물의) 줄기'를 뜻하기도 합니다.

1 The plumber has fixed the broken pipe.

배관공은 깨진 배관을 수리했다.

2 My grandfather smoked a pipe every evening.

나의 할아버지는 매일 저녁 담뱃대로 담배를 피우셨다.

Plus + plumber ⑲ 배관공   broken ⑱ 깨진
smoke ⑧ (담배를) 피우다

0932

eyebrow

[ˈaɪbraʊ]

⑲ 눈썹

eyebrow는 eye(눈)와 brow(이마)가 결합한 단어로 눈과 이마 사이에 있는 털, 즉 '눈썹'을 뜻합니다. 영어에는 '놀라다, 의심하다'를 뜻하는 raise eyebrows라는 표현이 있습니다. 우리가 놀라서 눈썹을 치켜올리는 모습이 딱 떠오르죠? 그밖에 눈썹을 찡긋하며 인사하는 모습을 eyebrow flash로 표현하기도 합니다.

1 Thomas has thick eyebrows.

Thomas는 눈썹이 짙다.

2 Sarah raised her eyebrows in surprise.

Sarah는 놀라서 눈썹을 치켜올렸다.

Plus + thick ⑱ 짙은   raise ⑧ 높이 치켜들다
in surprise 놀라서

0933

scout

[skaʊt]

⑲ 정찰[수색]병,
(선수를 발굴하는) 스카우트,
정찰[탐색]

⑧ (무엇을 찾아) 돌아다니다

scout는 원래 군대에서 적의 위치나 행동을 살피기 위해 앞서 나가는 '정찰병'을 뜻했습니다. 오늘날은 이 의미에서 확장되어 스포츠 팀에서 새로운 선수를 발굴하는 사람을 뜻하기도 합니다. 선수를 찾아 다니는 모습이 '정찰, 수색'의 기본 의미와 연결되는 셈이죠.

1 She works as a scout for a professional baseball team.

그녀는 프로 야구팀의 스카우트로 일하고 있다.

2 The troops scouted the area for enemy soldiers.

군대는 적군을 찾기 위해 그 지역을 정찰했다.

Plus + troop ⑲ 군대   area ⑲ 지역
enemy ⑲ (전쟁에서의) 적(군)

0934

fault

[fɔːlt]

- 명 잘못[과실], 결점[흠], 결함[고장]
- 동 흠잡다[비난하다]

fault는 누군가의 '잘못'이나 어떤 제품이나 서비스, 체계 등의 '결함, 결점'을 뜻합니다. 동사로는 주로 흠잡거나 잘못한 것에 대해 비난하는 것을 나타냅니다. 예를 들어, admit one's fault는 '잘못했음을 인정하다'라는 의미이고, It's not my fault.는 '내 잘못이 아니다.'를 뜻합니다.

1 It was not my fault that the project failed.
그 프로젝트가 실패한 것은 내 잘못이 아니다.

2 They faulted Ann for picking a bad meetup location.
그들은 미팅 장소를 잘못 고른 Ann을 비난했다.

Plus + pick 동 고르다, 선택하다   location 명 장소

0935

string

[strɪŋ]

strung - strung

- 명 끈[줄], 일련(一連), (활의) 시위
- 동 실[끈]을 달다

string은 기본적으로 '끈, 줄'을 뜻합니다. 물건을 묶거나 걸 때 쓰는 얇고 긴 물건을 광범위하게 일컫지요. 또한 여러 개의 물건이나 사건이 연속적으로 이어진 것을 의미하기도 합니다. 예를 들어, a string of pearls는 '진주 목걸이'를 뜻해요. 이 외에도 동사로는 실이나 끈을 다는 행동을 나타냅니다.

1 He tied the package with a string.
그는 끈으로 소포를 묶었다.

2 There was a string of accidents on the highway today.
오늘 고속도로에서 일련의 사고가 발생했다.

Plus + tie 동 묶다   package 명 소포
accident 명 사고   highway 명 고속도로

0936

discover

[dɪˈskʌvə(r)]

- 동 발견하다, 깨닫다, 알아내다

discover는 어떤 것을 처음으로 보거나 알게 되는 상황을 주로 나타냅니다. 예를 들어, 지도에 없는 새로운 섬을 찾을 때나, 과학 실험을 통해 새로운 사실을 알게 될 때, 또는 감춰져 있던 비밀을 알아낼 때 모두 discover를 쓸 수 있어요.

1 Columbus discovered a new island.
Columbus는 새로운 섬을 발견했다.

2 He discovered the truth about his family.
그는 자신의 가족에 대한 진실을 알아냈다.

Plus + island 명 섬   truth 명 진실

0937

however

[haʊ'evə(r)]

접 그러나, 그렇지만, ~이라 해도

부 아무리 ~해도

however는 주로 어떤 상황이나 의견의 반대편을 나타내거나 강조합니다. 예를 들어, '나는 너를 사랑해. 그러나 너에게 가끔 섭섭해.' 또는 '아무리 그래도, 나는 널 사랑해.'라고 말할 때 '그러나, 아무리 그래도'에 해당하는 것이 바로 however 입니다.

1 Salt prices, however, remain high.
그러나 소금의 가격은 여전히 높다.

2 However hard Leah tried, she could not solve the puzzle.
Leah가 아무리 노력해도 그녀는 그 퍼즐을 풀 수 없었다.

Plus + remain 동 여전히 ~이다   try 동 노력하다
solve 동 ~을 풀다

0938

movie

['mu:vi]

명 영화

'영화'라는 뜻으로 우리에게 익숙한 movie가 원래 동사 move(움직이다)에서 유래했다는 걸 알고 계셨나요? '영화'가 처음 만들어졌을 때 사람들이 이를 '움직이는 그림'과 같다고 하여 moving pictures라고 불렀습니다. 그러다 시간이 지나면서 점점 짧아져 지금의 movie가 되었습니다.

1 I'm going to see a movie with Tom this weekend.
나는 이번 주말에 Tom과 영화를 보러 갈 예정이다.

2 Joe once dreamed of becoming a movie director.
Joe는 한때 영화 감독이 되기를 꿈꾸었다.

Plus + once 부 (과거) 한때   director 명 (영화, 연극의) 감독

0939

indeed

[ɪn'di:d]

부 정말, 확실히, 사실[실은], 참으로

indeed는 주로 대화나 글에서 무언가를 강조하거나 놀람, 동의를 표현하는 부사입니다. 맥락에 따라 '정말, 확실히, 사실, 참으로' 등으로 표현되곤 하지요. 예를 들어, '오늘 날씨가 참 좋네요.'라는 말에 Indeed.라고 답하면 '정말 그렇네요.'라고 동의하는 뜻이 됩니다.

1 Eric is indeed an excellent actor.
Eric은 정말로 뛰어난 배우이다.

2 The coffee maker is useful. Indeed, it's indispensable.
그 커피 메이커는 유용하다. 사실 그것은 없어서는 안 될 정도이다.

Plus + excellent 형 뛰어난, 훌륭한   indispensable 형 없어서는 안 될

0940

fun

[fʌn]

형 재미있는, 유쾌한

명 즐거움, 재미

fun은 참 희한한 단어입니다. 원래는 '바보스러운, 멍청한'이라는 뜻이었는데 후에 '재미있는, 유쾌한'이라는 뜻으로 바뀌었거든요. 옛사람들이 보기에 재미있고 유쾌한 것이 좀 바보 같고 멍청해 보였나 봅니다. 그래서 fun은 형용사로는 '재미있는, 유쾌한'을 뜻하고, 명사로는 '즐거움, 재미'를 의미합니다.

1 We had a lot of fun at the party.

우리는 파티에서 매우 재미있었다.

2 Tony always looks for something fun to do.

Tony는 항상 재미있는 일을 찾는다.

Plus + look for 찾다

0941

stage

[steɪdʒ]

명 무대, 단계[정도]

동 상연하다

stage는 명사로는 '무대'를 뜻하고, 동사로는 '상연하다'를 의미합니다. '무대'는 주로 가수나 배우가 공연 하는 장소를 말하지요. 그런데 그 공연이 여러 개면 무대는 그에 맞춰 계속 바뀌겠죠? 여기서 '단계'라는 뜻이 파생했습니다. 그래서 '개발 초기의 단계'를 a first stage of development라고 표현합니다.

1 All the actors greeted the audience on the stage.

모든 배우들이 무대에서 관객들에게 인사했다.

2 The director staged the play in the community theater.

그 감독은 커뮤니티 극장에서 연극을 상연했다.

Plus + greet 동 ~에게 인사하다   audience 명 관객
play 명 연극   theater 명 극장

0942

servant

['sɜːrvənt]

명 하인, 부하, 고용인, 공무원

servant는 원래 '봉사하다'를 뜻하는 라틴어에서 유래했다가 시간이 지나면서 '봉사하는 사람'을 뜻하게 되었고, 오늘날 servant는 맥락에 따라 '하인, 부하, 고용인, 공무원' 등 정말 다양한 의미로 쓰입니다. 이 모든 의미의 중심에는 '봉사'라는 개념이 들어있는 점, 잊지 마세요!

1 The servant cleans the house every day.

하인이 매일 집을 청소한다.

2 Many young people are studying to become civil servants.

많은 청년들이 공무원이 되기 위해 공부하고 있다.

Plus + clean 동 청소하다   civil servant 공무원

0943

twice

[twaɪs]

부 두 배로, 두 번

twice는 주로 '두 배로, 두 번'을 뜻하여 횟수나 배수를 나타냅니다. 예를 들어, This apple twice as big as that one.은 '이 사과는 저 사과보다 두 배 크다.'라는 뜻이 됩니다. 반면 I go to the park twice a week.라고 하면 '나는 일주일에 두 번 공원에 간다.'라는 뜻이 되지요. 이처럼 twice는 문맥에 따라 뜻이 달라지니 주의해야 합니다.

1 The cake is twice as sweet as the apple pie.
그 케이크는 사과파이보다 두 배나 달다.

2 Bill visits Busan once or twice a month.
Bill은 한 달에 한두 번 부산을 방문한다.

Plus+ once 부 한 번   month 명 달, 월

0944

president

['prezɪdənt]

명 대통령, 회장

president는 원래 '앞서서 지휘하다'라는 뜻을 가진 동사에서 유래되었습니다. president는 우리말의 '장'에 가깝습니다. 일반적으로 어떤 조직의 '최고 지도자'를 뜻합니다. 그래서 맥락에 따라 '대통령' 또는 '회장'을 나타낼 수 있어요.

1 Mr. President, what is your specific plan for the economy?
대통령님, 경제에 관한 구체적인 계획은 무엇입니까?

2 The president of the company decided to increase wages.
그 회사의 회장은 급여를 올리기로 결정했다.

Plus+ specific 형 구체적인   economy 명 경제
increase 동 인상시키다   wage 명 급여

0945

crack

[kræk]

동 금이 가다, 갈라지다,
때리다[찧다],
날카로운 소리가 나다

crack은 기본적으로 무언가 '쩍 갈라지는' 현상을 표현하여 '금이 가다, 갈라지다' 등을 뜻합니다. 그리고 여기서 추상적인 의미가 파생했습니다. 물체의 표면에 갈라짐이 생기는 것에 빗대어 크고 갑작스럽게 발생하는 소리를 뜻하기도 합니다. 우리도 흔히 '소리가 찢어진다'라는 은유적 표현을 쓰죠? 이와 마찬가지라고 보시면 됩니다.

1 We accidentally cracked the window.
우리는 실수로 창문을 깨뜨렸다.

2 Susan cracked the walnut with a hammer.
Susan은 망치로 호두를 깼다.

Plus+ accidentally 부 잘못하여, 우연히   walnut 명 호두

0946

swear

[swer]

swore - sworn

동 맹세하다, 선서하다, 증언하다, 욕을 하다

swear는 원래 '성서를 통해 맹세하다'라는 뜻의 매우 경건한 단어였습니다. 그래서 지금도 '맹세하다, 선서하다' 등을 뜻하지요. 그런데 뭔가 좀 이상합니다. 뜬금없이 '욕을하다'를 의미하기도 하거든요. 아마도 강하게 무언가를 주장하거나 강조하는 상황에 부정적 감정을 표현하는 경우까지 적용하여 생긴 뜻이라 추정합니다.

1 I swear I'll finish my homework before 10 p.m.
나는 숙제를 오후 10시 전에 끝낼 것이라고 맹세한다.

2 Suzy was angry and swore unknowingly.
Suzy는 화가 나서 자기도 모르게 욕을 했다.

Plus+ unknowingly 부 모르고, 알아채지 못하고

0947

track

[træk]

명 지나간 자국, 궤도, 선로, (밟아서 생긴) 길

동 추적하다[뒤쫓다]

track은 주로 무언가 '지나간 자국'이나 '길'을 의미합니다. 예를 들어, 밤새 눈이 왔을 때 아침에 일어나 눈 위를 걸어서 만든 '발자국' 같은 것을 나타내지요. 이렇게 생긴 '경로, 길'에 빗대어 track은 기차가 달리는 '선로'나 우주선의 '궤도'를 뜻하기도 합니다. 그밖에 동사로는 무언가를 '추적하다, 뒤쫓다'를 의미합니다.

1 John is on track for a promotion.
John은 승진을 앞두고 있다.

2 We tracked the rabbit's footprints in the snow.
우리는 눈 속에서 토끼의 발자국을 추적했다.

Plus+ on (the) track 제대로 진행되고 있는   promotion 명 승진
footprint 명 발자국

0948

enemy

['enəmi]

명 적, 적대자, 경쟁 상대

enemy는 원래 '친구가 아닌 사람'을 뜻하는 단어에서 유래했습니다. 그래서 오늘날에는 보통 '적'을 의미합니다. 물론 군사적 의미의 '적'을 나타내기도 하지만, 일상에서는 '경쟁 상대' 정도를 뜻하기도 해요. 이렇게 보니 친구가 아닌 사람을 모두 '적'으로 표현한 것 같군요.

1 In the football match, our team's enemy was very strong.
축구 경기에서 우리 팀의 상대는 매우 강했다.

2 Emily viewed her competitor as an enemy.
Emily는 그녀의 경쟁자를 적으로 간주했다.

Plus+ view as ~으로 간주하다   competitor 명 (특히 사업에서) 경쟁자

breeze

[bri:z]

명 산들바람[미풍], 분쟁[소동],
풍문, 식은 죽 먹기

breeze는 우리가 바다나 들판에서 느끼는 가벼운 바람, 즉 '산들바람, 미풍' 등을 뜻합니다. 그리고 바로 이 느낌에 빗대어 비유적인 의미로 '아주 쉬운 일'을 나타내기도 합니다. 실제로 어떤 일이 아주 쉬울 때 That's a breeze.라고 표현하곤 하죠. 그밖에 breeze는 '풍문'이나 '분쟁'을 뜻하기도 합니다.

1 Her hair moved in the gentle breeze.
그녀의 머리카락이 산들바람에 찰랑거렸다.

2 We heard a breeze about the new movie.
우리는 새로운 영화에 대한 풍문을 들었다.

Plus + gentle 형 (자연현상 등이) 부드러운, 온화한

---

dear

[dɪr]

형 (~가) 사랑하는,
(~에게) 소중한, 친애하는
명 친애하는 사람

dear는 주로 애정을 표현하는 단어입니다. 친구나 가족에게 사랑하는 마음을 표현할 때 Dear friend나 Dear mom과 같이 표현하곤 하지요. 또한 '친애하는'을 뜻하기도 합니다. 예를 들어 one's dear friend라고 하면 '친애하는 벗'을 의미합니다.

1 I would like to introduce you to my dear friend, James.
당신을 제 소중한 친구인 James에게 소개하고 싶습니다.

2 Dear Jane, I hope this letter reaches you in time.
친애하는 Jane에게, 이 편지가 제때 당신에게 닿기를 바랍니다.

Plus + introduce 동 소개하다　　　　　reach 동 ~에 닿다
in time (~에) 늦지 않게

---

flame

[fleɪm]

명 불길[화염], (불꽃 같은) 광채,
격정[불타는 심정]
동 활활 타오르다

flame은 우리가 자연에서 볼 수 있는 '불'이나 촛불이나 모닥불 등에서 나오는 '불꽃'을 나타냅니다. 또한 '불'이라는 개념에 빗대어 '사랑, 열정' 같은 강렬한 감정을 묘사하기도 합니다. flame은 동사로는 '활활 타오르다'라는 뜻이 됩니다.

1 The flame of the candles flickered in the dark room.
어두운 방에서 촛불의 불꽃이 깜박거렸다.

2 His eyes were like flames, bright and intense.
그의 눈은 불길처럼 밝고 강렬했다.

Plus + candle 명 양초　　　　　flicker 동 (빛 등이) 깜박거리다
bright 형 밝은　　　　　intense 형 강렬한

0952

chain

[tʃeɪn]

명 (쇠)사슬, 일련[연쇄], 속박, (상점 등의) 체인

chain은 기본적으로 쇠로 만든 링이 서로 연결되어 있는 것 즉, '사슬'을 뜻합니다. 그리고 '사슬' 외에도 여러 가지 사물이나 사건, 사람 등이 연속적으로 엮여서 이어진 상태를 나타낼 수 있어요. 그래서 맥락에 따라 '일련, 연쇄' 또는 '속박'을 의미하기도 해요. 이 외에도 동일한 브랜드나 소유자에 의해 운영되는 여러 상점들을 가리키기도 합니다.

1 The dog is tied to a chain in the yard.
   그 개는 마당에 사슬로 묶여있었다.

2 The accident set off a chain of tragedies.
   그 사고는 일련의 비극적인 사건을 일으켰다.

Plus + set off (일련의 사건 등을) 일으키다   tragedy 명 비극(적인 사건)

0953

cloth

[klɔːθ]

명 옷감[천], 직물

형 천으로 된

cloth는 주로 옷이나 테이블 보, 수건 등을 만들 때 쓰이는 '옷감'이나 '천'을 말합니다. cloth는 특정한 재질로 만든 것을 설명하기도 합니다. 예를 들어, cloth bag이라고 하면 '천으로 만든 가방'을 뜻합니다.

1 Tom bought a piece of cloth to make a dress for his wife.
   Tom은 아내를 위한 드레스를 만들기 위해 옷감을 샀다.

2 Your clothes are completely soaked!
   네 옷은 완전히 젖었어!

Plus + soak 동 흠뻑 적시다

0954

chin

[tʃɪn]

명 턱, 잡담, 오만

동 턱걸이를 하다, (바이올린 등을) 턱에 갖다 대다

chin은 명사로는 '턱'을 뜻하고, 동사로는 '턱걸이를 하다'를 의미합니다. chin에는 다소 부정적인 뜻도 있는데, 바로 '오만'입니다. 보통 오만한 사람들이 턱을 치켜들고 다닌다는 점에서 이 뜻이 파생되었어요. 이와 반대로 풀죽어 있는 사람에게 keep your chin up이라고 하면 '기운내라'라는 뜻이 됩니다.

1 Alice chinned her violin and began to play.
   Ann은 바이올린에 턱을 대고 연주를 시작했다.

2 You can do it! Keep your chin up!
   넌 할 수 있어! 기운 내!

Plus + play 동 (악기·음악을) 연주하다   keep up (사기 등이) 떨어지지 않게 하다

0955

announce

[əˈnaʊns]

동 발표하다[알리다], 선언하다, 방송을 진행하다

announce는 어떤 정보를 많은 사람들에게 '알리는' 것을 뜻합니다. 학교에서 새로운 규칙을 알리거나 TV에서 중요한 뉴스를 전하는 상황 등에서 쓰이지요. 또한 라디오나 TV에서 사람들이 이야기를 하거나 노래를 틀어주는 것과 같이 '방송을 진행하다'라는 의미를 나타내기도 합니다.

1 The principal announced new school rules.
   교장 선생님이 새로운 교칙을 발표했다.

2 The referee announced the winner of the competition.
   심판이 그 시합의 승자를 발표했다.

Plus + principal 명 교장　　　　referee 명 (스포츠 경기의) 심판
competition 명 시합

0956

forest

[ˈfɔːrɪst, ˈfɑːrɪst]

명 숲, 삼림

형 산림의

동 나무를 심다

forest는 기본적으로 '숲, 삼림'을 뜻합니다. 그리고 이런 기본 의미를 응용하거나 확장하여 '산림의' 또는 '나무를 심다'와 같은 뜻이 파생되었어요. 예를 들어, a dense forest라고 하면 '밀림'을 뜻하고, forest therapy는 우리가 좋아하는 '산림욕'을 의미합니다. 또는 동화나 영화에 나오는 '마법의 숲'은 enchanted forest라고 표현할 수 있어요.

1 The forest was dense, and the air was very clear.
   그 숲은 울창했고 공기가 매우 맑았다.

2 The city is a forest of skyscrapers.
   이 도시는 고층 건물의 숲이다.

Plus + dense 형 빽빽한, 밀집한　　　　skyscraper 명 고층 건물

0957

curtain

[ˈkɜːrtn]

명 커튼, (무대의) 막, (막 모양의) 칸막이

동 ~에 막[커튼]을 치다

우리에게 외래어 '커튼'으로 익숙한 curtain은 주로 창문에 달아 빛이나 바깥의 시선을 막는 물건을 뜻합니다. 또한 극장에서 공연이 시작하거나 끝날 때 무대를 가리는 큰 천을 가리키기도 합니다. 그래서 curtain call이라고 하면 연극이 끝난 뒤 관객의 박수를 받으며 배우들이 무대 위에 나오는 것을 뜻합니다.

1 Curtain call for the play is at 6 p.m.
   그 연극의 커튼콜은 오후 6시에 시작된다.

2 Lisa curtained her face with her hair.
   Lisa는 머리카락으로 얼굴을 가리고 있었다.

Plus + play 명 연극

0958

forever

[fərˈevə(r)]

부 영원히, 영구히, 끊임없이

forever는 for(동안에)와 ever(항상)가 결합한 단어로 '시간의 끝이 없이 계속되는'을 의미합니다. 주로 '영원히, 영구히, 끊임없이' 등으로 표현됩니다. 예를 들어, I will love you forever.라고 하면 '나는 너를 영원히 사랑할 것이다.'라는 뜻을 나타냅니다.

1 The musician will be remembered forever.
그 음악가는 영원히 기억될 것이다.

2 After I met Jake, my life changed forever.
Jake를 만난 후, 내 인생은 영원히 바뀌었다.

Plus + musician 명 음악가   remember 통 기억하다
life 명 인생, 삶

0959

rid

[rid]

통 없애다, 면하게 하다, 제거하다, 자유롭게 하다

rid는 기본적으로 무언가 '없애는' 것을 의미합니다. 예를 들어, I want to rid my room of mosquitos.라고 하면 '나는 방에 있는 모기들을 없애고 싶다.'라는 뜻이 되지요. 이런 물리적인 제거 외에도 rid는 추상적인 맥락에서 '면하게 하다, 자유롭게 하다'라는 뜻도 나타낼 수 있습니다.

1 We want to rid the garden of weeds.
우리는 정원에서 잡초를 없애고 싶다.

2 Paul finally rid himself of his fear of spiders.
Paul은 마침내 거미에 대한 두려움을 떨쳐냈다.

Plus + rid of ~을 없애다[제거하다]   weed 명 잡초

0960

slam

[slæm]

통 쾅 닫다, (물건을) 털썩 내려놓다, 혹평하다

명 쾅[탁]

slam은 강하고 빠른 움직임을 나타냅니다. 그리고 바로 이 느낌을 살려서 다양한 물리적, 추상적 뜻이 나왔습니다. 오늘날은 주로 '쾅 닫다'를 뜻하는데, 이러한 '쾅 닫다'라는 뜻이 맥락에 따라 좀 애매할 수 있습니다. 그래서 대상에 따라 '물건을 털썩 내려놓다, 혹평하다' 등을 의미하기도 합니다.

1 Judy slammed the book on the table.
Judy는 탁자 위에 책을 털썩 내려놓았다.

2 He closed the door with a slam.
그는 쾅하고 문을 닫았다.

Plus + close 통 (문 등을) 닫다

우리말에 맞게 빈칸에 알맞은 단어를 쓰세요. (정답은 본문을 확인하세요.)

1 The plumber has fixed the broken _____.
배관공은 깨진 배관을 수리했다.

2 Thomas has thick _____.
Thomas는 눈썹이 짙다.

3 The troops _____ the area for enemy soldiers.
군대는 적군을 찾기 위해 그 지역을 정찰했다.

4 It was not my _____ that the project failed.
그 프로젝트가 실패한 것은 내 잘못이 아니다.

5 He tied the package with a _____.
그는 끈으로 소포를 묶었다.

6 Columbus _____ a new island.
Columbus는 새로운 섬을 발견했다.

7 Salt prices, _____, remain high.
그러나 소금의 가격은 여전히 높다.

8 I'm going to see a _____ with Tom this weekend.
나는 이번 주말에 Tom과 영화를 보러 갈 예정이다.

9 Eric is _____ an excellent actor.
Eric은 정말로 뛰어난 배우이다.

10 We had a lot of _____ at the party.
우리는 파티에서 매우 재미있었다.

11 All the actors greeted the audience on the _____.
모든 배우들이 무대에서 관객들에게 인사했다.

12 The _____ cleans the house every day.
하인이 매일 집을 청소한다.

13 The cake is _____ as sweet as the apple pie.
그 케이크는 사과파이보다 두 배나 달다.

14 The _____ of the company decided to increase wages.
그 회사의 회장은 급여를 올리기로 결정했다.

15 We accidentally _____ the window.
우리는 실수로 창문을 깨뜨렸다.

16 I _____ I'll finish my homework before 10 p.m.
나는 숙제를 오후 10시 전에 끝낼 것이라고 맹세한다.

17 John is on _____ for a promotion.
John은 승진을 앞두고 있다.

18 Emily viewed her competitor as an _____.
Emily는 그녀의 경쟁자를 적으로 간주했다.

19 We heard a _____ about the new movie.
우리는 새로운 영화에 대한 풍문을 들었다.

20 I would like to introduce you to my _____ friend, James.
당신을 제 소중한 친구인 James에게 소개하고 싶습니다.

21 His eyes were like _____, bright and intense.
그의 눈은 불길처럼 밝고 강렬했다.

22 The dog is tied to a _____ in the yard.
그 개는 마당에 사슬로 묶여있었다.

23 Your _____ are completely soaked!
네 옷은 완전히 젖었어!

24 You can do it! Keep your _____ up!
넌 할 수 있어! 기운 내!

25 The principal _____ new school rules.
교장 선생님이 새로운 교칙을 발표했다.

26 The city is a _____ of skyscrapers.
이 도시는 고층 건물의 숲이다.

27 Lisa _____ her face with her hair.
Lisa는 머리카락으로 얼굴을 가리고 있었다.

28 The musician will be remembered _____.
그 음악가는 영원히 기억될 것이다.

29 We want to _____ the garden of weeds.
우리는 정원에서 잡초를 없애고 싶다.

30 Judy _____ the book on the table.
Judy는 탁자 위에 책을 털썩 내려놓았다.

Level 33

레벨별 단어 사용 빈도

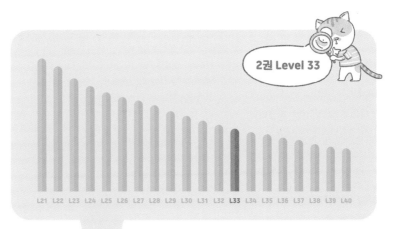

2권 Level 33

L21 L22 L23 L24 L25 L26 L27 L28 L29 L30 L31 L32 **L33** L34 L35 L36 L37 L38 L39 L40

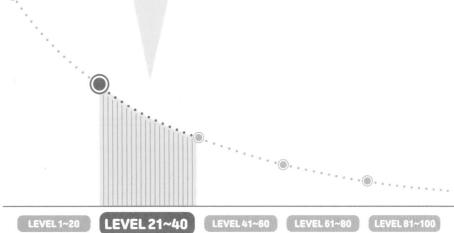

LEVEL 1~20　　**LEVEL 21~40**　　LEVEL 41~60　　LEVEL 61~80　　LEVEL 81~100

0961

interest
['ɪntrəst, 'ɪntrest]

명 관심, 호기심, 흥미로움, 이자

동 (~에) 관심을 끌다[보이다]

interest는 명사로는 '관심, 호기심' 등을 뜻하고, 동사로는 '~에 관심을 끌다' 등을 의미합니다. 여기서 확장되어 interested(흥미를 느끼는), interesting(흥미로운) 등의 단어가 나오게 되었지요. 또한 '이자'를 뜻하기도 하는데, '흥미로운 것'은 다른 것과 '차이'가 있는 것이라는 개념에서 나온 뜻으로 추정합니다.

1 Tony showed interest in the TV show.
Tony는 그 TV 쇼에 관심을 보였다.

2 Interest on loans is increasing every month.
대출 이자는 매달 증가하고 있다.

Plus+ show 동 보이다, 드러내다   loan 명 대출

0962

junior
['ʤuːnɪə(r)]

명 손아랫사람, 후배,
(4년제 대학의) 3학년생

형 손아래의[나이 어린], 하급의,
(4년제 대학의) 3학년의

junior는 원래 '젊은이'를 뜻하는 라틴어에서 유래했습니다. 그래서 기본적으로 '아래'라는 개념을 나타내지요. 맥락에 따라 나이가 어리거나 경력이 적거나, 또는 학년이 낮은 것 등을 의미하기도 합니다. 이렇게 모아 보니 대체로 junior가 어떤 뉘앙스를 나타내는지 이해되시죠?

1 Alice is my junior at work.
Alice는 직장에서 내 후배이다.

2 The internship program for juniors will be next week.
다음 주에 3학년생을 위한 인턴사원 프로그램이 열릴 것이다.

Plus+ work 명 직장   internship 명 인턴 사원 프로그램

0963

awful
['ɔːfl]

형 끔찍한[지독한], (정도가)
대단한, 무시무시한

부 몹시

awful은 좀 특이한 단어입니다. awe(경외감)와 -ful(꽉찬)이 결합해 나온 단어로 원래 의미는 '경외감을 느끼게 하는'이었는데, 그 정도가 너무 대단해서 무시무시했던 것인지 세월이 지나면서 '끔찍한, 대단한, 무시무시한' 등의 뜻을 나타내게 되었습니다.

1 The weather is awful today.
오늘 날씨는 끔찍하다.

2 Awful smells were coming from the room.
그 방에서 지독한 냄새가 풍겨왔다.

Plus+ smell 명 냄새   come from ~에서 나오다

0964

deal

[diːl]

dealt - dealt

명 거래, 합의

동 거래하다, (카드를) 돌리다

deal은 주로 '거래, 합의' 등의 개념을 나타냅니다. 무언가를 교환하거나 사고파는 행위를 모두 deal이라고 할 수 있어요. 물론 꼭 돈이나 재화가 오고 가야 하는 것은 아닙니다. 그냥 두 사람이 서로 무엇을 할지 동의하는 것도 나타낼 수 있어요.

1 After several discussions, they made a deal.

여러 차례 논의 한 끝에, 그들은 거래를 성사시켰다.

2 I'm going to LA to deal directly with Tom.

나는 Tom과 직접 거래하기 위해 LA로 갈 것이다.

Plus + discussion 명 논의   make a deal 거래를 트다
directly 부 직접(적)으로

0965

north

[nɔːrθ]

명 북쪽, 북부

형 북쪽에 있는

부 북쪽으로

north는 특정 지역이나 나라의 '북쪽' 부분을 뜻해요. 예를 들어, North Pole은 '북극'을 뜻하고, North America는 '북아메리카'를 의미합니다. 그리고 move north라고 하면 '북쪽으로 움직이다'라는 뜻이 되지요.

1 My cousin lives in the north of the city.

내 사촌은 도시의 북쪽에 살고 있다.

2 We should head north to find the shelter.

우리는 대피처를 찾기 위해 북쪽으로 가야 한다.

Plus + cousin 명 사촌   head 동 (특정 방향으로) 가다
shelter 명 대피처, 피신처

0966

mention

[ˈmenʃn]

동 언급하다, 말하다

명 언급, 거론

mention은 어떤 이야기나 주제에 대해 말하거나 언급하는 것을 나타냅니다. 예를 들어, make mention of라고 하면 '~에 대해 언급하다'를 뜻하고, mention one by one이라고 하면 '일일이 열거하다'라는 의미를 나타냅니다.

1 He didn't mention anything about the interview.

그는 면접에 대해 아무 말도 하지 않았다.

2 Julie avoided any mention of the issue.

Julie는 그 문제에 대한 어떠한 언급도 피했다.

Plus + interview 명 면접   avoid 동 피하다
issue 명 문제

danger

[ˈdeɪndʒə(r)]

명 위험, 위협,
위험의 원인이 되는 것[사람]

danger는 원래 '주인의 권한'을 뜻하는 단어에서 유래했습니다. 당시 노예 입장에서 보면 주인은 굉장히 두려운 존재였겠죠? 그래서인지 시간이 지나면서 '어떤 대상에게 피해를 줄 수 있는 것'을 뜻하였고, 오늘날은 주로 '위험, 위협' 등을 의미하게 되었습니다. 예를 들면 escape danger(위험을 피하다), be in danger(위험에 처하다) 등이 있지요.

1 The doctor talked about the dangers of smoking.
의사는 흡연의 위험성에 관해 말했다.

2 The tribe was in grave danger.
그 부족은 심각한 위험에 처해 있었다.

Plus+ tribe 명 부족   grave 형 심각한

rich

[rɪtʃ]

형 부유한, 다채[풍요]로운,
비옥한, 호화로운

rich는 주로 '부유한'이라는 뜻으로 잘 알려져 있지만 이 외에도 다양한 의미를 나타낼 수 있습니다. 예를 들어, '다채로운, 풍부한, 진한'이라는 뜻으로 색상이나 맛, 향 또는 소리 등을 묘사할 수 있습니다. 또한 '비옥한'이라는 뜻으로 토양이 좋아 식물이 잘 자라는 땅을 나타낼 수도 있지요.

1 The rich family lived in a huge mansion.
그 부유한 가족은 거대한 저택에 살았다.

2 The cows were resting in the rich pasture.
소들은 비옥한 초원에서 쉬고 있었다.

Plus+ mansion 명 (인상적인) 대저택   cow 명 (사육하는) 소
pasture 명 초원

asleep

[əˈsliːp]

형 잠이 든, 정지상태로
[제자리에 가만히 서서],
(손발 등이) 저려서

asleep은 침대에 누워 잠을 청하는, 즉 '잠이 든' 상태를 나타냅니다. 그리고 비유적으로 '정지 상태로, (손발 등이) 저린' 상태를 나타내기도 하는데, 이는 오래 앉아있거나 무릎을 굽힌 상태로 있는 것이 마치 잠이 들어 움직이지 않는 모습과 같다 하여 파생된 것으로 보입니다.

1 I was tired all day because I fell asleep late.
나는 늦게 잠이 들어 하루 종일 피곤했다.

2 My foot was asleep from sitting too long.
나는 너무 오래 앉아있어서 발이 저렸다.

Plus+ fall alseep 잠들다

0970

practice

['præktɪs]

- 몡 연습, 실행[실천], 관습[관례], (전문직의) 업무[영업]
- 동 연습하다, 실행하다

practice는 주로 '연습, 실행' 등을 뜻합니다. 어떤 것을 여러 번 반복해서 익히는 것을 '연습'이라고 하죠? '실행'은 이론보다는 실제로 무언가를 하는 것에 초점을 맞추고요. 이런 개념에서 '관습'이나 '(전문직의) 업무'와 같은 뜻이 파생되었습니다.

1 Ann practiced every day to join the National Ballet.

Ann은 국립발레단에 들어가기 위해 매일 연습했다.

2 They put their plans into practice.

그들은 계획을 실행에 옮겼다.

Plus + join 동 ~에 가입하다 national 혱 국립의
plan 몡 계획 put into practice ~을 실행하다

0971

sword

[sɔ:rd]

- 몡 칼[검]

sword는 보통 '칼, 검' 등을 뜻하는 단어입니다. 그밖에 비유적으로 '힘, 보호' 또는 '파괴'의 상징을 나타낼 수 있으니 함께 알아두시면 좋습니다. 예를 들어, the sword of justice라는 표현은 '정의의 힘'을 의미합니다.

1 The knights drew their swords.

기사들은 검을 빼 들었다.

2 Swords are often considered a symbol of power.

검은 종종 힘의 상징으로 여겨진다.

Plus + knight 몡 기사 draw 동 (칼집에서) 뽑다
consider 동 (~을 …로) 여기다 symbol 몡 상징

0972

serve

[sɜ:rv]

- 동 섬기다, 시중들다[주문을 받다], 복무[근무]하다
- 몡 (운동) 서브

serve는 주로 '섬기다, 시중들다' 또는 '복무하다'라는 뜻을 나타냅니다. 물론 배드민턴, 테니스 등의 '서브'를 의미하기도 합니다. 원래 '다른 사람을 위해 일하다'라는 개념에서 출발했습니다. 이 개념을 다양한 방식으로 확장하여 지금의 의미가 파생된 것으로 보시면 됩니다.

1 The waiter served the food to the customer.

종업원은 손님에게 음식을 제공했다.

2 Sarah has been practicing her serve for months.

Sarah는 몇 달 동안 서브 넣는 연습을 해왔다.

Plus + waiter 몡 (식당 등에서 손님 시중을 드는) 종업원 customer 몡 손님

0973

cart
[kɑːrt]

명 손수레

동 (수레나 차량으로) 운반하다, (힘들여) 운반해 가다

cart는 물건을 넣어 이동시키기 위해 쓰는 차량, 즉 '손수레'를 뜻합니다. 그래서 동사로는 '(수레나 차량으로) 운반하다, 운반해 가다' 등을 의미합니다. 예를 들어, unoad a cart라고 하면 '수레에서 짐을 내려놓다'를 뜻하고, cart away라고 하면 '~을 운반해 가다'를 나타냅니다.

1 Alice pushed the cart full of vegetables.
Alice는 채소가 가득 실린 수레를 밀었다.

2 He carted the heavy boxes to the port.
그는 무거운 상자들을 항구로 운반했다.

Plus+ vegetable 명 채소, 야채   port 명 항구

0974

author
[ˈɔːθə(r)]

명 작가, 저자, 입안자

동 저술하다[쓰다]

author는 명사로는 '작가, 저자'를, 동사로는 '저술하다' 등을 의미합니다. 그래서 Who is your favorite author?라고 물으면 '당신이 가장 좋아하는 작가는 누구예요?'라는 뜻의 질문이 됩니다. 그래서 정치적 맥락에서 author는 법을 만들어 제출하는 사람, 즉 '입안자'를 뜻하기도 합니다.

1 My favorite author is John Stuart Mill.
내가 가장 좋아하는 작가는 존 스튜어트 밀이다.

2 He authored a book on Korean history.
그는 한국 역사에 관한 책을 저술했다.

Plus+ history 명 역사

0975

bat
[bæt]

명 방망이, 박쥐

동 배트로 치다

bat은 '방망이'와 '박쥐'라는 두 가지 의미를 나타냅니다. 사실 이 둘 사이에 특별한 연관성은 없습니다. 그냥 우연히 각기 다른 단어였던 것이 발음과 철자가 비슷해 하나가 되었을 뿐이죠. 또한 bat은 맥락에 따라 '배트로 치다'라는 뜻을 나타내는데, 이는 주로 야구 등의 경기에서 많이 쓰입니다.

1 The batter swung the bat wide and ran.
타자가 방망이를 크게 휘두르고 뛰었다.

2 This cave is home to endangered bats.
이 동굴은 멸종 위기에 처한 박쥐들의 서식지이다.

Plus+ swing 동 ~을 휘두르다   batter 명 (야구에서) 타자
cave 명 동굴   endangered 형 멸종 위기에 처한

0976

flash

[flæʃ]

- 통 (잠깐) 비치다[번쩍이다], (불빛으로) 신호를 보내다, (정보 등을) 순식간에 전하다, (기지 등이) 문득 떠오르다

flash는 '번쩍이다, 빛나다, 휙 지나가다' 등의 뜻을 나타냅니다. 예를 들어, 카메라의 플래시를 켜서 사진을 찍을 때 그 빛이 팍! 하고 터지는 모습을 flash라고 할 수 있죠. 그래서 비유적으로는 정보, 생각 등이 갑자기 빠르게 전달되거나 머리에 떠오르는 것을 의미하기도 합니다.

1 Suddenly, lightning flashed in the sky.
갑자기 하늘에서 번개가 번쩍였다.

2 A thought flashed through her mind.
그녀의 마음에 한 가지 생각이 불현듯 떠올랐다.

Plus + lightning 명 번개　　　　thought 명 (특정한) 생각
mind 명 마음

0977

lamp

[læmp]

- 명 램프[등], 빛
- 통 비추다

우리에게 '램프'라는 외래어로 익숙한 lamp는 명사로는 주로 '등, 빛'을 의미하고, 동사로는 '비추다'를 뜻합니다. 보통 밤에 책을 읽거나 방을 밝게 하기 위해 켜는 도구를 의미하지요. 예를 들어, 길가에 세워진 '가로등'을 lamp post라고 합니다. 또는 등불에 불을 붙이는 것을 kindle a lamp라고 표현합니다.

1 The lamp was handed down to me by my grandmother.
그 등은 우리 할머니께서 내게 물려주신 것이다.

2 The moon lamped the dark sky.
달이 어두운 하늘을 비추었다.

Plus + hand down (자기보다 어린 사람에게) ~을 물려주다

0978

mess

[mes]

- 명 엉망인 상황[상태], 난잡, 어수선함, (군대 등의) 식당

mess는 주로 '엉망'인 무언가를 의미합니다. 맥락에 따라 '엉망인 상황이나 상태, 난잡, 어수선함' 등 정말 다양한 뜻을 나타낼 수 있어요. 다만 조금 특이하게도 '(군대 등의) 식당'을 의미하기도 하는데, 이는 mess가 원래 '음식을 먹는 양'을 뜻하다가 시간이 지나면서 의미가 변하면서 파생된 뜻이라고 추정됩니다.

1 He made a mess of the cake.
그는 케이크를 엉망으로 만들었다.

2 The soldiers were eating in the mess hall.
군인들이 식당에서 식사하고 있었다.

Plus + make a mess (of) 엉망으로 만들다, 어지럽히다　　　soldier 명 군인

0979

insist

[ɪnˈsɪst]

동 (강력히) 주장하다, 요구하다,
(~해야 한다고) 고집하다

insist는 어떤 의견이 되었든 굽히지 않고 강력하게 주장하는 것을 나타냅니다. 때로 전치사 on과 함께 쓰여 '~을 반드시 하려고 고집하다'라는 뜻을 나타내기도 합니다. 예를 들어, Jenny insists on trying her own shoelaces.라고 하면 'Jenny는 신발 끈을 스스로 묶겠다고 고집한다.'라는 뜻이 됩니다.

1 Jack always insists that he is right.

Jack은 항상 자신이 옳다고 주장한다.

2 My mom always insists on having breakfast.

우리 엄마는 매일 아침을 먹으라고 고집하신다.

Plus + right 형 옳은   have 동 먹다

0980

angel

[ˈeɪndʒl]

명 천사, 천사 같은 사람,
재정 후원자
동 (재정적으로) 후원하다

우리가 잘 알다시피 angel은 '천사'를 의미합니다. 그리고 비유적으로는 '천사 같은 사람'을 나타내기도 하지요. 또한 맥락에 따라 '재정 후원자'를 뜻하기도 하는데, 이는 angel의 원래 의미인 '전령'에서 파생된 뜻으로 추정됩니다. 천사처럼 무언가를 돕는 존재인 셈이죠.

1 I believe angels truly exist.

나는 천사가 정말 존재한다고 믿는다.

2 John thought Judy had the heart of an angel.

John은 Judy가 천사 같은 마음을 가졌다고 생각했다.

Plus + truly 부 정말로   exist 동 존재하다
heart 명 마음

0981

band

[bænd]

명 악단[악대], (어울려 다니는)
무리, 띠[끈], 주파수대

band는 원래 bind(묶다)라는 동사에서 파생되었는데, 어떤 것을 묶을 때 쓰는 '끈'이나 '띠'를 band라고 불렀고, 이후 이러한 뜻이 다양하게 확장되어 지금은 '악단' 외에 공통의 목표를 지닌 사람들이 모인 '무리'나 '주파수대'도 뜻하게 되었습니다. 예를 들면 a military band(군악대), a band of musicians(한 무리의 음악가들) 등이 있지요.

1 The band holds a concert every month.

그 악단은 매달 콘서트를 연다.

2 A band of monkeys live in the forest.

그 숲에는 원숭이 무리가 살고 있다.

Plus + hold 동 열다, 개최하다

0982

refuse

[rɪˈfjuːz]

통 거절하다, 거부하다, 퇴짜놓다

refuse의 re-는 '다시'라는 뜻으로, refuse는 원래 '다시 돌려보내다'를 뜻하는 단어에서 파생되었습니다. 그래서 오늘날은 주로 '거절하다, 거부하다'를 뜻하지요. 누군가 제안한 것을 받아들이지 않거나, 원하지 않는 일을 하지 않겠다는 의미를 나타냅니다.

1 Jack refused the colleague's request because he was too busy.

Jack은 너무 바빠서 동료의 요청을 거절했다.

2 She refused to apologize to me.

그녀는 내게 사과할 것을 거부했다.

Plus+ colleague 명 동료　　　　　　　　request 명 요청
apologize 동 사과하다

0983

remove

[rɪˈmuːv]

통 제거하다, 치우다,
이동하다[시키다], 해고하다

remove는 re-(다시, 뒤로)와 move(움직이다)가 결합한 단어로, 글자 그대로 하면 '다시 움직이다'가 됩니다. 그래서 맥락에 따라 '제거하다, 치우다, 이동하다' 등을 의미하지요. 예를 들어, move out이라고 하면 '(살던 집에서) 이사를 나가다'를 뜻하고, move onward는 '전진하다'를 나타냅니다. 참고로 move를 사람에게 쓰면 '해고하다'라는 뜻이 되기도 합니다.

1 Billy had an operation to remove a tumor from his brain.

Bill는 뇌에서 종양을 제거하기 위해 수술을 받았다.

2 She was removed from the job.

그녀는 직장에서 해고되었다.

Plus+ operation 명 수술　　　　　　　　tumor 명 종양
brain 명 뇌

0984

wooden

[ˈwʊdn]

형 나무로 된, 목재의, 활기 없는,
무표정한

wooden은 '나무로 된, 목재의' 등을 뜻합니다. 예를 들어, '나무로 만든 장난감'을 wooden toy라고 할 수 있지요. 그런데 wooden은 추상적인 의미를 나타내기도 합니다. 나무는 보통 한 자리에 서서 움직이지 않죠? 이런 모습에 빗대어 '활기 없는, 무표정한'이라는 뜻을 나타내기도 합니다.

1 The wooden table was very sturdy.

그 나무로 된 탁자는 매우 튼튼했다.

2 Leah worked with a wooden face all day.

Leah는 하루 종일 무표정한 얼굴로 일했다.

Plus+ sturdy 형 튼튼한, 견고한　　　　　all day 하루 종일

0985

project

[ˈprɑːdʒekt] [prəˈdʒekt]

명 계획, 과제, (대규모의) 사업

동 추정하다

project는 명사로는 '계획, 과제, 사업' 등과 같이 어떤 목표를 달성하기 위해 일을 계획하고 실행하는 것을 뜻합니다. 동사로는 '추정하다'를 의미하는데, 이는 사건이나 상황에 대해 예측하거나 추측하는 것을 나타냅니다. 생각해 보면 모두 '앞으로 일어날 일'이라는 공통점이 있군요!

1 Our class project is to create a small garden.
우리 반의 과제는 작은 정원을 만드는 것이다.

2 The government projected growth for the economy next year.
정부는 내년에 경제가 성장할 것이라고 추정했다.

Plus + create 동 만들다   garden 명 정원
government 명 정부   growth 명 성장

0986

poke

[poʊk]

동 쿡 찌르다,
(찔러서) 구멍을 내다,
(막대 따위를) 들이대다,
(주먹으로) 치다[때리다]

poke는 주로 '찌르다, 누르다'라는 의미를 나타냅니다. 예를 들어, 어떤 대상을 가볍게 찔러 주의를 끌거나 버튼 등을 누르는 행동을 모두 표현할 수 있어요. 좀 더 강한 의미로는 '(주먹으로) 치다' 또는 '때리다'라는 뜻을 나타내기도 합니다. 예를 들어, poke in the ribs는 누군가의 옆구리를 찌르는 것을 나타내고, poke one's head는 머리를 쑥 내미는 행동을 뜻합니다.

1 Please don't poke me, it's annoying!
나를 찌르지 말아줘, 성가시거든!

2 I like to poke the bubbles in my bubble bath.
나는 거품 목욕에서 거품을 찌르는 것을 좋아한다.

Plus + annoying 형 성가신   bubble 명 거품

0987

till

[tɪl]

전 ~까지, ~이 되기까지,
(시간적으로) ~가까이

접 ~할 때까지

till은 원래 until(~까지)과 같은 뜻이지만 서로 독자적으로 발전했습니다. 그래서 till 역시 무언가의 시작부터 끝까지의 시간이나 거리를 나타내지요. 또한 '~할 때까지'라는 뜻으로 어떤 일이 발생하거나 완료될 때까지를 의미하기도 합니다.

1 The store is open from morning till night.
그 가게는 아침부터 밤까지 문을 연다.

2 We will study till we understand chapter 4.
우리는 4장을 이해할 때까지 공부할 것이다.

Plus + open 형 (상점 등이) 문을 연, 영업을 하는   understand 동 이해하다
chapter 명 (책의) 장

0988

approach
[əˈproʊtʃ]

동 다가가다[오다], 육박하다
명 접근

approach는 '다가가다, 접근하다'라는 뜻에 가깝습니다. 어떤 대상의 물리적인 위치를 나타내기도 하고, 보다 넓은 의미에서는 문제나 해결책에 대해 생각하는 방식을 의미하기도 합니다. 예를 들어, the approach of winter라고 하면 '겨울이 다가옴'을 뜻하고, a flexible approach는 '유연한 접근법'을 의미합니다.

1 Laura approached the dog slowly.
Laura는 천천히 개에게 다가갔다.

2 We need a novel approach to solve this problem.
우리가 이 문제를 해결하려면 참신한 접근 방식이 필요하다.

Plus+ novel 형 참신한　　　　solve 동 (문제 등을) 해결하다

0989

slap
[slæp]

동 (손바닥으로) 철썩 때리다, 털썩[탁] 놓다
명 찰싹 때림, 찰싹 때리는 소리

slap은 동사로는 손바닥으로 철썩 때리는 동작을 뜻하고, 명사로는 때릴 때 나는 소리나 강력한 충격을 의미합니다. slap은 원래 '갑자기'라는 뜻의 단어에서 유래했습니다. 그래서 갑자기 탁 때리는 것을 뜻하기 시작하다가 이후에는 '힘껏 때리다'라는 의미를 표현하게 되었습니다.

1 Susan slapped the mosquito on her arm.
Susan은 팔에 앉은 모기를 철썩 때렸다.

2 I gave Peter a slap for his rude remark.
나는 Peter의 무례한 발언에 그를 찰싹 때렸다.

Plus+ mosquito 명 모기　　　　rude 형 무례한
remark 명 발언, 말

0990

machine
[məˈʃiːn]

명 기계, 기계 장치[설비]
동 기계로 만들다[가공하다]
형 기계의

machine은 원래 '장치, 도구'를 뜻하는 단어에서 유래했으나 기술이 발전하면서 어떤 일을 수행하기 위해 사람이 만든 기계 등을 나타내게 되었습니다. 예를 들면 washing machine(세탁기), vending machine(자동판매기) 등이 있지요. 또한 어떤 대상을 기계로 만드는 행위나 기계와 관련된 것들을 뜻하기도 합니다.

1 I bought a new washing machine.
나는 새로운 세탁기를 구입했다.

2 The machine is rusty and no longer works.
그 기계는 녹슬어서 더 이상 작동하지 않는다.

Plus+ rusty 형 녹슨　　　　no longer 더 이상 ~하지 않는
work 동 (기계 등이) 작동되다

우리말에 맞게 빈칸에 알맞은 단어를 쓰세요.　　　　　　　(정답은 본문을 확인하세요.)

1　Tony showed _____ in the TV show.　　　　　Tony는 그 TV 쇼에 관심을 보였다.

2　Alice is my _____ at work.　　　　　　　　Alice는 직장에서 내 후배이다.

3　The weather is _____ today.　　　　　　　오늘 날씨는 끔찍하다.

4　I'm going to LA to _____ directly with Tom.　　나는 Tom과 직접 거래하기 위해 LA로 갈 것이다.

5　My cousin lives in the _____ of the city.　　　내 사촌은 도시의 북쪽에 살고 있다.

6　He didn't _____ anything about the interview.　그는 면접에 대해 아무 말도 하지 않았다.

7　The tribe was in grave _____.　　　　　　그 부족은 심각한 위험에 처해 있었다.

8　The cows were resting in the _____ pasture.　소들은 비옥한 초원에서 쉬고 있었다.

9　I was tired all day because I fell _____ late.　나는 늦게 잠이 들어 하루 종일 피곤했다.

10　They put their plans into _____.　　　　그들은 계획을 실행에 옮겼다.

11　The knights drew their _____.　　　　　기사들은 검을 빼 들었다.

12　The waiter _____ the food to the customer.　종업원은 손님에게 음식을 제공했다.

13　Alice pushed the _____ full of vegetables.　Alice는 채소가 가득 실린 수레를 밀었다.

14　My favorite _____ is John Stuart Mill.　　내가 가장 좋아하는 작가는 존 스튜어트 밀이다.

15　This cave is home to endangered _____.　이 동굴은 멸종 위기에 처한 박쥐들의 서식지이다.

16　Suddenly, lightning _____ in the sky.　　갑자기 하늘에서 번개가 번쩍였다.

17　The moon _____ the dark sky.　　　　　달이 어두운 하늘을 비추었다.

18　The soldiers were eating in the _____ hall.　군인들이 식당에서 식사하고 있었다.

19　Jack always _____ that he is right.　　　Jack은 항상 자신이 옳다고 주장한다.

20　John thought Judy had the heart of an _____.　John은 Judy가 천사 같은 마음을 가졌다고 생각했다.

21　The _____ holds a concert every month.　그 악단은 매달 콘서트를 연다.

22　She _____ to apologize to me.　　　　　그녀는 내게 사과할 것을 거부했다.

23　She was _____ from the job.　　　　　　그녀는 직장에서 해고되었다.

24　The _____ table was very sturdy.　　　　그 나무로 된 탁자는 매우 튼튼했다.

25　Our class _____ is to create a small garden.　우리 반의 과제는 작은 정원을 만드는 것이다.

26　Please don't _____ me, it's annoying!　　나를 찌르지 말아줘, 성가시거든!

27　The store is open from morning _____ night.　그 가게는 아침부터 밤까지 문을 연다.

28　Laura _____ the dog slowly.　　　　　　Laura는 천천히 개에게 다가갔다.

29　Susan _____ the mosquito on her arm.　　Susan은 팔에 앉은 모기를 철썩 때렸다.

30　I bought a new washing _____.　　　　　나는 새로운 세탁기를 구입했다.

Level 34

레벨별 단어 사용 빈도

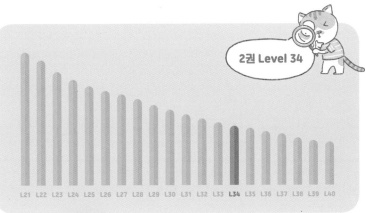

2권 Level 34

L21 L22 L23 L24 L25 L26 L27 L28 L29 L30 L31 L32 L33 **L34** L35 L36 L37 L38 L39 L40

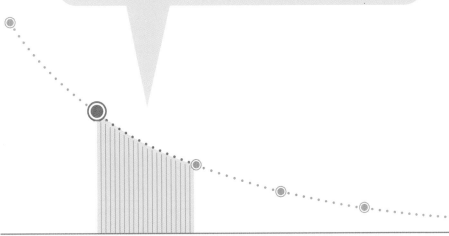

LEVEL 1~20　　**LEVEL 21~40**　　LEVEL 41~60　　LEVEL 61~80　　LEVEL 81~100

0991

mirror

[ˈmɪrə(r)]

명 거울, 있는 그대로 반영하는 것, 모범[귀감]

동 (거울처럼) 비추다, 반사[반영]하다

mirror는 명사로는 '거울'을, 동사로는 '(거울처럼) 비추다'를 뜻합니다. 그리고 거울이 물리적으로 물체를 그대로 반영한다는 특성에 기반하여 '있는 그대로 반영하는 것, 모범' 또는 '반사하다, 반영하다'와 같은 뜻이 파생되었습니다. 흔히 상대방의 행동을 은연중에 따라 하는 것을 mirroring effect(거울 효과)라고 하지요.

1 William looked at himself in the mirror.

William은 거울에 비친 자신의 모습을 보았다.

2 Her actions mirror her words.

그녀의 행동은 말을 그대로 반영한다.

Plus+ action 명 행동   word 명 말

0992

sneak

[sniːk]

sneaked/snuck - sneaked/snuck

동 살금살금[몰래] 가다, 몰래 하다[가져가다], (선생에게) 고자질하다

명 비열한 사람

sneak은 주로 살금살금 움직이거나 몰래 무언가를 하는 것을 나타냅니다. 누군가 말없이, 발소리를 내지 않고, 보이지 않게 움직이는 것을 모두 묘사할 수 있지요. 또한 이런 특성에 빗대어 '비열한 사람'이라는 뜻을 나타내기도 합니다.

1 Lily tried to sneak into the movie theater without a ticket.

Lily는 표 없이 영화관에 몰래 들어가려고 했다.

2 Some people judged Paul as a sneak.

어떤 사람들은 Paul을 비열한 사람이라고 생각했다.

Plus+ sneak into ~에 몰래 들어가다   judge 동 ~을 (…이라고) 생각하다

0993

admit

[ədˈmɪt]

동 인정[시인]하다, 자백하다, 허가하다, (사람을) 수용할 수 있다

admit은 상황에 따라 '인정하다, 자백하다, 허가하다' 등 다양한 뜻을 나타낼 수 있습니다. 예를 들어, 누군가 자신이 틀렸음을 '인정'하거나 진실을 '자백'하는 것을 표현하기도 하지요. 또는 어떤 장소나 행사에 들어가는 것을 '허가'하는 상황도 나타낼 수 있어요. 그리고 여기에 빗대어 어떤 시설이 사람을 '수용'하는 것도 의미하게 되었습니다.

1 Olivia admitted her mistake.

Olivia는 자신의 실수를 인정했다.

2 The criminal admitted to taking the money.

그 범인은 돈을 가져갔다고 자백했다.

Plus+ mistake 명 실수   criminal 명 범인

0994

bother

[ˈbɑːðə(r)]

- 동 괴롭히다[귀찮게 하다], 걱정시키다[고민하게 하다], 고민[근심]하다
- 명 성가심[귀찮음]

bother는 보통 우리가 어떤 일이나 상황에 직면했을 때 불편하거나 어려움을 느끼는 경우를 나타냅니다. 그래서 동사로는 '괴롭히다, 걱정시키다' 등을 뜻하고, 명사로는 '성가심' 등을 의미하지요. 예를 들어, bother one's brain이라고 하면 '(근심이나 걱정으로) 골머리를 앓다'를 뜻합니다.

1 **Don't bother me while I'm reading.**
책 읽는 동안에는 귀찮게 하지 마.

2 **The chatter in the cafe began to bother me.**
카페에서 떠드는 소리가 거슬리기 시작했다.

Plus + while 접 ~하는 동안   chatter 명 수다, 재잘거림

0995

shovel

[ˈʃʌvl]

- 명 삽, 숟갈, 한 삽 가득
- 동 삽질하다

shovel은 원래는 '삽'이라는 도구만을 뜻했지만 이후 의미가 확장되면서 식기 중 하나인 '숟갈'도 나타내게 되었지요. 아무래도 '삽'과 '숟갈'의 생김새가 좀 비슷하지요? 그리고 맥락에 따라 '한 삽 가득'이라는 뜻으로 일종의 단위처럼 쓰이기도 하고, 삽을 푸는 행동을 나타내기도 합니다.

1 **We need a big shovel to dig a hole.**
우리가 구멍을 파려면 큰 삽이 필요하다.

2 **The soldiers shoveled the snow into the sacks.**
군인들은 삽으로 눈을 떠서 자루에 담았다.

Plus + dig 동 (구멍 등을) 파다   sack 명 자루, 부대

0996

stare

[steər]

- 동 응시하다, 노려보다, 눈길을 끌다
- 명 빤히 쳐다보기[응시]

stare는 눈을 크게 뜨고 오랫동안 집중해서 바라보는 것을 의미합니다. 무언가 너무 신기해서 눈을 뗄 수 없을 때나 누군가를 노려보는 상황을 모두 나타낼 수 있어요. 예를 들어, 무언가 경이롭게 보는 것을 stare in wonder로 표현할 수 있고, stare into space라고 하면 '허공을 바라보다'라는 뜻을 나타냅니다.

1 **Nick is staring at the insects in his hands.**
Nick은 손 위에 놓인 곤충들을 응시하고 있다.

2 **Bella gave me a cold stare.**
Bella는 나를 냉정하게 쳐다보았다.

Plus + insect 명 곤충   cold 형 (사람이) 냉정한

0997

aside

[ə'saɪd]

📖 한쪽으로, 따로 두고, 옆쪽에[으로], 떨어져

aside를 가만히 보면 side(쪽, 면)라는 단어가 들어있죠? aside는 원래는 '한쪽을 향해'라는 뜻에서 유래했으며, 지금은 주로 '한쪽으로, 따로 두고, 옆쪽에' 등 다양한 의미를 나타냅니다. 예를 들어, move aside는 '옆으로 비키다'를 뜻하고, look aside는 '옆을 보다'를 의미합니다.

1 Sally pushed the door and stepped aside.

Sally는 문을 밀고 옆으로 비켰다.

2 I put some money aside for a rainy day.

나는 만일에 대비해서 돈을 따로 모아두었다.

Plus + step aside 옆으로 비키다
put ~ aside (나중에 쓸 수 있도록) ~을 따로 떼어 두다

0998

trust

[trʌst]

📖 신뢰하다, 믿다
📖 신뢰[신임], 위탁

trust는 '안전하다'라는 뜻에서 출발했습니다. '안전하다'라는 것은 누군가를 믿을 수 있다는 것을 뜻하죠? 그런 논리에서 '믿다, 신뢰하다'라는 뜻이 파생되었습니다. 또한 누군가를 믿는 것은 그 사람에게 무언가를 맡길 수 있다는 뜻으로 볼 수도 있어요. 바로 여기서 '위탁'이라는 의미가 나왔습니다.

1 They trust Tony completely.

그들은 Tony를 전적으로 믿는다.

2 It is difficult to restore trust once it's lost.

한번 잃어버린 신뢰를 회복하는 것은 힘들다.

Plus + completely 📖 전적으로
restore 📖 (이전의 상황으로) 회복시키다

difficult 📖 힘든, 어려운
lose 📖 잃다

0999

source

[sɔːrs]

📖 원천, 자료, 근원, 출처

source는 '원천, 자료, 근원, 출처' 등의 뜻을 나타냅니다. 이 의미들을 가만히 보면 '무언가 시작되는 곳'이라는 공통점이 있죠? source가 원래 '물이나 강이 흐르기 시작하는 곳'을 뜻하는 단어였기 때문입니다. 이후 이 개념이 확장되어 '(정보나 아이디어 등이) 처음 생겨나는 곳' 등을 나타내게 되었어요.

1 Water is the primary source of life.

물은 생명의 주요 원천이다.

2 We don't know the source of these rumors.

우리는 이러한 소문의 출처를 모르겠다.

Plus + primary 📖 주요한, 주된
rumor 📖 소문

know 📖 알다

1000

bow

[baʊ]

동 **(허리를 굽혀) 절하다,**
항복[복종, 굴복]하다,
활 모양으로 휘다

bow는 원래 '휘어짐, 곡선'을 뜻했는데 시간이 흐르면서 '활 모양으로 휘다, 절하다, 항복하다' 등 다양한 뜻을 갖게 되었습니다. '절하다'라는 뜻은 사람이 '허리를 굽히는' 모습에서 유래되었고, '항복하다'라는 뜻 역시 몸을 숙이는 동작에서 생겨났습니다. 이 모두가 '휘어짐'이라는 의미에서 파생된 개념이라 보시면 됩니다.

1 **People bowed on the floor in fear.**

사람들은 두려움에 떨며 바닥에 엎드려 절했다.

2 **We will never bow to the tyrant.**

우리는 절대 그 폭군에게 항복하지 않을 것이다.

Plus + tyrant 명 폭군, 독재자

1001

bench

[bentʃ]

명 **긴 의자, 판사석[직],**
선수 대기석, 작업[세공]대

bench는 원래 '앉는 곳'을 의미하는 단어에서 유래했습니다. 그리고 여기서 다양한 뜻이 파생되었어요. 공공 장소 등에서 사람들이 앉을 수 있게 놓인 '긴 의자'를 뜻하기도 하고, 법정에서 판사가 앉는 곳인 '판사석'을 나타내기도 하지요. 또한 특정 스포츠 경기에서 선수들이 경기에 참여하기 위해 앉는 '선수 대기석'을 의미하기도 합니다.

1 **Jack was sitting on a bench in the park.**

Jack은 공원에 있는 벤치에 앉아 있었다.

2 **The lawyer asked to approach the bench.**

변호사가 판사석으로 가까이 가겠다고 요청했다.

Plus + lawyer 명 변호사   ask 동 요청하다
approach 동 다가가다

1002

clay

[kleɪ]

명 **점토, 찰흙**

동 **~에 점토를 섞다[바르다]**

clay는 기본적으로 '점토, 찰흙' 등을 의미합니다. '점토'란 물과 흙을 섞어 만든 부드럽고 찰진 물질이지요? 이를 예술, 건축 활동 등에서 주로 쓰면서 '~에 점토를 섞다, 바르다'와 같은 뜻이 파생된 것으로 추정합니다.

1 **Alex molded the clay into the shape of a bird.**

Alex는 점토로 새 모양을 만들었다.

2 **I can make sculptures with clay.**

나는 점토로 조각을 만들 수 있다.

Plus + mold 동 (틀에 넣어) ~을 만들다   shape 명 모양
sculpture 명 조각(품)

1003

scratch

[skrætʃ]

- 통 긁다, 할퀴다, 갈겨[마구]쓰다, 간신히[그럭저럭] 살아가다
- 명 할퀴기, 찰과상, 긁힌 자국

scratch는 주로 '긁다, 할퀴다' 등을 뜻합니다. 또한 '갈겨쓰다'를 의미하기도 하는데, 무언가를 급하게 적을 때 종이에 펜을 긁듯이 쓰는 모습에서 유래되었답니다. 그리고 '간신히[그럭저럭] 살아가다'라는 뜻도 있는데, 이는 '긁어 모으다'라는 느낌에서 나온 것으로 추정합니다.

1 I accidentally scratched my arm on a sharp edge.
   나는 실수로 날카로운 모서리에 팔을 긁었다.

2 It took two weeks for the scratch to go away.
   긁힌 자국이 없어지는 데 2주가 걸렸다.

Plus + edge 명 모서리, 가장자리   take 통 (얼마의 시간이) 걸리다
go away 없어지다

1004

anger

[ˈæŋɡə(r)]

- 명 화[분노]
- 통 성[화]나게 하다

anger는 명사로 '화, 분노' 등을 의미합니다. 보통 강한 불만이나 불평을 느낄 때 드는 감정을 설명하지요. 동사로는 누군가를 화나게 하거나 분노하게 하는 것을 나타냅니다. 그래서 explode with anger라고 하면 '분노가 폭발하다'를 뜻합니다. 반대로 be slow to anger라고 하면 '좀체로 화를 안 낸다'라는 의미가 됩니다.

1 Leah couldn't hide her anger.
   Leah는 자신의 분노를 숨길 수 없었다.

2 His words angered the audience.
   그의 말은 관중들을 화나게 했다.

Plus + hide 통 숨기다   audience 명 관중

1005

glare

[gler]

- 통 (적의, 의혹 등을 드러내며) 노려보다, 눈부시게 빛나다
- 명 (적의, 의혹 등을 드러내며) 노려보기, 눈부신 빛

glare는 원래 '밝게 빛나다'를 뜻하는 단어에서 유래되었습니다. 보통 밝게 빛나는 것을 보면 눈이 부셔서 얼굴을 찡그리게 되죠? 이런 모습에서 '노려보다'라는 의미가 나온 것으로 추정합니다. 예를 들어, glare in one's eyes는 '눈을 부릅뜨다'를 뜻합니다.

1 Jackson glared at her with anger.
   Jackson은 화가 나서 그녀를 노려봤다.

2 The glare of the headlights blinded her momentarily.
   전조등의 눈부신 빛에 그녀는 잠시 앞이 보이지 않았다.

Plus + headlight 명 (자동차의) 전조등   blind 통 (잠시) 앞이 안 보이게 만들다
momentarily 부 잠깐 (동안)

argue

[ˈɑːrgjuː]

통 언쟁하다, 주장[논증]하다

argue는 '언쟁하다, 주장하다, 논하다' 등의 뜻을 나타냅니다. 상대와 서로 다른 의견으로 이야기하는 상황에서는 '언쟁하다'라는 뜻에 가깝고, 내 생각이나 믿음을 확고하게 말하는 상황에서는 '주장하다'라는 뜻에 가깝지요. 또한 어떤 주제에 대해 깊게 생각하고 토론할 때는 '논하다' 정도를 의미합니다.

1 They argue about the same thing every day.
그들은 매일 같은 일로 언쟁한다.

2 She argued for a new spending plan.
그녀는 새로운 지출 계획을 주장했다.

Plus + spending 명 (정부·조직체의) 지출　　　　plan 명 계획

tale

[teɪl]

명 이야기, 설화,
거짓말[지어낸 이야기]

tale은 아주 오래전부터 '이야기'를 뜻하는 단어였습니다. 그래서 tale의 뜻을 살펴보면 '이야기, 설화'와 더불어 '거짓말, 지어낸 이야기'라는 의미도 같이 있지요. 영어에서는 '동화'를 fairy tale이라고 하는데, 여기서 fairy는 '요정'을 뜻합니다. 요정과 이야기가 만난 단어이니 '동화'라는 의미가 확 와닿죠?

1 Harry wrote a tale about his adventure in Africa.
Harry는 아프리카에서의 모험에 대한 이야기를 썼다.

2 Mom used to read me fairy tales before bed.
엄마는 내게 자기 전에 동화를 읽어주곤 했다.

Plus + adventure 명 모험　　　　used to V ~하곤 했다

temple

[ˈtempl]

명 신전, (불교 등의) 사원,
전당(殿堂)

temple은 원래 '신들에게 바친 땅'이라는 뜻에서 유래했습니다. 그래서 오늘날 temple은 '신전, 사원, 전당' 등의 뜻을 나타내는데, 사실 이 모두가 '신에게 바친 땅'이나 마찬가지입니다. '신전'은 일반적으로 신이나 신들을 숭배하기 위한 건물을 뜻하고 '사원'은 불교나 힌두교에서 쓰는 개념이지요

1 We visited the temple to pray.
우리는 기도를 하기 위해 사원을 방문했다.

2 The temple was built thousands of years ago.
그 신전은 수천 년 전에 지어졌다.

Plus + pray 통 기도하다　　　　build 통 (건물을) 짓다

1009

goat
[goʊt]

명 염소, 희생자[제물], 호색한

goat는 주로 '염소'를 의미합니다. 또한 '희생자'라는 뜻을 나타내기도 하는데, 이는 과거에 실제로 신들에게 염소를 공물로 바치던 관습에서 유래한 것으로 scapegoat라고 표현하기도 합니다. 그리고 의외로 '호색한'을 뜻하기도 하는데, 염소가 번식을 자주 하는 동물이기 때문에 생겨난 의미로 추정합니다.

1 A group of goats were drinking water by the river.
한 무리의 염소가 강가에서 물을 마시고 있었다.

2 She was made the scapegoat for the team's loss.
그녀는 팀의 패배로 인한 희생양이 되었다.

Plus + by 전 ~옆[가]에   loss 명 (시합에서의) 패배

1010

mouse
[maʊs]

명 쥐, 생쥐

우리가 잘 알고 있듯이 mouse는 '쥐'를 뜻합니다. 또한 컴퓨터의 주변기기인 '마우스'를 뜻하기도 하는데 이 기기가 '작은 쥐'를 닮았기 때문에 그런 이름이 붙여졌답니다. 영어에는 as quiet as a mouse라는 표현이 있는데, 이는 '정말 조용하다'라는 뜻으로 쥐가 조용하게 움직이는 모습에 착안한 표현입니다. 참고로 mouse의 복수형은 mice이니 함께 알아두세요.

1 The mice trembled with fear.
생쥐들은 두려움에 떨었다.

2 My little brother is as quiet as a mouse.
내 남동생은 정말 조용하다.

Plus + tremble 동 (몸을) 떨다   quiet 형 조용한

1011

stumble
['stʌmbl]

동 비틀[휘청]거리다, 비틀거리며 걷다, (무엇에 채어) 넘어지다, 말을 더듬다

stumble은 주로 '비틀거리다, 넘어지다'를 뜻합니다. 보통 힘들거나 어색하게 움직이는 것을 표현하지요. 그리고 비유적으로는 '말을 더듬다'를 의미하기도 합니다. '말을 더듬는다'라는 것은 말을 자연스럽게 이어가지 못한다는 말이니 '비틀거리다, 넘어지다'와 비슷한 개념에 속한다고 보시면 됩니다.

1 Ethan stumbled on a stone.
Ethan은 돌에 걸려 비틀거렸다.

2 He stumbled over his words in nervousness.
그는 긴장해서 말을 더듬었다.

Plus + stumble over ~을 더듬거리며 말하다   nervousness 명 긴장, 초조

1012

dozen

[ˈdʌzn]

명 12개짜리 한 묶음

형 12개의

dozen은 '12개, 12의 수'를 뜻하는 프랑스어 *dozaine*에서 유래했습니다. 그래서 오늘날은 명사로는 '12개짜리 한 묶음'을, 형용사로는 '12개의'를 의미하지요. 예를 들어, half-dozen이라고 하면 '여섯 개(의)'를 뜻하고, a dozen of pencils는 연필 12개짜리 한 묶음인 '연필 한 다스'를 의미합니다. 그밖에 dozens of 라고 하면 '수십의, 많은'을 뜻하기도 하니 함께 알아두셔도 좋겠군요.

1 We bought a dozen eggs at the market.

우리는 시장에서 달걀 12개를 샀다.

2 Only half a dozen people turned up at the event hall.

행사장에는 겨우 6명 정도만 나타났다.

Plus + half 형 절반의　　　　　　turn up (사람이) 나타나다

1013

battle

[ˈbætl]

명 전투, 투쟁

동 싸우다[투쟁하다]

battle은 '전투, 투쟁' 등을 의미합니다. 주로 사람들이 서로 싸우는 상황을 표현하죠. 이는 군인들이 싸우는 모습 등의 물리적인 전투를 나타내는 것부터 비유적인 투쟁까지 나타낼 수 있습니다. 예를 들어, 사람들이 어떤 아이디어나 취미에 대해 치열하게 논쟁한다면 그것도 battle이라고 할 수 있어요.

1 Countless soldiers were killed in the battle.

셀 수 없이 많은 병사가 그 전투에서 전사했다.

2 The two armies battled for several days.

두 부대는 며칠 동안 싸웠다.

Plus + countless 형 셀 수 없이 많은　　　army 명 부대
several 형 몇몇의

1014

leader

[ˈliːdə(r)]

명 대표, 지도자, 선두

우리에게 '리더'라는 외래어로 익숙한 leader는 '대표, 지도자, 선두' 등을 의미합니다. 어떤 무리에서 모두를 관리하는 사람이거나 가장 앞에서 길을 알려주는 사람들을 나타내지요. 흔히 우리는 '타고난 지도자'를 a natural leader라고 표현하기도 합니다. 이러한 leader가 이끄는 집단은 학교의 학급부터 스포츠 팀, 회사, 심지어 나라까지 다양합니다.

1 We elected Bill as the leader of the team.

우리는 Bill을 팀의 대표로 선출했다.

2 He is one of the candidates for the next leader.

그는 차기 지도자 후보 중 한 명이다.

Plus + elect 동 선출하다　　　　candidate 명 후보자

1015

swim

[swɪm]

swam - swum

동 수영하다, 헤엄치다,
(헤엄치듯) 나아가다,
(감정 따위로) 가득 차다

swim은 주로 '수영하다, 헤엄치다' 등을 의미합니다. 물고기나 사람이 물속에서 헤엄치는 모습 등을 묘사하지요. 또한 비유적인 의미로 '(감정 따위로) 가득 차다' 라는 뜻을 나타내기도 하는데, 이는 마치 물속에서 헤엄치는 것처럼 그 감정이나 상황 속에서 헤어 나올 수 없을 만큼 가득 차 있다는 식의 표현입니다.

1 I learned how to swim when I was ten.
나는 10살 때 수영하는 법을 배웠다.

2 A herd of whales swam by.
고래 떼가 헤엄쳐 지나갔다.

Plus + learn 동 배우다   herd 명 떼
whale 명 고래

1016

pat

[pæt]

동 쓰다듬다, 가볍게 두드리다

명 가볍게 두드리기

형 안성맞춤의

pat은 주로 '쓰다듬다, 가볍게 두드리다'를 뜻합니다. 예를 들어, 강아지를 가볍게 쓰다듬거나 아기의 등을 가볍게 두드리는 행동 등을 묘사하지요. 또한 형용사로는 '안성맞춤의'를 뜻하기도 하는데, 이는 pat이 주는 편안한 느낌에서 기인한 것으로 보입니다.

1 The teacher gave Jane an encouraging pat on the head.
선생님은 Jane의 머리를 쓰다듬으며 격려해 주었다.

2 Mary patted her baby's back.
Mary는 아기의 등을 가볍게 두드렸다.

Plus + encouraging 형 격려의, 힘을 북돋아 주는   back 명 등

1017

iron

['aɪərn]

명 철[쇠], 다리미,
헤드가 금속으로 된 골프채

동 다리미질을 하다

iron은 기본적으로 '철'을 의미하지만, 다양한 맥락에서 여러 가지 뜻을 나타냅니다. 먼저 iron은 '다리미'를 뜻하기도 하는데, 이는 다리미의 주요 부분이 철로 만들어졌기 때문입니다. 또한 '헤드가 금속으로 된 골프채'를 의미하기도 합니다. 이 또한 골프채의 헤드 부분이 철로 만들어졌기 때문입니다. 각자 의미는 다르지만 결국 '철'과 관련되어 있다는 점, 보이시나요?

1 Iron is a very strong metal.
철은 매우 강한 금속이다.

2 He uses an iron to smooth out his clothes.
그는 옷의 주름을 펴기 위해 다리미를 사용한다.

Plus + metal 명 금속   smooth out 주름을 펴다

1018

report

[rɪˈpɔːrt]

📖 보고, 보도

📖 알리다, 보도하다

report는 원래 '다시 가져오다'라는 뜻에서 유래했습니다. 그러다 시간이 지나 '정보를 다른 곳으로 가져가서 전달하는 것'을 의미하게 되면서 지금의 report 가 되었습니다. 오늘날은 주로 정보를 전달하거나 알리는 것을 나타내요. 예를 들면 the latest weather report(최신 일기 예보), report the incident(사건을 보도하다) 등이 있습니다.

1 I have to write a report for my history class.

나는 역사 수업을 위해 보고서를 작성해야 한다.

2 The journalist reported the news about the scandal.

기자는 그 스캔들에 대한 소식을 보도했다.

 have to V ~해야 한다　　history 📖 역사
journalist 📖 기자

1019

treat

[triːt]

📖 다루다[취급하다], 처리하다, 치료하다, 대접하다

treat은 '다루다, 치료하다, 대접하다' 등의 뜻을 나타내는 동사입니다. 원래는 상업에서 쓰던 용어로 '협상을 하다'라는 뜻에 가까웠습니다. 즉, 원래는 물건을 팔거나 사는 맥락에서 '다루다'라는 의미로 쓰였다가 이후에 이 의미가 다양한 맥락에 적용되면서 지금의 의미들이 나온 것으로 보입니다.

1 Treat everyone with kindness.

모든 사람에게 친절하게 대하라.

2 The doctor was treating the patient's illness.

의사가 환자의 질병을 치료하고 있었다.

Plus + kindness 📖 친절(한 행동)　　patient 📖 환자
illness 📖 질병

1020

fade

[feɪd]

📖 (색깔이) 바래다[희미해지다], 서서히 사라지다, 시들해지다, (힘이나 아름다움 따위가) 약해지다

fade는 무언가 점차 약해지거나 사라지는 것을 묘사하는 동사입니다. 밝았던 것이 점차 어두워지거나 강했던 것이 약해지는 것과 같이 서서히 이루어지는 변화를 표현하죠. 그리고 이런 의미가 여러 맥락에 적용되어 물리적, 추상적인 뜻을 모두 나타내곤 합니다. 예를 들면 기억이나 감정 등이 전차 약해져 사라지는 것도 나타낼 수 있습니다.

1 The color of the shirt has faded after many washes.

여러 번 세탁한 후 셔츠의 색이 바래졌다.

2 Her memories of that day are fading.

그 날에 대한 그녀의 기억이 서서히 사라지고 있다.

 wash 📖 세탁, 빨래　　memory 📖 기억

우리말에 맞게 빈칸에 알맞은 단어를 쓰세요.

(정답은 본문을 확인하세요.)

1 William looked at himself in the _____.

William은 거울에 비친 자신의 모습을 보았다.

2 Some people judged Paul as a _____.

어떤 사람들은 Paul을 비열한 사람이라고 생각했다.

3 Olivia _____ her mistake.

Olivia는 자신의 실수를 인정했다.

4 Don't _____ me while I'm reading.

책 읽는 동안에는 귀찮게 하지 마.

5 We need a big _____ to dig a hole.

우리가 구멍을 파려면 큰 삽이 필요하다.

6 Bella gave me a cold _____.

Bella는 나를 냉정하게 쳐다보았다.

7 Sally pushed the door and stepped _____.

Sally는 문을 밀고 옆으로 비켰다.

8 They _____ Tony completely.

그들은 Tony를 전적으로 믿는다.

9 We don't know the _____ of these rumors.

우리는 이러한 소문의 출처를 모르겠다.

10 We will never _____ to the tyrant.

우리는 절대 그 폭군에게 항복하지 않을 것이다.

11 The lawyer asked to approach the _____.

변호사가 판사석으로 가까이 가겠다고 요청했다.

12 Alex molded the _____ into the shape of a bird.

Alex는 점토로 새 모양을 만들었다.

13 I accidentally _____ my arm on a sharp edge.

나는 실수로 날카로운 모서리에 팔을 긁었다.

14 Leah couldn't hide her _____.

Leah는 자신의 분노를 숨길 수 없었다.

15 Jackson _____ at her with anger.

Jackson은 화가 나서 그녀를 노려봤다.

16 They _____ about the same thing every day.

그들은 매일 같은 일로 언쟁했다.

17 Harry wrote a _____ about his adventure in Africa.

Harry는 아프리카에서의 모험에 대한 이야기를 썼다.

18 We visited the _____ to pray.

우리는 기도를 하기 위해 사원을 방문했다.

19 A group of _____ were drinking water by the river.

한 무리의 염소가 강가에서 물을 마시고 있었다.

20 The _____ trembled with fear.

생쥐들은 두려움에 떨었다.

21 Ethan _____ on a stone.

Ethan은 돌에 걸려 비틀거렸다.

22 We bought a _____ eggs at the market.

우리는 시장에서 달걀 12개를 샀다.

23 Countless soldiers were killed in the _____.

셀 수 없이 많은 병사가 그 전투에서 전사했다.

24 He is one of the candidates for the next _____.

그는 차기 지도자 후보 중 한 명이다.

25 I learned how to _____ when I was ten.

나는 10살 때 수영하는 법을 배웠다.

26 Mary _____ her baby's back.

Mary는 아기의 등을 가볍게 두드렸다.

27 _____ is a very strong metal.

철은 매우 강한 금속이다.

28 I have to write a _____ for my history class.

나는 역사 수업을 위해 보고서를 작성해야 한다.

29 _____ everyone with kindness.

모든 사람에게 친절하게 대하라.

30 Her memories of that day are _____.

그 날에 대한 그녀의 기억이 서서히 사라지고 있다.

Level
35

레벨별 단어 사용 빈도

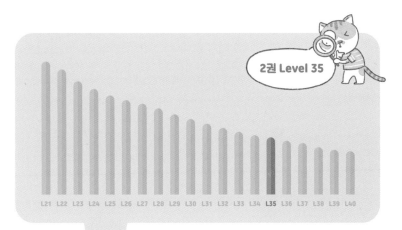

2권 Level 35

L21 L22 L23 L24 L25 L26 L27 L28 L29 L30 L31 L32 L33 L34 **L35** L36 L37 L38 L39 L40

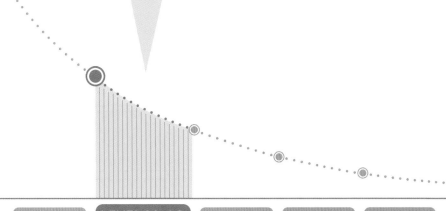

LEVEL 1~20   **LEVEL 21~40**   LEVEL 41~60   LEVEL 61~80   LEVEL 81~100

1021

crazy

['kreɪzi]

형 미친, 정상이 아닌, 열광하는, 대단히 좋아하는

crazy는 보통 감정이나 행동이 일반적이지 않거나 상식에서 벗어난 것을 표현합니다. 이렇게 보면 부정적인 단어처럼 보이지만, 어떤 것에 대한 매우 강한 흥미나 열정을 나타내기도 해요. 생각해 보면 일반적이지 않다는 것은 가치 중립적인 표현이죠? 어떻게 일반적이지 않은지가 더 중요한 것 같네요.

1 He must be crazy to jump off the roof!

지붕에서 뛰어내리다니 그는 미친 게 분명해!

2 I'm crazy about this song.

나는 이 노래에 푹 빠져 있다.

Plus + jump off ~에서 뛰어내리다   roof 명 지붕
crazy about ~에 (푹) 빠져 있는

1022

journey

['ʤɜ:rni]

명 여행, 여정
동 여행하다

journey는 보통 '여행, 여정'을 의미하며, 어떤 장소에서 다른 장소로 이동하는 개념을 나타냅니다. 그래서 때때로 비유적으로 우리가 경험하는 인생의 여정이나, 학습 과정, 개인적인 발전 등을 의미하기도 합니다. 이를테면 life's journey (인생 행로)나 the journey to success(성공으로 이르는 길) 등이 있지요.

1 James ended his journey in Seoul.

James는 서울에서 여정을 마쳤다.

2 We journeyed across the desert for many days.

우리는 여러 날에 걸쳐 사막을 여행했다.

Plus + end 동 끝내다, 끝을 맺다   desert 명 사막

1023

impossible

[ɪm'pɑsəbəl]

형 불가능한, 있을 수 없는, 현실성

impossible은 기본적으로 '할 수 없는'을 뜻합니다. 어떤 일을 할 수 없거나 일어날 수 없음을 나타내지요. 종종 부정적인 느낌을 주면서 '믿을 수 없음'을 표현하기도 합니다. 예를 들어, That's impossible.이라고 하면 그것이 현실성 없는, 즉 '매우 어렵고 힘든 일'이라는 의미일 수 있어요.

1 It is impossible to read the whole book in one day.

하루 만에 그 책 전체를 읽는 것은 불가능하다.

2 It seemed impossible, but I managed to do it.

불가능해 보였지만, 나는 어떻게든 해냈다.

Plus + whole 형 전체의   seem 동 ~처럼 보이다
manage 동 (어떻게든) 해내다

1024

frighten

[ˈfraɪtn]

통 겁먹게[놀라게] 만들다,
무섭게 하다,
위협하여 ~시키다

frighten의 기본 의미는 '무서워하게 만들다'입니다. 주로 누군가를 놀래키거나 겁주는 행동을 나타냅니다. 또한 위협적인 상황을 만들어 누군가에게 자신이 원하는 행동을 하도록 만드는 상황도 표현할 수 있어요. 예를 들어, 협박을 통해 누군가에게 원치 않는 행동을 하게 만드는 경우에 frighten을 쓸 수 있습니다.

1 **Jerry was frightened by the sudden noise.**

Jerry는 갑작스러운 소음에 겁을 먹었다.

2 **Amy frightened a dog away.**

Amy는 개를 겁주어 쫓아냈다.

Plus+ sudden 형 갑작스러운　　　　　　　　　　noise 통 소음

frighten away ~을 겁을 주어 쫓아내다

1025

view

[vjuː]

명 관점, 견해, 시야, 경관

view는 주로 '보이는 것, 보는 방식' 등을 의미합니다. 눈으로 볼 수 있는 것이나 어떤 사물이나 상황에 대해 어떻게 생각하는지 표현하는 것을 모두 나타낼 수 있어요. 그래서 맥락에 따라 '관점, 견해, 시야, 경관' 등으로 다양하게 표현되곤 합니다. 예를 들어, share the same view라고 하면 '동일한 견해를 공유하다'를 의미하고, a breathtaking view라고 하면 '숨이 멎는 듯한 풍경'을 뜻해요.

1 **The view from the mountaintop was amazing.**

산꼭대기에서 바라보는 경치는 놀라웠다.

2 **I think Tim's views are far from common sense.**

내 생각에 Tim의 견해는 상식과는 거리가 먼 것 같다.

Plus+ mountaintop 명 산꼭대기　　　　　common sense 상식

1026

candle

[ˈkændəl]

명 양초(같은 물건)

동 촛불에 비추어 살펴 보다

candle은 대개 우리가 생각하는 그 '양초'를 뜻합니다. 또한 동사로는 '촛불에 비추어 살펴보다'를 의미하기도 하는데, 이는 옛날 사람들이 무언가 자세히 살펴보기 위해 양초를 비추던 모습에서 비롯된 것입니다. 전기가 없던 시절 어둠을 밝힐 수 있는 것은 대부분 양초였으니까요.

1 **Linda lit a candle in the dark room.**

Linda는 어두운 방에서 촛불을 켰다.

2 **He candled to see if the eggs had hatched.**

그는 알이 부화했는지 살피기 위해 촛불에 비추어 살폈다.

Plus+ light 동 불을 붙이다 (lit: light의 과거형)　　　　hatch 동 부화하다

1027

grace
[greɪs]

형 우아함, 고상함, 품위,
(신의) 은총

grace는 원래 '즐거움, 감사, 친절함' 등을 뜻하는 라틴어에서 유래했습니다. 주로 종교적인 맥락에서 쓰였다고 합니다. 그러다 시간이 지나 의미가 확장되면서 '우아함, 고상함, 품위' 또는 '신의 은총' 등 다양한 뜻을 나타내게 되었지요. 예를 들어, the grace of God은 '신의 은혜'를 의미합니다.

1 She walked with grace through the garden.
그녀는 정원을 우아하게 거닐었다.

2 I believe in the grace of God.
나는 신의 은총을 믿는다.

Plus + through 전 ~을 지나서 　　　　believe in ~(의 존재 등)을 믿다
god 명 (일부 종교에서) 신

1028

shiver
['ʃɪvə(r)]

동 (부들부들) 떨다, 전율하다,
(바람 등으로 인해) 펄럭이다
[흔들리다], 산산이 부서지다

shiver는 원래 '나누다, 쪼개다'라는 뜻에서 출발했습니다. 그러다 사람이 떨 때 몸이 조금씩 빠르게 움직이는 모습이 무언가 '쪼개지는 것'과 비슷하다고 여겨 '떨다, 전율하다'라는 의미를 나타내게 되었지요. 이후 의미가 확장되어 '펄럭이다, 산산이 부서지다' 등을 뜻하기도 합니다.

1 She shivered in the cold winter air.
그녀는 차가운 겨울 공기에 몸을 떨었다.

2 The scary story made us shiver with fear.
그 무서운 이야기는 우리를 두려움에 떨게 했다.

Plus + scary 형 무서운 　　　　fear 명 두려움

1029

tired
['taɪərd]

형 피로[피곤]한, 싫증난[지겨운],
진부한[케케묵은]

tired는 주로 물리적, 정신적인 활동으로 인해 힘이빠져 '피곤한' 상태를 나타냅니다. 그리고 비유적으로는 어떤 일이나 상황을 반복적으로 겪어 질린 상태를 나타내기도 해요. 그래서 '싫증난, 진부한'을 의미하기도 합니다. 예를 들어, '무기력'은 tired blood로, '녹초가 되도록 피곤하다'는 be tired to death라고 표현하지요.

1 I was tired from working overtime.
나는 야근하느라 피곤했다.

2 James got tired of eating the same food every day.
James는 매일 같은 음식을 먹는 것에 싫증이 났다.

Plus + work overtime 야근을 하다 　　　　get tired of ~에 싫증이 나다

Level 35

1030

button
['bʌtn]

- 몡 단추, (기계 등의) 누름 단추, 단추 비슷한 것
- 똉 단추를 채우다

button의 기본 의미는 '단추'입니다. 원래는 옷이나 가방에 달려 있는 '단추'만 뜻했지만, 시간이 지나 기술이 발전하면서 기계나 전자 제품에 있는 '누름 단추'도 의미하게 되었어요. 이는 우리에게 '버튼'이라는 외래어로도 익숙한 부분이지요. 또한 동사로는 '단추를 채우다'를 뜻하기도 합니다.

1 Press the round button to turn on the machine.
   기계의 전원을 켜려면 둥근 누름 단추(=버튼)를 누르시오.

2 Jack buttoned up his shirt.
   Jack은 셔츠의 단추를 채웠다.

Plus+ press 똉 (기기를 작동시키기 위해 버튼 등을) 누르다   round 톙 둥근, 원형의
turn on (전원 등을) 켜다

1031

guest
[gest]

- 몡 손님, 투숙객
- 똉 게스트로 출연하다
- 톙 손님용의

guest는 주로 '손님, 투숙객'을 뜻하는 명사입니다. 생각해 보면 '손님'이나 '투숙객' 모두 일시적으로 어딘가에 머무는 사람들이죠? 즉, 두 의미는 사실 같은 개념을 다른 맥락에 적용한 것에 불과합니다. 한편 guest는 동사로 TV 프로그램 등에 '게스트로 출연하다'라는 뜻을 나타내기도 합니다.

1 I'm afraid you're not on the guest list.
   유감스럽게도 당신은 손님 명단에 없습니다.

2 Jamie has guested several TV talk shows.
   Jamie는 몇몇 TV 토크쇼에 게스트로 출연했다.

Plus+ I'm afraid ~ (유감이지만) ~이다

1032

broken
['broʊkən]

- 톙 고장난[망가진], 부서진[깨진], 파산한, 낙담[쇠약]한

broken은 동사 break(깨뜨리다)에서 파생된 형용사입니다. 그래서 '깨진, 부서진'이라는 뜻에 가장 가까워요. 주로 무언가 작동하지 않거나 원래의 모습이 아닌 상태를 묘사하는데, 비유적으로는 돈이 없어 사업을 계속할 수 없는 상태나 어떤 일로 인해 마음이 상한 상태를 나타내기도 합니다.

1 Tony asked for help with his broken-down car.
   Tony는 고장난 차에 대해 도움을 요청했다.

2 She is broken because her business failed.
   그녀는 사업에 실패해서 파산했다.

Plus+ ask for help 도움을 청하다   business 몡 사업, 장사
fail 똉 (회사 등이) 파산하다

1033 monk

[mʌŋk]

명 수도승[자]

monk는 '수도승'을 의미합니다. 원래는 '독신자'를 뜻하는 단어에서 유래했습니다. 수도승들이 대개 혼자 지내거나 격리된 공동체에서 생활한다는 점에 착안해 이들을 가리키게 되었다고 해요.

1 The monk left his family and entered the monastery.
수도승은 그의 가족을 떠나 수도원에 들어갔다.

2 She decided to become a monk and live a life of prayer.
그녀는 수도승이 되어서 기도하는 삶을 살기로 결심했다.

Plus + enter 동 들어가다　　　　monastery 명 수도원
life 명 삶, 인생　　　　prayer 명 기도(하기)

1034 creep

[kri:p]

crept - crept

동 살금살금 움직이다,
기다[포복하다],
(생각 등이) 어느덧 스며들다,
(세월 등이) 슬며시 다가오다

creep의 기본 뜻은 '살금살금 움직이다'에 가깝습니다. 이 모습에서 다양한 의미가 나왔습니다. 주로 기어가거나 포복하는 것을 나타내기도 하고, 어떤 대상이나 상황이 눈치채지 못할 만큼 조금씩 변하거나 훌쩍 다가오는 것을 표현하기도 합니다. 그래서 creep up이라고 하면 '(양·가격 등이) 서서히 오르다'를 뜻하며, creep into는 '~에 생기기 시작하다'를 의미합니다.

1 The tiger crept towards its prey.
호랑이는 먹이를 향해 살금살금 움직였다.

2 Hatred crept into her mind.
증오가 어느새 그녀의 마음에 스며들었다.

Plus + toward 전 ~을 향하여　　　　prey 명 (잡아먹는) 먹이
hatred 명 증오

1035 hell

[hel]

명 지옥, 지옥 같은 곳

hell은 보통 '지옥'을 의미합니다. 종교적 맥락에서 '지옥'이란 죽고 나서 나쁜 행동을 한 사람들이 처벌받는 곳이라 여겨집니다. 때로는 현실도 '지옥' 같을 수 있죠? 그래서 비유적으로는 '지옥같이' 힘들고 불편한 곳을 표현하기도 합니다. 예를 들어, '생지옥 같은 생활을 하다'라는 의미는 make one's life a hell로 나타낼 수 있어요.

1 Anyone who does bad things will go to hell.
나쁜 짓을 하는 사람은 누구든 지옥에 갈 것이다.

2 It was like hell on the road during rush hour.
출퇴근 시간 도로 위는 마치 지옥 같았다.

Plus + anyone 대 누구나　　　　rush hour (출퇴근) 혼잡 시간대

1036

snatch

[snætʃ]

동 잡아채다, 재빨리 구출하다,
(운좋게) 얻다, 체포하다

snatch는 무언가를 '갑자기 잡아당기다'라는 뜻에서 출발했습니다. 이후 뜻이 다양하게 확장되어 '잡아채다, 재빨리 구출하다'뿐만 아니라 맥락에 따라 '운 좋게 얻다, 체포하다' 등의 뜻을 나타내곤 합니다. 그래서 snatch at은 '~을 잡아채려 하다'를 의미하고, snatch up은 '손에 넣다'를 나타냅니다.

1 The firefighters snatched the child from the burning building.
소방관들은 불타는 건물에서 아이를 재빨리 구출했다.

2 The police snatched up the criminal.
경찰은 범인을 체포했다.

Plus + burning 형 불타는　　　　　　criminal 명 범인

1037

shore

[ʃɔ:(r)]

명 해안[해변],
(바다나 호수 등의) 물가,
(해안을 경계로 하는)
나라[지방]

원래 shore는 '땅의 끝'이라는 뜻에서 출발합니다. 옛사람들은 땅과 바다가 만나는 지점을 '땅의 끝'이라 여겼습니다. 그러다 시간이 지나면서 땅과 큰 물체가 만나는 어떤 지점을 가리키게 되었고, '(해안을 경계로 하는) 나라나 지방'도 뜻하게 되었다고 해요. 예를 들어, off the shore라고 하면 '앞바다에'를 뜻하며 go on shore는 '상륙하다'를 의미합니다.

1 We built a sandcastle on the shore.
우리는 해변에 모래성을 쌓았다.

2 There is a large lighthouse on the eastern shore.
동쪽 해안에는 큰 등대가 있다.

Plus + sandcastle 명 모래성　　　　lighthouse 명 등대
eastern 형 동쪽에 위치한, 동쪽의

1038

south

[saʊθ]

명 남쪽, 남부

형 남쪽에 있는

부 남쪽으로

south는 '남쪽'을 가리키는 단어입니다. 정확히는 나침반에서 아래쪽을 가리키는 방향이자, 정오에 태양이 떠 있는 방향을 나타내죠. 실제로 south는 아주 먼 옛날 '태양'을 의미하는 단어에서 유래했다고 합니다. 그러다가 '태양이 있는 곳'이라는 뜻을 갖게 되었고 이후 지금의 '남쪽'을 의미하게 되었다고 합니다.

1 The south side of our house gets a lot of sun.
우리 집의 남쪽 면은 햇빛을 많이 받는다.

2 The fire burned down the south area of the village.
그 화재는 마을의 남쪽 지역을 태워버렸다.

Plus + side 명 면, 측면　　　　　　burn down (화재로) 태워 버리다
area 명 지역　　　　　　　　village 명 마을

1039

sleeve

[sliːv]

명 소매[소맷자락],
(음반) 커버[재킷]

sleeve는 원래 '끝이 헐거워진'이나 '큰 통'을 의미하는 단어였는데 사람이 입는 옷에 이 개념이 적용되어 '소매, 소맷자락'이라는 뜻이 되었습니다. 이후 이와 비슷한 형태를 가진 것들, 예를 들어 음반을 보호하기 위한 플라스틱이나 종이 '커버' 같은 것들도 sleeve라고 부르게 되었습니다.

1 The shirt has long sleeves.

그 셔츠는 긴 소매가 있다.

2 The record sleeve was fresh and very colorful.

그 음반의 커버[재킷]는 새롭고 매우 다채로웠다.

Plus + record 명 음반　　　　　　　　　　　fresh 형 새로운
colorful 형 형형색색의, (색이) 다채로운

1040

bucket

[ˈbʌkɪt]

명 양동이, 물통

동 양동이로 푸다[나르다]

bucket은 '양동이, 물통'을 뜻합니다. 원래는 물을 담는 통만을 의미했지만 지금은 bucket에 담을 수 있는 것에 제한이 있는 것 같지는 않습니다. 그래서 물이나 무거운 물체 등을 운반하는데 쓰이는 도구를 나타낸다고 이해하시면 됩니다. 사회 운동 중 하나인 Ice Bucket Challenge(아이스 버킷 챌린지)에서 Bucket이 가리키는 것이 바로 이 '양동이'이지요. 또한 동사로는 '양동이로 푸다[나르다]'를 뜻합니다.

1 Please fill the bucket with water.

양동이에 물을 채워주십시오.

2 Sailors are bucketing water out of the boat.

선원들이 배에서 물을 양동이로 퍼내고 있다.

Plus + fill 동 채우다　　　　　　　　　　sailor 명 선원

1041

release

[rɪˈliːs]

동 풀어 주다, 방출하다, 공개하다

명 석방

release는 원래 '느슨하게 하다'라는 뜻으로 출발했는데 시간이 지나면서 '놓아주다'라는 뜻으로 변화하게 되었죠. 그리고 놓아주는 대상에 따라 '풀어주다, 방출하다, 공개하다' 등을 뜻하게 되었습니다. 예를 들면 사람이 감옥에서 풀려나는 것이나 회사가 새 제품을 공개하는 것 등을 모두 나타낼 수 있어요.

1 The police released the suspect.

경찰은 그 용의자를 풀어주었다.

2 The factory released harmful chemicals into the river.

그 공장은 강에 유해한 화학 물질을 방출했다.

Plus + suspect 명 용의자　　　　　　harmful 형 (특히 사람의 건강·환경에) 유해한
chemical 명 화학 물질

1042

serious

[ˈsɪriəs]

형 심각한, 진지한, 진심인

serious는 '심각한, 진지한'을 뜻하는 형용사입니다. 예를 들어, 매우 중요하거나 큰 문제에 대한 일을 serious 하다고 묘사할 수 있지요. 또한 누군가 어떤 일에 집중하고 있는 상황도 나타낼 수 있어요. 여기서 의미가 확장되면 '진심인'이라는 뜻에도 가까워집니다. 그래서 I'm deadly serious.라고 하면 '나는 아주 진지하다.'라는 의미가 되기도 해요.

1 **This is a serious problem.**

이것은 심각한 문제이다.

2 **Judy is a serious person, so she hardly ever jokes.**

Judy는 진지한 사람이라서 농담을 거의 하지 않는다.

Plus + problem 명 문제
joke 동 농담하다

hardly 부 거의 ~아니다

1043

drift

[drɪft]

동 표류[부유]하다, (서서히) 이동하다, 떠내려 보내다, (정처없이) 헤매다[나아가다]

drift의 기본 의미는 '떠내려가다'에 가장 가깝습니다. 그리고 맥락에 따라 다양한 의미로 확장될 수 있습니다. 우선 '표류하다'라는 뜻으로 바다에서 배가 풍력에 따라서 움직이는 것을 나타낼 수 있습니다. 또한 특정한 방향 없이 무작정 움직이는 모습을 '정처없이 헤매다, 나아가다'라는 의미로 표현하기도 합니다.

1 **The boat suddenly started to drift.**

배가 갑자기 표류하기 시작했다.

2 **Nick drifted from job to job without any clear direction.**

Nick은 어떤 분명한 방향성 없이 이 일 저 일을 전전했다.

Plus + suddenly 부 갑자기
direction 명 방향

clear 형 분명한

1044

ought

[ɔːt]

조 ~해야 하다, ~하기로 되어 있다, ~임에 틀림없다

명 해야 할 일

ought는 동사 owe(빚지다)에서 유래했습니다. 우리가 빚을 지면 갚을 의무가 있죠? 이런 맥락에서 뜻이 확장되어 주로 '~해야 하다, ~하기로 되어 있다, ~임에 틀림없다' 등을 뜻하기도 합니다. 어떤 일을 해야 한다는 의무감을 나타내거나, 어떤 일이 일어나야 할 것 같다는 예상을 표현하지요. 예를 들면 ought to apologize(사과를 해야 한다), ought to save money(돈을 아껴야 한다) 등의 표현이 있습니다.

1 **You ought to finish your homework first.**

너는 우선 숙제부터 끝내야 한다.

2 **Thomas ought to be the next president.**

Thomas가 차기 대통령이 될 것이 틀림없다.

Plus + first 부 우선, 맨 먼저

president 명 대통령

1045

dish

[dɪʃ]

뗑 접시, 그릇,
(접시에 담은) 요리, 음식

dish는 주로 우리가 음식을 담는 '접시, 그릇'을 의미합니다. 그리고 여기에서 '접시에 담긴 것'이라는 뜻이 파생되면서 오늘날은 '요리, 음식' 등도 나타내게 되었어요. 예를 들어, dish out은 '분배하다'라는 뜻으로 음식을 접시에 담아 나눠주는 모습에서 비롯된 표현입니다. 또는 dish up the dinner라고 하면 '만찬을 대접하다'라는 뜻을 나타냅니다.

1 Can you please pass me that dish?
그 접시 좀 건네줄래?

2 The chef developed a new dish using onions.
주방장은 양파를 활용한 새로운 요리를 개발했다.

Plus + pass 뗑 건네주다 　　　　　　　　　　 chef 뗑 주방장
develop 뗑 개발하다 　　　　　　　　　　 onion 뗑 양파

1046

skirt

[skɜːrt]

뗑 스커트[치마], 가장자리[끝],
교외[근교]

skirt는 원래 '옷'을 뜻했습니다. 이 단어가 둘로 나뉘면서 하나는 shirt, 또 다른 하나는 skirt가 되었습니다. 그러다 시간이 지나면서 skirt는 '치마'를 뜻하게 되었지요. 그리고 '치마'의 모양이 자연스럽게 '둘러싸는 것'이라는 개념으로 확장되어 오늘날 skirt는 '가장자리, 교외' 등도 뜻하게 되었다고 해요.

1 Sue gathered up her skirts and went after the thief.
Sue는 치마를 모아 쥐고 도둑을 뒤쫓았다.

2 They live on the skirts of the city.
그들은 교외에 살고 있다.

Plus + gather 뗑 (옷 등을) 단단히 여미다, 조이다 　　　 go after ~를 뒤쫓다

1047

difficult

[ˈdɪfɪkəlt]

혱 힘든, 어려운, 곤란한,
까다로운

difficult는 '힘든, 어려운' 등을 뜻하는 형용사입니다. 그런데 어떤 일이 어렵고 힘든 것은 그 일이 까다로워서 마무리하는 데 곤란함을 겪을 수 있다는 뜻이겠죠? 이런 식으로 뜻이 확장되어 '곤란한, 까다로운' 등을 뜻하기도 합니다. difficult와 비슷한 단어로는 hard, tough, bad 등이 있으니 함께 외워두시면 도움이 되겠군요!

1 The chemistry exam was very difficult.
화학 시험은 매우 어려웠다.

2 We are in a difficult situation.
우리는 곤란한 상황에 놓여 있다.

Plus + chemistry 뗑 화학 　　　　　　　　　　 situation 뗑 상황

1048

clutch

[klʌtʃ]

통 꽉 쥐다, (관심 등을) 끌어잡다,
(놀라서) 움찔하다

명 움켜잡기

clutch는 '손으로 꽉 쥐다'를 뜻합니다. 물리적으로 꽉 잡는 행동뿐만 아니라, 무언가 강하게 원하거나 놀라서 몸을 움찔하는 것을 표현하기도 합니다. 그래서 맥락에 따라 '꽉 쥐다, (관심 등을) 끌어잡다, 놀라서 움찔하다' 등을 의미해요. 또한 명사로는 '움켜잡기'를 뜻합니다.

1　Leah clutched the rope tightly.
　　Leah는 밧줄을 꽉 잡았다.

2　The boy clutched his stomach and fell to the ground.
　　그 소년은 배를 움켜잡고 땅에 쓰러졌다.

Plus +　rope 명 밧줄　　　　　　tightly 부 꽉
　　　　　stomach 명 배　　　　　ground 명 땅(바닥)

1049

stream

[striːm]

명 개울[시내], 흐름,
연속[이어짐]

통 흐르다[흘러나오다]

stream의 원래 의미는 '빠르게 흐르다'여서 처음에는 빠르게 흐르는 개울이나 시내를 지칭했습니다. 그러다 물이 '계속해서' 흐르는 모습에서 '연속성'이라는 개념이 확장되어 시간이나 데이터, 사람들이 연속적으로 이동하거나 흐르는 모습 자체도 표현하게 되었어요. 그래서 우리가 흔히 '의식의 흐름'이라고 말하는 것도 stream of consciousness라고 표현할 수 있습니다.

1　The stream flows through this forest.
　　그 개울은 이 숲을 통해 흐른다.

2　Tears streamed down his face.
　　눈물이 그의 얼굴을 타고 흘러내렸다.

Plus +　flow 통 흐르다

1050

prepare

[prɪˈper]

통 준비하다[시키다], 대비하다,
(약 등을) 조제[조합]하다

prepare는 무언가를 준비 또는 대비하는 것을 뜻합니다. 예를 들어, prepare for the worst라고 하면 '최악의 상황에 대비하다'라는 의미지요. 그러나 준비하는 대상이 무엇인지에 따라 의미가 조금씩 달라집니다. 예를 들어 약을 준비할 때는 '조제하다'를 뜻하여 prepare pills라고 하면 '환을 조제하다'라는 의미가 됩니다.

1　We need to prepare for the test tomorrow.
　　우리는 내일 시험 준비를 해야 한다.

2　They prepared a farewell party for Jack.
　　그들은 Jack을 위한 송별 파티를 준비했다.

Plus +　farewell 형 송별의

우리말에 맞게 빈칸에 알맞은 단어를 쓰세요.　　　　　　(정답은 본문을 확인하세요.)

1　He must be ＿＿＿＿＿＿ to jump off the roof!　　지붕에서 뛰어내리다니 그는 미친 게 분명해!

2　We ＿＿＿＿＿＿ across the desert for many days.　　우리는 여러 날에 걸쳐 사막을 여행했다.

3　It seemed ＿＿＿＿＿＿, but I managed to do it.　　불가능해 보였지만, 나는 어떻게든 해냈다.

4　Amy ＿＿＿＿＿＿ a dog away.　　Amy는 개를 겁주어 쫓아냈다.

5　The ＿＿＿＿＿＿ from the mountaintop was amazing.　　산꼭대기에서 바라보는 경치는 놀라웠다.

6　Linda lit a ＿＿＿＿＿＿ in the dark room.　　Linda는 어두운 방에서 촛불을 켰다.

7　I believe in the ＿＿＿＿＿＿ of God.　　나는 신의 은총을 믿는다.

8　She ＿＿＿＿＿＿ in the cold winter air.　　그녀는 차가운 겨울 공기에 몸을 떨었다.

9　I was ＿＿＿＿＿＿ from working overtime.　　나는 야근하느라 피곤했다.

10　Jack ＿＿＿＿＿＿ up his shirt.　　Jack은 셔츠의 단추를 채웠다.

11　I'm afraid you're not on the ＿＿＿＿＿＿ list.　　유감스럽게도 당신은 손님 명단에 없습니다.

12　She is ＿＿＿＿＿＿ because her business failed.　　그녀는 사업에 실패해서 파산했다.

13　The ＿＿＿＿＿＿ left his family and entered the monastery.　　수도승은 그의 가족을 떠나 수도원에 들어갔다.

14　The tiger ＿＿＿＿＿＿ towards its prey.　　호랑이는 먹이를 향해 살금살금 움직였다.

15　Anyone who does bad things will go to ＿＿＿＿＿＿.　　나쁜 짓을 하는 사람은 누구든 지옥에 갈 것이다.

16　The police ＿＿＿＿＿＿ up the criminal.　　경찰은 범인을 체포했다.

17　We built a sandcastle on the ＿＿＿＿＿＿.　　우리는 해변에 모래성을 쌓았다.

18　The ＿＿＿＿＿＿ side of our house gets a lot of sun.　　우리 집의 남쪽 면은 햇빛을 많이 받는다.

19　The shirt has long ＿＿＿＿＿＿.　　그 셔츠는 긴 소매가 있다.

20　Please fill the ＿＿＿＿＿＿ with water.　　양동이에 물을 채워주십시오.

21　The police ＿＿＿＿＿＿ the suspect.　　경찰은 그 용의자를 풀어주었다.

22　This is a ＿＿＿＿＿＿ problem.　　이것은 심각한 문제이다.

23　The boat suddenly started to ＿＿＿＿＿＿.　　배가 갑자기 표류하기 시작했다.

24　You ＿＿＿＿＿＿ to finish your homework first.　　너는 우선 숙제부터 끝내야 한다.

25　Can you please pass me that ＿＿＿＿＿＿?　　그 접시 좀 건네줄래?

26　They live on the ＿＿＿＿＿＿ of the city.　　그들은 교외에 살고 있다.

27　We are in a ＿＿＿＿＿＿ situation.　　우리는 곤란한 상황에 놓여 있다.

28　Leah ＿＿＿＿＿＿ the rope tightly.　　Leah는 밧줄을 꽉 잡았다.

29　The ＿＿＿＿＿＿ flows through this forest.　　그 개울은 이 숲을 통해 흐른다.

30　We need to ＿＿＿＿＿＿ for the test tomorrow.　　우리는 내일 시험 준비를 해야 한다.

Level 36

레벨별 단어 사용 빈도

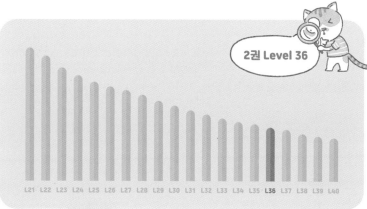

2권 Level 36

L21 L22 L23 L24 L25 L26 L27 L28 L29 L30 L31 L32 L33 L34 L35 **L36** L37 L38 L39 L40

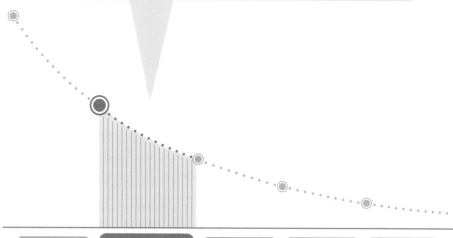

LEVEL 1~20　　LEVEL 21~40　　LEVEL 41~60　　LEVEL 61~80　　LEVEL 81~100

1051

tray

[treɪ]

명 쟁반, 칸막이 상자

tray는 원래 '평평한 판'을 뜻했는데 이러한 판으로 음식이나 물건을 옮기기 시작하면서 '쟁반'을 뜻하게 된 것으로 추정합니다. 또한 사람들이 물건을 보관하거나 분류할 때 쓰는 '칸막이 상자'를 의미하기도 합니다. 그래서 사무실 책상 위에 두고 쓰는 서류함이나 편지함을 in tray라고 표현하지요.

1 Various cakes were piled on the tray.
쟁반 위에는 다양한 케이크들이 쌓여 있었다.

2 The copy papers were put in trays by size.
복사 용지는 크기별로 상자에 놓여있다.

Plus + various 형 다양한   pile 동 쌓다
put 동 놓다, 두다   size 명 크기

1052

closet

['klɑzɪt]

명 벽장, 찬장

형 비밀의[은밀한], 밀실에 알맞은

closet은 우리가 옷이나 물건을 정리하고 보관하는 '벽장, 찬장'을 뜻해요. 그런데 사람들이 종종 무언가 숨기거나 보관하는 용도로 벽장을 쓰는 모습에서 의미가 확장되어 closet은 비밀 또는 은밀한 상황을 비유적으로 나타내기도 합니다.

1 Kate keeps her clothes in the closet.
Kate는 옷을 벽장에 보관한다.

2 I searched my closet for a nice outfit to wear.
나는 멋진 옷을 찾기 위해 옷장을 뒤졌다.

Plus + keep 동 보관하다   search 동 뒤지다, 찾아보다
outfit 명 옷, 복장

1053

bet

[bet]

bet - bet/betted

동 돈을 걸다, 내기를 하다

명 내기[도박]

bet은 주로 우리가 야구나 축구 등의 스포츠 경기를 보면서 응원하는 팀이 이길 것이라고 친구와 돈을 걸고 내기하는 등의 상황을 나타냅니다. 그래서 win a bet이라고 하면 '내기에서 돈을 따다'라는 의미가 되고, bet $1,000 on the final score of the game은 '그 경기의 최종 점수에 천 달러를 걸다'라는 뜻을 나타내요.

1 I bet 20 dollars on the horse race.
나는 경마에 20달러를 걸었다.

2 We bet on who can run faster.
우리는 누가 더 빨리 달릴 수 있는지 내기를 했다.

Plus + horse race 경마, 말 달리기 시합   run 동 달리다

form

[fɔːrm]

- 명 종류[유형], 형태, 서식,
  형식[양식]
- 동 형성시키다[되다],
  구성하다[되다]

우리에게 '폼'이라는 외래어로 익숙한 form의 기본 의미는 '모양, 형태'입니다. 그리고 이 기본 뜻이 어떤 맥락에 적용되는지에 따라 무언가의 종류나 구조를 나타내거나, 서류와 같은 문서의 형식을 설명할 수도 있습니다. 예를 들면 a booking form(예약서), an order form(주문서) 등이 있지요. 또한 맥락에 따라 무언가를 만들거나 구성하는 것을 의미하기도 합니다.

1 I need to fill out this form before the interview.

나는 면접 전에 이 서식을 작성해야 한다.

2 We formed study groups to prepare for the exam.

우리는 시험 준비를 위해 스터디 그룹을 만들었다.

Plus + fill out a form 서식을 작성하다   prepare 동 준비하다

---

storm

[stɔːrm]

- 명 폭풍(우), 급습
- 동 폭풍이 불다, 돌진하다,
  급습하다

storm은 '폭풍, 폭풍우'와 같이 하늘에서 내리는 많은 비와 강한 바람을 설명합니다. 그리고 맥락에 따라 폭풍이 갑자기 몰아치듯 어떤 공격이나 행동이 갑자기 이루어지는 것을 표현하기도 합니다. 상당히 비유적이고 시적이죠? 이럴 때는 '급습'이나 '돌진하다'라는 뜻에 가깝습니다. 참고로 영어에는 perfect storm이라는 표현이 있는데, 이는 한꺼번에 안 좋은 일이 겹쳐 '더할 수 없이 나쁜 상황'을 의미합니다.

1 The storm lasted all day yesterday.

그 폭풍은 어제 하루 종일 계속되었다.

2 The army stormed the city.

군대가 도시를 급습했다.

Plus + last 동 (특정한 시간 동안) 계속되다   army 명 군대, 부대

---

feed

[fiːd]

fed - fed

- 동 먹이다[먹이를 주다],
  (식물에) 영양분을 주다,
  공급[제공]하다, 젖을 주다

feed는 기본적으로 '먹이를 주다'를 뜻합니다. 먹이를 주는 대상은 동물, 사람, 또는 식물까지 모두 적용될 수 있어요. 이런 특성으로 인해 feed는 좀 더 넓은 의미에서는 '제공하다' 또는 '공급하다'를 의미하기도 합니다. 예를 들어, feed a family라고 하면 '가족을 부양하다'라는 의미가 되고, feed on은 '~을 먹다, ~을 먹고 살다'를 뜻해요.

1 Jenny feeds her dog twice a day.

Jenny는 하루에 두 번 그녀의 강아지에게 먹이를 준다.

2 We need to feed the fish regularly.

우리는 물고기에게 정기적으로 먹이를 주어야 한다.

Plus + twice 부 두 번   regularly 부 규칙적으로, 정기적으로

1057

feather

[ˈfeðə(r)]

- 형 깃털[장식, 의상],
  (깃털처럼 가벼워서) 시시한
  [하찮은] 것
- 동 깃털을 달다[덮다]

feather는 기본적으로 '(새의) 깃털'이라는 뜻으로 가장 많이 쓰입니다. 더 넓은 의미에서는 '하찮은 것'을 표현하기도 하는데, 이는 깃털의 무게가 가볍다는 개념을 토대로 파생된 의미라 추정합니다. 그밖에 동사로는 '깃털을 달다'를 뜻하기도 합니다. 이를테면 화살에 깃을 다는 것을 feather an arrow라고 표현할 수 있지요.

1 The bird had colorful feathers.

그 새는 다양한 색의 깃털을 가지고 있었다.

2 Birds of a feather flock together.

깃털이 같은 새들은 함께 모인다. (= 유유상종)

Plus + flock 동 (많은 수가) 모이다　　　　　together 부 함께

1058

tremble

[ˈtrembl]

- 동 떨(리)다, (떨릴 정도로)
  두려워하다[걱정하다],
  흔들리다[진동하다],
  운명이 기로에 서 있다

tremble은 일반적으로 '떨다'를 의미합니다. 무서워서, 추워서, 또는 흥분해서 몸이 떨리는 것을 모두 표현할 수 있어요. 또한 사람의 몸이 떨리는 것뿐만 아니라 땅이 흔들리거나 진동하는 모습을 묘사하기도 합니다. 비유적으로는 어떤 일의 결과가 불확실하고 예측할 수 없을 때를 표현하기도 해요. '떨다'라는 기본 의미에서 참 다양한 뜻이 파생되었죠?

1 Peter began to tremble with anxiety.

Peter는 불안에 떨기 시작했다.

2 The ground trembled due to the earthquake.

지진으로 인해 땅이 흔들렸다.

Plus + anxiety 명 불안(감)　　　　　earthquake 명 지진

1059

wonderful

[ˈwʌndərfl]

- 형 아주 멋진, 경이로운,
  불가사의한

wonderful은 wonder(놀라움)와 -ful(가득찬)이 결합한 형용사입니다. 글자 그대로 하면 '놀라움으로 가득 찬'이라는 말이 되는데, 무언가 '아주 멋지거나 경이로운' 상태를 나타냅니다. 또한 '불가사의한'이라는 뜻으로 무언가 이해하기 어렵거나 신비로운 것을 나타내기도 합니다.

1 The night view was absolutely wonderful.

야경은 정말 멋졌다.

2 What a wonderful idea!

정말 멋진 생각이야!

Plus + absolutely 부 정말로, 전적으로　　　　　idea 명 생각, 발상

1060

monkey

['mʌŋki]

명 원숭이, 장난꾸러기

우리가 잘 알고 있듯이 monkey는 '원숭이'를 뜻합니다. 그리고 독특하게 때로는 짓궂은 '장난꾸러기'를 가리키기도 하는데, 이는 원숭이의 장난끼 많은 모습이나 머리가 좋아서 사람들을 흉내내는 모습에서 파생된 의미로 보입니다. 그래서 monkey를 활용한 표현 중 하나인 make a monkey out of somebody는 '~를 웃음거리로 만들다'를 뜻합니다.

1 The monkey suddenly threw a banana peel.

원숭이가 갑자기 바나나 껍질을 던졌다.

2 Josh is such a monkey, making jokes all the time.

Josh는 항상 농담을 던지는 장난꾸러기 같다.

Plus + throw 동 던지다　　　　　　　peel 명 껍질

1061

image

['ɪmɪdʒ]

명 그림, 상(像), 인상
동 ~의 상을 만들다[그리다]

image는 원래 '복사본'을 뜻하는 단어에서 유래했습니다. 그래서 초창기에는 주로 '그림' 등을 의미했다가 사진기가 발명된 이후로는 '사진'도 함께 나타내게 되었어요. image는 물리적인 표현 외에도 사람들이 생각하는 특정 사람, 물건, 회사 등에 대한 '인상'이나 '감정'을 나타내기도 합니다.

1 Judy looked at her image reflected in the pond.

Judy는 연못에 비친 자신의 상(像)을 보았다.

2 The doctor imaged the broken arm using x-rays.

의사는 엑스레이를 사용하여 부러진 팔을 촬영했다.

Plus + reflect 동 (물 위에 상을) 비추다　　　　broken 형 부러진

1062

control

[kən'troʊl]

명 지배, 통제, 제어
동 지배[통제]하다

control의 원래 뜻은 '목록을 확인하다'였습니다. 목록을 확인하는 것을 어떤 대상을 '다루는' 것이라고 여기게 되면서 지금의 뜻으로 발전했습니다. 그래서 오늘날은 주로 '지배, 통제' 등 어떤 상황이나 사람을 다루는 것을 의미합니다. 예를 들어, be under control은 '잘 제어[관리]되다'를 뜻합니다.

1 The government has control over the situation.

정부가 상황을 통제하고 있다.

2 You can control the brightness with this switch.

너는 이 스위치로 밝기를 조절할 수 있다.

Plus + situation 명 상황　　　　　　brightness 명 밝기

1063

bud

[bʌd]

명 싹[눈, 꽃봉오리]

동 싹[눈]트다,
성장[발달]하기 시작하다

bud는 '싹, 꽃봉오리' 등을 뜻합니다. 그리고 이 의미에서 범위가 넓어지면서 새로운 식물이나 꽃이 자라기 시작하는 과정도 일컫게 되었지요. 그래서 come into bud라고 하면 나무나 꽃 등의 '싹이 트다'를 뜻하기도 해요. 그밖에 bud는 동사로 '성장하기 시작하다, 발달하기 시작하다'를 의미하기도 합니다.

1　I saw buds on the tree. Spring is coming.
　나무에 꽃봉오리가 보였다. 봄이 오고 있다.

2　Our friendship is just budding.
　우리의 우정은 이제 막 싹트고 있다.

Plus + friendship 명 우정　　　　just 부 이제 막, 지금

1064

palace

['pæləs]

명 궁전, 대저택, 호화로운 건물

형 궁전의

palace는 사실 고대 로마에 있던 *Palatine*(팔라틴)이라는 언덕 이름에서 유래하였습니다. *Palatine* 언덕은 첫 번째 로마 황제가 사는 곳이었습니다. 시간이 지나면서 왕이나 여왕이 사는 화려한 집을 가리키는 '궁전'으로 의미가 바뀌게 되었습니다. 그래서 과거 우리나라 왕이 살았던 경복궁, 창덕궁 등도 모두 palace로 표현할 수 있습니다.

1　Her house is so big, it's like a palace!
　그녀의 집은 정말 커, 마치 궁전 같아!

2　The thief broke into the palace.
　도둑이 궁전에 침입했다.

Plus + thief 명 도둑　　　　break into (건물에) 침입하다

1065

shot

[ʃɑːt]

명 발사, 촬영, 시도

shot은 원래 '발사된 것'이라는 뜻에 가까운데, 발사된 대상이 무엇인지에 따라 다양한 뜻이 확장되었습니다. 이를테면 빛을 발사하는 행위라는 개념에서 '촬영'을 뜻하기도 하고, 어떤 에너지를 일단 내보낸다는 흐름에서 '시도'를 의미하기도 합니다.

1　A suspicious man took a shot at the window.
　한 수상한 남자가 창문을 향해 총을 한 발 쏘았다.

2　The director shot the scene in one take.
　감독은 그 장면을 한 번에 촬영했다.

Plus + suspicious 형 수상쩍은　　　　take a shot 저격하다
scene 명 장면

1066

cage
[keɪdʒ]

명 (짐승의) 우리, 새장, 우리형 구조물

동 ~을 새장[우리]에 넣다

cage는 원래 '새나 동물을 가둘 수 있는 빈 공간'을 의미하던 라틴어 *cavea*에서 유래했습니다. 그래서 보통 동물을 가두는 '우리, 새장'을 뜻하거나 '우리형 구조물'을 나타내기도 하지요. 동사로는 '~을 새장[우리]에 넣다'를 의미하는데, cage in이라고 하면 '가두다, 감금하다'를 뜻합니다.

1 The lion is in the largest cage at the zoo.
사자는 동물원에서 가장 큰 우리 안에 있다.

2 I caged the parrots because they were too noisy.
나는 앵무새들이 너무 시끄러워서 새장에 넣었다.

Plus + parrot 명 앵무새   noisy 형 시끄러운

1067

government
[ˈɡʌvərnmənt]

명 정부, 행정, 통치

government는 원래 '조종하다, 지배하다'라는 뜻으로 출발했습니다. 그러다 시간이 지나면서 나라를 관리하고 법률을 만들어 실시하는 집단, 즉 '정부'를 뜻하게 되었습니다. 그밖에 맥락에 따라 '행정, 통치'를 의미하기도 합니다.

1 The government decided to lower taxes.
정부는 세금을 내리기로 결정했다.

2 The government strengthened its welfare policies.
정부는 복지 정책을 강화했다.

Plus + lower 동 ~을 내리다   tax 명 세금
strengthen 동 강화하다   welfare 명 복지

1068

attack
[əˈtæk]

동 공격[습격]하다, 침범하다

명 공격, 개시

attack의 기본 의미는 '공격하다'입니다. 다른 사람을 때리거나 말로 타인을 비판하는 것을 모두 포함할 수 있어요. 또한 '침범하다'를 뜻하기도 하는데, 이는 다른 사람의 권리나 공간 등을 침해하는 행위를 나타냅니다. 그밖에 명사로는 '공격' 또는 '개시'를 의미하기도 합니다.

1 The bear attacked the goat.
곰이 염소를 공격했다.

2 The sudden attack left him in shock.
갑작스러운 공격으로 그는 충격에 빠졌다.

Plus + goat 명 염소   sudden 형 갑작스러운
shock 명 (심리적) 충격

1069

pencil

['pensl]

명 연필

pencil은 우리가 잘 알고 있듯이 '연필'을 뜻하는 명사입니다. 원래는 '작은 꼬리'를 뜻하는 라틴어에서 유래하였습니다. 그 시절의 붓 모양이 마치 작은 꼬리가 달린 것처럼 생겨서 '작은 붓'을 나타내었다가 시간이 지나면서 지금의 뜻으로 발전되었습니다.

1 I like the sound of writing with a pencil.

나는 연필로 글씨 쓰는 소리를 좋아한다.

2 John sharpened his pencil before sketching.

John은 스케치를 하기 전에 연필을 깎았다.

Plus+ sound 명 소리　　　　　　　sharpen 동 (날카롭게) 깎다
sketch 동 스케치하다

1070

beast

['biːst]

명 짐승[야수], 짐승 같은 사람

beast는 늑대나 사자처럼 사람들이 두려워하는 크고 강한 동물을 의미합니다. 또한 이런 이미지에 착안하여 비유적으로 '짐승 같은 사람'을 표현하기도 해요. 예를 들어, the beast in man이라고 하면 사람의 마음 속에 내재되어 있는 야수성을 의미합니다.

1 The beast growled and threatened people.

그 짐승은 으르렁 거리며 사람들을 위협했다.

2 Lily was acting like a beast during the debate.

Lily는 논쟁 중에 마치 짐승처럼 행동했다.

Plus+ growl 동 으르렁거리다　　　　threaten 동 위협하다
act 동 행동하다　　　　　　　debate 명 논쟁

1071

final

['faɪnl]

형 마지막의, 최종적인, 결국의

명 결승

final은 주로 '끝, 마지막'을 나타내며 어떤 대상의 최종 또는 무언가 더 이상 바뀔 수 없음을 뜻합니다. 그래서 운동 경기 등에서 가장 마지막에 열리는 경기인 '결승전'을 의미하기도 합니다. 이 외에도 final exam(기말고사), the final word(최종 발언) 등으로 쓰일 수 있어요.

1 We respect Judy's final decision.

우리는 Judy의 최종 결정을 존중한다.

2 They are watching the final game of the World Cup.

그들은 월드컵 결승전을 보고 있다.

Plus+ respect 동 존중하다　　　　　decision 명 결정

1072

art

[ɑːrt]

명 예술, 미술(품), 기술, 인문학

art의 원래 뜻은 '기술'에 가장 가까웠습니다. 그러다 그림, 음악, 조각 등 다양한 형태로 사람들이 창조하거나 상상하는 모든 것, 즉 '예술'을 의미하게 되었지요. 그래서 맥락에 따라서는 '인문학'을 뜻하기도 합니다. art는 work of art(예술품)부터 art therapy(예술 요법)까지 다양한 표현에 쓰일 수 있으니 잘 외워두세요.

1 I visit the art gallery twice a month.
나는 한 달에 두 번 미술관을 방문한다.

2 Henry doesn't know anything about art.
Henry는 미술에 대해 아무것도 모른다.

Plus+ gallery 명 미술관, 화랑　　　　　　　　twice 부 두 번
anything 대 아무것

1073

sink

[sɪŋk]

sank/sunken - sunk/sunken

동 가라앉다, 침몰하다[시키다], 내려앉다[함몰하다], (강도 등이) 줄어들다 [약해지다]

sink는 기본적으로 '가라앉다, 침몰하다'를 뜻했습니다. 이후 시간이 지나면서 물리적으로 무언가 아래로 내려가는 것뿐만 아니라, 추상적으로 어떤 정도나 힘이 줄어드는 것도 나타내게 되었습니다. 그래서 '(강도 등이) 줄어들다, 약해지다'를 뜻하기도 합니다. 예를 들어, 좋지 않은 징조나 망운이 들었다고 할 때 begin to sink라고 말할 수 있어요.

1 The ship was sinking into the sea.
그 배는 바닷속으로 침몰하고 있었다.

2 Paul sank into a deep depression.
Paul은 깊은 우울함에 빠졌다.

Plus+ sink into ~으로 가라앉다　　　　depression 명 우울함, 우울증

1074

officer

[ˈɔːfɪsə(r), ˈɑːfɪsə(r)]

명 장교, 공무원, 경찰관

officer는 원래 '의무, 직무'를 뜻하는 단어에서 유래했습니다. 그리고 이 의미들에서 '의무, 직무를 수행하는 사람'이란 뜻도 나오게 되었지요. 각자 맡은 임무와 직무가 무엇인지에 따라 '장교, 공무원, 경찰관' 등 다양한 의미를 나타낼 수 있습니다. 예를 들면 a commanding officer(지휘관), a public officer(공무원) 등이 있어요.

1 My father was an officer in the army.
나의 아버지는 군대 장교였다.

2 The officer issued Linda a speeding ticket.
그 경찰관은 Linda에게 속도 위반 딱지를 발부했다.

Plus+ issue 동 발부하다　　　　a speeding ticket 속도 위반 딱지

invite

[ɪnˈvaɪt]

⑧ 초대[초청]하다,
   (정중히) 부탁하다, 초래하다

invite의 원래 뜻은 '사람을 불러들이다'였습니다. 오늘날도 원래 의미와 크게 다르지 않습니다. 주로 어떤 행사, 모임 등에 사람을 '초대하다'라는 뜻을 나타냅니다. 예를 들어, invite somebody along이라고 하면 '~에게 같이 가자고 청하다'를 뜻하지요. 그밖에 더 넓은 의미로는 '부탁하다'나 '초래하다' 등을 나타내기도 합니다.

1 Ann made a list of guests to invite.
   Ann은 초대할 손님들의 목록을 만들었다.

2 His actions could invite trouble.
   그의 행동은 문제를 초래할 수도 있었다.

Plus + guest ⑲ 손님   trouble ⑲ 문제, 골칫거리

glad

[glæd]

⑱ 기쁜[즐거운],
   기꺼이 ~하려는

glad는 원래 '밝은, 빛나는'이라는 뜻에서 출발하였으나, 시간이 지나면서 '기쁜, 즐거운' 등 사람의 밝은 감정을 나타내게 되었습니다. 주로 좋은 일이 생겼을 때나 반가운 사람을 만나는 상황을 표현하며 맥락에 따라 '기꺼이 ~하려는'이라는 뜻을 나타내기도 합니다. 예를 들어, be glad to accept라고 하면 기꺼이 무언가를 승낙한다는 의미가 됩니다.

1 I'm glad that he is feeling better.
   나는 그가 기분이 좋아진 것 같아 기쁘다.

2 I would be glad to answer any additional questions.
   추가 질문이 있으면 기꺼이 답변 드리겠습니다.

Plus + feel better 기분이 좋아지다   answer ⑧ 대답하다, 대응하다
        additional ⑱ 추가의   question ⑲ 질문

charge

[tʃɑːrdʒ]

⑧ 청구하다, (책임 등을) 지우다,
   돌격하다, 충전하다

⑲ 책임[담당]

charge의 원래 의미는 '짐을 싣다'였는데 시간이 지나면서 '청구하다, 책임을 지다' 등으로 발전하게 되었습니다. 아마 짐을 싣는 것이 누군가에게 의무를 지우는 것과 같다고 여겨 파생된 뜻으로 보입니다. 그밖에 맥락에 따라 '돌격하다' 또는 '(전기 등을) 충전하다' 등을 의미하기도 합니다.

1 The man charged me $100 for repairs.
   그 남자는 수리 비용으로 내게 100달러를 청구했다.

2 Ann took charge of the new project.
   Ann이 새로운 프로젝트의 책임을 맡았다.

Plus + repair ⑲ 수리   take charge of ~의 책임을 지다[떠맡다]

1078

glow

[gloʊ]

⑧ 빛을 내다, 타다, 북받치다

⑨ 불빛

glow의 의미들은 대체적으로 사람의 얼굴이 행복하거나 건강해 보일 때, 마치 '빛처럼 밝게 드러난다'라는 개념을 토대로 파생된 뜻입니다. glow는 원래 '빛나다'를 뜻하다가 시간이 지나면서 '불빛'을 가리키게 되었습니다. 그래서 맥락에 따라 '타다, 북받치다' 등을 나타내기도 합니다. 예를 들어, the glow of colors 라고 하면 '타오를 듯한 색채'를 뜻하고, a dim glow는 '희미한 빛'을 의미하는 식이지요.

1 The candles glowed in the dark.
촛불이 어둠 속에서 빛났다.

2 Winning the race made Henry glow with pride.
경기에서 이긴 Henry는 자부심으로 빛났다.

Plus + candle ⑨ 양초　　　　pride ⑨ 자부심, 자랑스러움

1079

familiar

[fəˈmɪliə(r)]

⑲ 익숙한, 잘 알려진, 격식을 차리지 않는, 아주 잘 아는

familiar의 원래 의미는 '가정의'였다가 '가정에서 자주 보거나 경험하는 것'을 뜻하게 되었고, 오늘날은 '익숙한, 잘 알려진' 등으로 의미가 변하게 되었습니다. 그런데 '익숙한' 것은 '편한' 것을 의미할 수도 있지요? 여기서 '격식을 차리지 않는'이라는 뜻이 파생되었습니다.

1 This song sounds familiar to me.
이 노래는 내게 익숙하게 들린다.

2 The semiconductor field is not familiar to Jim.
반도체 분야는 Jim에게 익숙하지 않다.

Plus + sound ⑧ ~처럼 들리다　　　semiconductor ⑨ 반도체
field ⑨ 분야

1080

cough

[kɔːf]

⑨ 기침(이 나는 병)

⑧ 기침하다, 토해내다[자백하다, 어쩔 수 없이 지불하다]

cough의 기본 의미는 '기침'입니다. '기침'은 우리 몸이 무언가를 내보내려고 할 때 하는 행동이지요? 이런 맥락에서 cough는 비유적으로 어떤 정보나 돈 등을 어쩔 수 없이 내놓는 상황을 나타내기도 합니다. 예를 들어, cough up이라고 하면 '(특히 돈을 마지못해) 내놓다, 토해내다' 등을 의미하지요.

1 Bella couldn't speak because she kept coughing.
Bella는 기침을 계속해서 말할 수 없었다.

2 The company had to cough up a lot of money for damages.
그 회사는 손해 배상으로 많은 돈을 토해내야 했다.

Plus + keep -ing 계속 ~하다　　　damages ⑨ 손해(배상)액

우리말에 맞게 빈칸에 알맞은 단어를 쓰세요.   (정답은 본문을 확인하세요.)

1   Various cakes were piled on the _____ .
쟁반 위에는 다양한 케이크들이 쌓여 있었다.

2   Kate keeps her clothes in the _____ .
Kate는 옷을 벽장에 보관한다.

3   I _____ 20 dollars on the horse race.
나는 경마에 20달러를 걸었다.

4   I need to fill out this _____ before the interview.
나는 면접 전에 이 서식을 작성해야 한다.

5   The _____ lasted all day yesterday.
그 폭풍은 어제 하루 종일 계속되었다.

6   Jenny _____ her dog twice a day.
Jenny는 하루에 두 번 그녀의 강아지에게 먹이를 준다.

7   The bird had colorful _____ .
그 새는 다양한 색의 깃털을 가지고 있었다.

8   The ground _____ due to the earthquake.
지진으로 인해 땅이 흔들렸다.

9   The night view was absolutely _____ .
야경은 정말 멋졌다.

10 The _____ suddenly threw a banana peel.
원숭이가 갑자기 바나나 껍질을 던졌다.

11 Judy looked at her _____ reflected in the pond.
Judy는 연못에 비친 자신의 상(像)을 보았다.

12 The government has _____ over the situation.
정부가 상황을 통제하고 있다.

13 Our friendship is just _____ .
우리의 우정은 이제 막 싹트고 있다.

14 Her house is so big, it's like a _____ !
그녀의 집은 정말 커, 마치 궁전 같아!

15 A suspicious man took a _____ at the window.
한 수상한 남자가 창문을 향해 총을 한 발 쏘았다.

16 The lion is in the largest _____ at the zoo.
사자는 동물원에서 가장 큰 우리 안에 있다.

17 The _____ decided to lower taxes.
정부는 세금을 내리기로 결정했다.

18 The bear _____ the goat.
곰이 염소를 공격했다.

19 I like the sound of writing with a _____ .
나는 연필로 글씨 쓰는 소리를 좋아한다.

20 The _____ growled and threatened people.
그 짐승은 으르렁 거리며 사람들을 위협했다.

21 We respect Judy's _____ decision.
우리는 Judy의 최종 결정을 존중한다.

22 I visit the _____ gallery twice a month.
나는 한 달에 두 번 미술관을 방문한다.

23 The ship was _____ into the sea.
그 배는 바닷속으로 침몰하고 있었다.

24 My father was an _____ in the army.
나의 아버지는 군대 장교였다.

25 His actions could _____ trouble.
그의 행동은 문제를 초래할 수도 있었다.

26 I'm _____ that he is feeling better.
나는 그가 기분이 좋아진 것 같아 기쁘다.

27 The man _____ me $100 for repairs.
그 남자는 수리 비용으로 내게 100달러를 청구했다.

28 The candles _____ in the dark.
촛불이 어둠 속에서 빛났다.

29 This song sounds _____ to me.
이 노래는 내게 익숙하게 들린다.

30 Bella couldn't speak because she kept _____ .
Bella는 기침을 계속해서 말할 수 없었다.

Level 37

레벨별 단어 사용 빈도

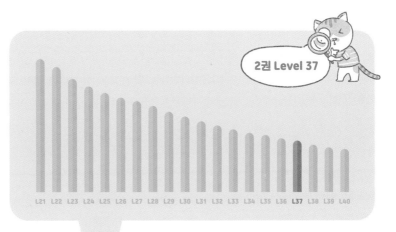

2권 Level 37

L21 L22 L23 L24 L25 L26 L27 L28 L29 L30 L31 L32 L33 L34 L35 L36 **L37** L38 L39 L40

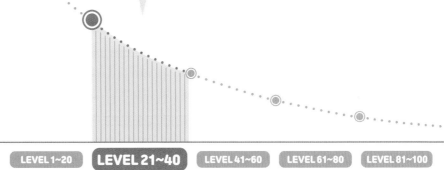

LEVEL 1~20　　**LEVEL 21~40**　　LEVEL 41~60　　LEVEL 61~80　　LEVEL 81~100

1081

coin

[kɔɪn]

명 동전, 주화

동 (화폐를) 주조하다,
(새로운 어휘를) 만들어내다

coin은 원래 '육각형' 등을 뜻했습니다. 옛날에는 동전의 형태가 육각형이어서 그런지 시간이 지나면서 '동전, 주화' 등을 뜻하게 되었습니다. 그리고 '동전'과 같은 화폐를 찍듯이 무언가 새로운 것을 창조한다는 맥락에서 '(새로운 어휘를) 만들어내다'라는 다소 독특한 의미가 파생되었습니다.

1 I put a coin in the beverage vending machine.
나는 음료 자판기에 동전을 넣었다.

2 William coined a new phrase in his novel.
William은 자신의 소설에서 새로운 구절을 만들어냈다.

Plus + beverage 명 음료   vending machine 자판기
phrase 명 구절   novel 명 소설

1082

queen

[kwi:n]

명 여왕, 왕비

동 여왕으로서 군림하다

우리에게 익숙한 queen의 기본 의미는 '여왕'입니다. 아주 먼 옛날부터 왕이 된 여성이나 왕과 결혼한 여성인 '왕비'를 queen이라 불렀지요. 따라서 queen은 지배 계층의 꼭대기에 있는 여성이라는 뜻에 가깝습니다. 그밖에 동사로는 '여왕으로서 군림하다'를 의미하기도 합니다.

1 Sue played the role of the queen in this play.
Sue는 이 연극에서 여왕 역할을 맡았다.

2 The queen rules her kingdom wisely.
그 여왕은 자신의 왕국을 현명하게 다스리고 있다.

Plus + role 명 역할   rule 동 다스리다
kingdom 명 왕국   wisely 부 현명하게, 영리하게

1083

effort

['efərt]

명 노력, 수고, (특정한 성과를
거두기 위한 집단의 조직적인)
활동

effort는 원래 '바깥으로 힘을 내보내다'를 뜻하였는데, 의미가 확장되면서 '노력, 수고' 등을 나타내게 되었습니다. 아마 '노력'이 결국에는 자신이 안에 가지고 있는 힘을 밖으로 내보내서 어떤 성과를 이루려 한다는 점에서 파생된 것으로 보입니다. 더 넓은 의미로는 특정 성과를 위해 여러 사람이 함께하는 '(조직적인) 활동'을 뜻하기도 해요.

1 Peter put efforts into the cake.
Peter는 그 케이크에 많은 공을 들였다.

2 We won the championship due to team effort.
팀의 노력으로 우리는 선수권 대회에서 우승했다.

Plus + put efforts into 공을 들이다   championship 명 선수권 대회

1084

sentence

[ˈsentəns]

명 문장, (형의) 선고[판결]

동 (형을) 선고하다

sentence는 원래 '의견, 판단'을 뜻하는 단어에서 유래했습니다. 그런데 보통 의견이나 생각을 나타내는 수단은 '언어'이고, 이 언어로 '문장'을 만들기 때문에 sentence가 '문장'이라는 뜻으로도 쓰이기 시작했습니다. 이 외에도 '판단'이라는 원래 의미에서 '선고', '(형을) 선고하다'라는 의미도 파생되었습니다.

1 I didn't understand the meaning of the sentence.

나는 그 문장의 뜻을 이해하지 못했다.

2 The judge sentenced her to five years in jail.

판사는 그녀에게 징역 5년을 선고했다.

Plus + understand 동 이해하다   meaning 명 의미
judge 명 판사

1085

shock

[ʃɑːk]

명 충격

동 충격[타격]을 주다, 깜짝 놀라게 하다

shock의 원래 뜻은 '부딪히다'로 처음에는 물리적 충격을 주는 것만 의미했습니다. 그러다 시간이 지나면서 점점 추상적인 맥락에서 '깜짝 놀라게 하다'도 나타내게 되었습니다. 예를 들어, in shock라고 하면 '충격에 빠진'을 의미하고, shock-resistant는 '충격 방지의'를 뜻합니다.

1 Witnessing the accident was a shock to everyone.

그 사고를 목격한 것은 모두에게 충격이었다.

2 The news of her promotion shocked everyone.

그녀의 승진 소식은 모두에게 충격을 주었다.

Plus + witness 동 목격하다   promotion 명 승진

1086

plane

[pleɪn]

명 비행기, (평평한) 면

형 평평한

동 대패질을 하다

plane은 원래 '평평한'을 뜻하는 단어에서 유래했어요. 그러다 점점 '평평한 면' 자체를 가리키게 되었고, 이것이 기술의 발전과 함께 '비행기'까지 뜻하게 되었습니다. 아마 초창기 비행기를 평평한 판들로 조립한 것에서 파생된 것으로 보입니다. 이 외에도 나무를 평평하게 만드는 작업인 '대패질을 히디'를 뜻하기도 합니다.

1 I was nervous when the plane took off.

비행기가 이륙했을 때 나는 긴장했다.

2 The carpenter began to plane the boards.

목수는 판자를 대패질하기 시작했다.

Plus + take off 이륙하다   carpenter 명 목수
board 명 판자

1087

fit

[fɪt]

fitted/fit - fitted/fit

형 꼭 맞는, 어울리는,
적당[적합]한,
좋은 건강 상태인

동 적절하다[들어맞다],
어울리게[적합하게] 하다

fit은 원래 '적절한 장소에 넣다'를 의미하다가 시간이 지나면서 '적당한, 어울리는' 등의 뜻을 나타내기 시작했습니다. 그러다 의미가 확장되어 건강 상태까지 묘사하게 되었지요. 예를 들어, I feel fit.이라고 하면 '나는 몸 상태가 매우 좋다.'라는 뜻이 됩니다.

1 My mother works out regularly to stay fit.
우리 엄마는 건강을 유지하기 위해 규칙적으로 운동한다.

2 Embrace the fact that you don't fit in.
당신이 다른 사람들과 어울리지 않는다는 사실을 받아들여라.

Plus + work out 운동하다   regularly 부 규칙적으로
embrace 동 (생각 등을 열렬히) 받아들이다   fact 명 사실

1088

suitcase

['suːtkeɪs]

명 여행 가방

suitcase는 suit(옷)와 case(상자)가 결합한 명사로 주로 여행을 갈 때 쓰는 큰 가방을 뜻합니다. 보통 짐을 쌀 때 옷을 많이 담다 보니 이런 이름이 붙었다고 하네요. 그래서 pack one's suitcase라고 하면 '짐을 싸다'를 뜻하고, live out of a suitcase는 '떠돌이 생활을 하다' 등을 의미합니다.

1 Jamie bought a new suitcase for this vacation.
Jamie는 이번 휴가를 위해 새 여행 가방을 샀다.

2 He lost his suitcase at the airport.
그는 공항에서 여행 가방을 잃어버렸다.

Plus + vacation 명 휴가   lose 동 잃어버리다, 분실하다
airport 명 공항

1089

future

['fjuːtʃə(r)]

명 미래, 장래

형 미래의

future는 원래 '곧 있을 것'이라는 뜻의 라틴어에서 유래했습니다. 그리고 여기서 의미가 확장되어 지금의 '미래, 장래'를 뜻하게 되었습니다. '미래'란 아직 오지 않은 시간, 곧 다가올 시간이니 어떤 흐름에서 의미가 확장되었는지 이해가 되시죠?

1 Olivia had no clear future plans yet.
Olivia는 아직 뚜렷한 장래 계획이 없었다.

2 Jack dreamed of a bright future.
Jack은 눈부신 미래를 꿈꿨다.

Plus + clear 형 뚜렷한, 명확한   yet 부 (부정문에서) 아직
dream of ~을 꿈꾸다   bright 형 눈부신, 밝은

1090

chew

[tʃuː]

- 동 (음식물을) 씹다, 물어뜯다[깨물다], 심사숙고하다
- 명 씹기[깨물기]

chew는 기본적으로 음식을 입 안에서 이빨로 부드럽게 만드는 행위 즉, '씹다'를 의미합니다. 또한 비유적으로는 무언가 깊이 생각하거나 심사숙고한다는 뜻을 나타내기도 하는데, 이는 심사숙고하는 것이 생각을 오랜 시간 유지하는 것이라고 여겨 파생된 의미로 보입니다.

1 Please chew your food well before swallowing.
삼키기 전에 음식을 잘 씹어 주십시오.

2 We need to chew on this problem a bit longer.
우리는 이 문제에 대해 좀 더 심사숙고해야 한다.

Plus+ swallow 동 삼키다　　　　　a bit 조금, 약간

1091

wolf

[wʊlf]

- 명 늑대, 이리, 잔인한 인간, 맹렬한 식욕

wolf는 우리가 잘 알고 있듯이 '늑대'를 의미합니다. '늑대'는 보통 잔인하고 맹렬한 동물로 묘사되곤 합니다. 그래서 wolf는 비유적으로는 '잔인한 인간' 또는 '맹렬한 식욕' 등을 뜻하기도 합니다.

1 Wolves are fierce predators in the wild.
늑대는 야생에서 맹렬한 포식자이다.

2 Billy is known as a wolf in the business world.
Billy는 비즈니스 세계에서 잔인한 사람으로 알려져 있다.

Plus+ fierce 형 맹렬한　　　　predator 명 포식자
wild 명 야생 (상태)　　　be known as ~로 알려져 있다

1092

wire

[waɪə(r)]

- 명 철사, 전선, 전신[전보]
- 동 전선을 연결[가설]하다

wire의 기본 의미는 '철사'입니다. 전기와 통신이 발달하면서 전기를 전달하는 얇고 긴 금속인 '전선'도 뜻하게 되었습니다. 예를 들어, wire netting은 '철망'을 뜻하고, an insulated wire라고 하면 '절연 전선'을 가리킵니다. 그밖에 동사로는 '전선을 연결하디'를 의미하기도 합니다.

1 We need a wire to hang this picture.
우리는 이 그림을 걸기 위한 철사가 필요하다.

2 Make sure the wires are connected properly.
전선이 제대로 연결되어 있는지 확인하십시오.

Plus+ hang 동 걸다　　　　　make sure (~임을) 확인하다
connect 동 연결하다　　　properly 부 제대로

1093

kneel

[niːl]

kneeled/knelt -
kneeled/knelt

동 무릎을 꿇다

kneel은 '무릎을 꿇다'를 뜻하는 동사입니다. 우리는 보통 기도를 하거나 존경을 표할 때, 또는 무언가를 부탁할 때 무릎을 꿇죠? 그래서 kneel은 존경, 복종, 굴복 등 다양한 맥락에서 무릎을 꿇는 것을 표현할 수 있습니다. 예를 들어, kneel in prayer라고 하면 '무릎 꿇고 기도하다'를 뜻하고, kneel at one's feet은 누군가의 발 밑에 무릎 꿇는 상황을 나타냅니다.

1 Suzy knelt to tie her shoelaces.
   Suzy는 신발 끈을 묶으려고 무릎을 꿇었다.

2 The knights knelt before the queen.
   그 기사들은 여왕 앞에 무릎을 꿇었다.

Plus + tie 동 묶다　　shoelace 명 신발끈
knight 명 기사

1094

wagon

['wæɡən]

명 4륜차, 짐마차

wagon은 원래 사람이나 말이 끌었던 '운반 차량'을 뜻했습니다. 그러다 자동차가 발명되면서 wagon은 승용차의 한 종류도 나타내게 되었습니다. 이런 흐름에서 오늘날 wagon은 사람이나 물건을 운반하기 위한 '4개의 바퀴가 달린 차'를 의미한다고 보시면 됩니다. 이를 말이 끌게 하면 '마차'라는 뜻이 되기도 하지요.

1 Julia pulled the wagon filled with hay.
   Julia는 건초로 가득 찬 수레를 끌었다.

2 He packed his belongings into the wagon.
   그는 자신의 짐을 마차에 실었다.

Plus + fill with ~으로 가득 차다　　hay 명 건초
pack 동 (짐 등을) 꾸리다　　belongings 명 소지품, 소유물

1095

tuck

[tʌk]

동 밀어[끼워] 넣다,
(이불 등을) 휘감다,
(옷 소매 등을) 걷어올리다,
주름을 잡다

tuck의 원래 의미는 '모이다'였습니다. 그러다 무언가를 한데 모아 밀어 넣거나 감싸는 행동을 나타내게 되었습니다. 예를 들어, 침대에서 잠을 자기 전에 이불을 모서리에 밀어 넣거나 바지의 끝단을 신발에 집어 넣는 것 등을 모두 나타낼 수 있습니다.

1 Jake tucked his shirt into his pants.
   Jake는 셔츠 자락을 바지에 집어 넣었다.

2 The nanny tucked the baby in the blanket.
   유모는 아기를 이불로 감쌌다.

Plus + nanny 명 유모　　blanket 명 담요

1096

area

[ˈeriə]

명 부분, 구역, 분야, 지역

area는 특정한 부분이나 장소, 또는 특정 분야를 나타내는 명사입니다. 예를 들어, 집안의 특정한 '부분'을 나타낼 때나, 어떤 주제나 학문 '분야'를 표현할 수 있어요. 또한 area는 다른 단어와 결합하여 자주 쓰입니다. 이를테면 residential area(주거 지역), study area(학습 공간) 등처럼 말이지요.

1 The area is heavily dependent on fishing.

그 지역은 어업에 크게 의존하고 있다.

2 Mathematics is a difficult area for many people.

수학은 많은 사람에게 어려운 분야이다.

Plus + be dependent on ~에 의존하다　　heavily 튀 크게, 몹시
fishing 명 어업　　mathematics 명 수학

1097

bunch

[bʌntʃ]

명 다발[묶음], 무리[떼, 집단], 많음[다량], 혹

bunch는 많은 것들이 한데 묶여 있는 것을 나타냅니다. 주로 '다발, 묶음, 무리' 등을 의미하며 바나나 한 송이나 꽃 한 다발부터 많은 사람들이 모여 있는 것까지 다양한 의미를 표현할 수 있어요. 예를 들어, sell by the bunch라고 하면 '묶음으로 팔다'를 뜻합니다.

1 We bought a bunch of flowers for our mom.

우리는 엄마를 위해 꽃 한 다발을 샀다.

2 Jack had a bunch of issues to solve.

Jack은 해결해야 할 문제가 많았다.

Plus + a bunch of 다수의　　issue 명 문제
solve 동 (문제 등을) 해결하다

1098

west

[wɛst]

명 서쪽, 서부

형 서쪽의

튀 서쪽으로

west의 기본 의미는 '서쪽'입니다. 서쪽 방향을 나타내거나 서쪽에 위치한 것을 묘사할 수 있어요. 예를 들어, west coast는 '서해안'을 의미하고, west wind는 '서풍'을 뜻합니다. 그리고 go west라고 하면 '서쪽으로 가다'를 나타내지요.

1 Alice continued to walk west to find the witch.

Alice는 마녀를 찾기 위해 계속해서 서쪽으로 걸어갔다.

2 Los Angeles is the largest city on the U.S. west coast.

Los Angeles는 미국 서부 해안에서 가장 큰 도시이다.

Plus + continue 동 (쉬지 않고) 계속하다　　witch 명 마녀

1099

cool

[ku:l]

형 시원한, 서늘한, 냉정한, 차분한

cool은 주로 '시원한, 서늘한'을 뜻합니다. 또한 비유적으로 '냉정한'이나 '차분한'을 의미하기도 합니다. 보통 흥분하면 호흡이 가빠지고 몸에서 열이 나는데 '냉정한, 차분한' 상태는 그와 반대이기 때문에 cool이 이런 의미를 갖게 된 것 같습니다. 그래서 cool down이라고 하면 '진정하다, 차분해지다'를 뜻합니다.

1 Tony jumped into the sea to cool off.
Tony는 더위를 식히려고 바다에 뛰어들었다.

2 Kate kept her cool during the difficult situation.
Kate는 어려운 상황에서도 침착함을 유지했다.

Plus + cool off 식다, 시원해지다　　keep 통 (특정한 상태 등을) 유지하다

1100

ocean

["oʊʃn]

명 대양, 바다, 많음

ocean은 '넓고 깊은 바다'를 뜻합니다. 특히 지구의 5대 바다인 '태평양, 대서양, 인도양, 남극해, 북극해' 중 하나를 주로 나타냅니다. 또한 '매우 많은 양'을 표현하기도 하는데, 이는 바다만큼 넓다는 개념이 추상적으로 적용된 것으로 보시면 됩니다.

1 As the years go by, the ocean gets warmer and warmer.
해가 지날수록 바다는 점점 더 따뜻해진다.

2 We have an ocean of homework to do.
우리는 해야 할 숙제가 정말 많다.

Plus + go by 지나가다　　get 통 (어떤 상태가) 되다, ~하게 되다
an ocean of 엄청나게 많은 (양의)

1101

thief

[θi:f]

명 도둑, 도적, 절도범

thief는 기본적으로 '도둑'을 의미합니다. 그리고 맥락에 따라 '도적, 절도범' 등 다양하게 표현될 수 있어요. 예를 들어, Time is a thief.는 직역하면 '시간은 도둑이다.'라는 뜻으로, 세월이 우리에게 많은 것을 빼앗아간다는 시적 표현입니다. 참고로 thief의 복수형은 thieves이므로 함께 알아두세요.

1 The thief stole a family heirloom.
도둑이 우리 집안의 가보를 훔쳐 갔다.

2 It turned out Ben was the thief.
Ben이 도둑으로 밝혀졌다.

Plus + steal 통 훔치다, 도둑질하다　　heirloom 명 (집안의) 가보
turn out ~인 것으로 밝혀지다

1102

meal

[miːl]

명 식사[끼니],
(곡물의) 굵은 가루

meal은 원래 '특정한 시간'을 뜻했습니다. 그러다 하루에 세 번, 일정한 시간에 식사를 하면서 오늘날은 주로 '식사, 끼니'를 뜻하게 되었죠. meal은 또한 곡물을 갈아 만든 '굵은 가루'를 의미하기도 하는데, 이는 과거 서양 사람들이 주식으로 곡물 가루로 만든 음식을 먹은 것에서 파생된 의미로 추정됩니다.

1 Jimmy skipped a meal because he was tired.

Jimmy는 피곤해서 끼니를 걸렀다.

2 I sat next to Sarah during the meal.

나는 식사를 하는 동안 Sarah 옆에 앉아 있었다.

Plus + skip 통 건너뛰다　　　　next to (위치상으로) ~바로 옆에

1103

spirit

['spɪrɪt]

명 정신, 원기[활기], 태도[자세]

통 기운을 북돋우다

spirit은 원래 '숨'이라는 뜻에서 출발했습니다. 숨을 쉬는 것은 사람의 생명력과 연관되어 있습니다. 그래서 spirit은 시간이 지나면서 '정신' 또는 '원기, 활기' 등을 뜻하게 되었습니다. 또한 '태도, 자세'를 의미하기도 하는데, 이 역시 활기를 띄고 무언가 한다는 개념에서 파생한 것으로 보입니다.

1 Wendy has a very strong spirit.

Wendy는 정신력이 정말 강하다.

2 Our captain spirited the drooping team.

주장은 의기소침한 팀에 기운을 북돋웠다.

Plus + drooping 형 의기소침한, 풀이 죽은

1104

apart

['ə'pɑːrt]

형 떨어져

부 떨어져, 따로, 뿔뿔이, 한쪽에

apart는 주로 거리가 있는 상태를 묘사합니다. 우리말로는 '떨어져' 또는 '따로'라는 뜻에 가깝습니다. 예를 들어, 두 사람이 서로 떨어져 있거나 물건들이 서로 따로 놓여 있는 상황을 나타낼 수 있어요. 그래서 맥락에 따라 '떨어져, 따로, 뿔뿔이' 등으로 표현할 수 있습니다. 예를 들면 live apart(따로 떨어져 살다), take apart(분해하다) 등이 있지요.

1 Lily took the toy robot apart.

Lily는 장난감 로봇을 분해했다.

2 Jane continued to walk apart from the group.

Jane은 무리와 거리를 두고 계속 걸었다.

Plus + continue 통 (쉬지 않고) 계속하다

1105

crow

[krou]

명 까마귀, 수탉의 울음 소리, 까르륵 웃는 소리

crow의 원래 의미는 '까르륵 소리를 내는 큰 검은 새'였습니다. 여기서 의미가 확장되어 오늘날에는 주로 '까마귀'를 뜻합니다. '까마귀'를 뜻하는 비슷한 단어로는 raven이 있는데, 이는 까마귀 중에서도 '큰까마귀' 종을 나타냅니다. 그밖에 까마귀의 웃음 소리에 빗대어 '수탉의 울음 소리, 까르륵 웃는 소리' 등의 의미가 파생되기도 했습니다.

1 The crows were sitting in a row on the branch.
까마귀들이 나뭇가지 위에 일렬로 앉아 있었다.

2 The crow found a shiny object.
까마귀가 반짝이는 물건을 발견했다.

Plus+ row 명 열, 줄   branch 명 나뭇가지
shiny 형 반짝거리는, 빛나는   object 명 물건

1106

pig

[pɪg]

명 돼지

동 게걸스럽게 먹다, 돼지처럼 우글거리다, (돼지가) 새끼를 낳다

우리가 잘 알고 있듯이 pig의 기본 의미는 '돼지'입니다. 동사로는 '게걸스럽게 먹다'를 뜻하기도 하는데, 이는 돼지의 먹는 모습에서 파생된 의미로 보입니다. 이럴 때는 주로 pig out on이라 표현하는 경우가 많아요. 또한 맥락에 따라 '돼지처럼 우글거리다, (돼지가) 새끼를 낳다' 등을 뜻하기도 합니다.

1 Ethan teasingly called me a pig.
Ethan이 놀리듯이 나를 돼지라고 불렀다.

2 Nora pigged out on the cake.
Nora는 케이크를 게걸스럽게 먹었다.

Plus+ teasingly 부 놀리듯이

1107

meat

[mit]

명 고기, 알맹이[요점]

meat은 동물의 몸에서 먹을 수 있는 부분, 즉 '고기'를 의미합니다. 또한 맥락에 따라 '알맹이, 요점'을 뜻하기도 합니다. 예를 들어, meat-and-potatoes는 '기본적인 것, 핵심적인 것'을 뜻하는데, 이는 서구 사람들의 주식이 고기와 감자인 점에서 파생된 표현으로 보입니다.

1 Jeremy got sick from eating undercooked meat.
Jeremy는 덜 익힌 고기를 먹고 탈이 났다.

2 Cindy summarized the meat of the story.
Cindy는 그 이야기의 요점을 요약했다.

Plus+ get sick 병에 걸리다   undercooked (음식이) 설익은
summarize 동 요약하다

1108

fail

[feɪl]

통 실패하다, 낙제하다,
불합격시키다, 작동이 안 되다

명 낙제[불합격], 실패

fail의 기본 뜻은 '실패하다'입니다. 이는 맥락에 따라 '낙제하다, 불합격시키다' 또는 어떤 기계 등이 '작동이 안 되다' 등의 다양한 뜻으로 확장될 수 있습니다. 예를 들어, fail at every step이라고 하면 '사사건건 실패하다'를 의미하고, fail in three subjects는 '세 과목에서 낙제하다'를 뜻합니다.

1 I failed to keep my promise to Mindy.
나는 Mindy와의 약속을 지키지 못했다.

2 John studied every day, without fail, for the test.
John은 시험을 위해 매일, 빠짐없이 공부했다.

Plus + keep one's promise 약속을 지키다   without 전 (~가) …하지 않고

1109

sorrow

['sɑːroʊ,'sɔːroʊ]

명 슬픔, 유감, 불행[불운],
서운함

sorrow는 원래 '아픔, 고통'을 뜻하는 단어였습니다. 그러다 점차 소중한 것을 잃었을 때 느끼는 '슬픔'을 비롯하여 무언가 기대했지만 이루어지지 않았을 때 느끼는 '아쉬움, 유감' 등을 표현하게 되었습니다. 이 외에도 '불행, 서운함' 등의 의미도 나타낼 수 있어요. 예를 들면 be in sorrow(슬픔에 잠기다), to one's sorrow(애석하게도) 등이 있습니다.

1 Ann felt a deep sorrow after losing her pet.
Ann은 반려동물을 잃은 후 깊은 슬픔을 느꼈다.

2 Worry doesn't empty tomorrow of its sorrow.
걱정은 내일의 슬픔을 비우지 않는다.

Plus + deep 형 깊은   pet 명 반려동물
worry 명 걱정, 우려   empty 통 비우다

1110

sugar

[ˈʃʊɡə(r)]

명 설탕, 당(분)

통 설탕을 넣다[뿌리다],
달콤해 보이게 꾸미다

sugar는 우리가 잘 알고 있듯이 '설탕'을 의미합니다. 여기서 의미가 확장되어 몸이 필요로 하는 에너지를 제공하는 '당(분)'이라는 뜻으로 쓰이기도 하죠. 그 밖에 동사로는 '설탕을 넣다'를 의미하기도 하고, 비유적인 맥락에서 '달콤해 보이게 꾸미다'라는 뜻을 나타내기도 합니다.

1 Owen added some sugar to his coffee.
Owen은 커피에 설탕을 넣었다.

2 Joey baked a pancake and sugared it.
Joey는 팬케이크를 굽고 그 위에 설탕을 뿌렸다.

Plus + add 통 첨가하다   bake 통 (음식을) 굽다

우리말에 맞게 빈칸에 알맞은 단어를 쓰세요.

(정답은 본문을 확인하세요.)

1 I put a _____ in the beverage vending machine.
나는 음료 자판기에 동전을 넣었다.

2 The _____ rules her kingdom wisely.
그 여왕은 자신의 왕국을 현명하게 다스리고 있다.

3 Peter put _____ into the cake.
Peter는 그 케이크에 많은 공을 들였다.

4 I didn't understand the meaning of the _____.
나는 그 문장의 뜻을 이해하지 못했다.

5 The news of her promotion _____ everyone.
그녀의 승진 소식은 모두에게 충격을 주었다.

6 I was nervous when the _____ took off.
비행기가 이륙했을 때 나는 긴장했다.

7 My mother works out regularly to stay _____.
우리 엄마는 건강을 유지하기 위해 규칙적으로 운동한다.

8 He lost his _____ at the airport.
그는 공항에서 여행 가방을 잃어버렸다.

9 Olivia had no clear _____ plans yet.
Olivia는 아직 뚜렷한 장래 계획이 없었다.

10 We need to _____ on this problem a bit longer.
우리는 이 문제에 대해 좀 더 심사숙고해야 한다.

11 _____ are fierce predators in the wild.
늑대는 야생에서 맹렬한 포식자이다.

12 We need a _____ to hang this picture.
우리는 이 그림을 걸기 위한 철사가 필요하다.

13 The knights _____ before the queen.
그 기사들은 여왕 앞에 무릎을 꿇었다.

14 Julia pulled the _____ filled with hay.
Julia는 건초로 가득 찬 수레를 끌었다.

15 Jake _____ his shirt into his pants.
Jake는 셔츠 자락을 바지에 집어 넣었다.

16 The _____ is heavily dependent on fishing.
그 지역은 어업에 크게 의존하고 있다.

17 We bought a _____ of flowers for our mom.
우리는 엄마를 위해 꽃 한 다발을 샀다.

18 Alice continued to walk _____ to find the witch.
Alice는 마녀를 찾기 위해 계속해서 서쪽으로 걸어갔다.

19 Tony jumped into the sea to _____ off.
Tony는 더위를 식히려고 바다에 뛰어들었다.

20 We have an _____ of homework to do.
우리는 해야 할 숙제가 정말 많다.

21 It turned out Ben was the _____.
Ben이 도둑으로 밝혀졌다.

22 I sat next to Sarah during the _____.
나는 식사를 하는 동안 Sarah 옆에 앉아 있었다.

23 Wendy has a very strong _____.
Wendy는 정신력이 정말 강하다.

24 Lily took the toy robot _____.
Lily는 장난감 로봇을 분해했다.

25 The _____ found a shiny object.
까마귀가 반짝이는 물건을 발견했다.

26 Ethan teasingly called me a _____.
Ethan이 놀리듯이 나를 돼지라고 불렀다.

27 Cindy summarized the _____ of the story.
Cindy는 그 이야기의 요점을 요약했다.

28 John studied every day, without _____, for the test.
John은 시험을 위해 매일, 빠짐없이 공부했다.

29 Worry doesn't empty tomorrow of its _____.
걱정은 내일의 슬픔을 비우지 않는다.

30 Owen added some _____ to his coffee.
Owen은 커피에 설탕을 넣었다.

Level 38

레벨별 단어 사용 빈도

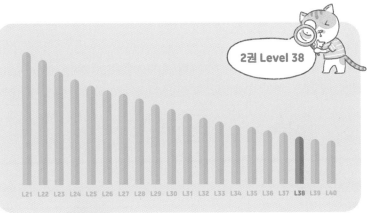

2권 Level 38

L21 L22 L23 L24 L25 L26 L27 L28 L29 L30 L31 L32 L33 L34 L35 L36 L37 **L38** L39 L40

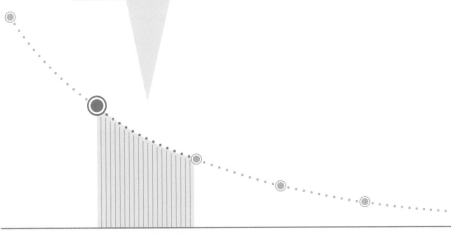

LEVEL 1~20   **LEVEL 21~40**   LEVEL 41~60   LEVEL 61~80   LEVEL 81~100

pop

[pɑːp]

- 명 펑[뻥] 하는 소리, 대중 음악
- 동 펑[뻥] 하는 소리가 나다, 펑[뻥] 하고 터지다

pop은 기본적으로 풍선이 터질 때 나는 소리처럼 '펑[뻥]하는 소리'를 나타냅니다. 그래서 동사로는 '펑하는 소리가 나다, 펑하고 터지다'를 의미하기도 하지요. 그리고 popular(인기있는)의 줄임말로 쓰여 '대중 음악'을 뜻하기도 합니다. 오늘날 전 세계를 뒤흔들고 있는 우리 음악인 K-pop도 여기서 나온 표현이지요.

1 The balloons popped loudly.

풍선들이 소란스럽게 펑 하고 터졌다.

2 I often listen to pop music on my way to work.

나는 출근길에 대중 음악을 자주 듣는다.

Plus + loudly 부 소란스럽게   on one's way ~하는 중에

---

recall

[rɪˈkɔːl]

- 동 상기하다, 생각나게 하다, 회수[리콜]하다, 소생시키다

recall은 re-(다시)와 call(부르다)이 결합한 동사로 말 그대로 '다시 부르다'를 뜻합니다. 그래서 맥락에 따라 무언가를 '상기하다, 생각나게 하다'를 뜻하기도 하고, 판매한 제품을 '회수하다'를 나타내기도 합니다. 이 외에도 '소생시키다' 등 주로 사라졌거나 이동한 것을 다시 오게 하는 개념을 나타냅니다.

1 He couldn't recall what happened last night.

그는 어젯밤에 무슨 일이 있었는지 기억하지 못했다.

2 The company recalled the faulty washing machine.

그 회사는 결함이 있는 세탁기를 회수했다.

Plus + happen 동 (일 등이) 일어나다   faulty 형 결함이 있는

---

position

[pəˈzɪʃn]

- 명 위치, 자리, 입장[태도], 순위

우리가 흔히 '포지션'이라는 외래어로 쓰는 position은 '위치, 자리' 등 사물이나 사람이 있는 곳이나 처한 상태를 의미합니다. 추상적으로는 '입장, 태도' 등을 의미하기도 합니다. 생각해 보면 누군가의 '입장'이라는 것도 특정 상황에서 어디쯤 서 있는가를 나타내는 말로 볼 수 있군요.

1 Ann pinpointed the position of the lung.

Ann은 폐의 위치를 정확히 짚었다.

2 Bill's mistake put his colleagues in a difficult position.

Bill의 실수는 동료들을 곤란한 입장에 처하게 했다.

Plus + pinpoint 동 (위치 등을) 정확히 찾아내다   lung 명 폐
colleague 명 동료   difficult 형 곤란한, 힘겨운

1114

odd

[ɑ:d]

형 이상한[특이한], 홀수의,
외[한]짝의, 여분[나머지]의

odd는 기본적으로 '이상한, 특이한'을 뜻합니다. 주로 평소와 다르거나 보통이 아닌 것들을 설명하지요. 또한 '홀수의'를 의미하기도 하는데, 이는 옛 사람들이 '짝수'를 평범한 것으로 보고 '홀수'를 특이한 것으로 보았던 것에서 파생된 것으로 추정합니다.

1 **William has an odd way of speaking.**
   William은 이상한 말투를 가지고 있다.

2 **The elevator only stopped on odd floors.**
   그 엘리베이터는 홀수 층에서만 선다.

Plus + one's way of speaking 말투, 어투   floor 명 층

1115

fur

[fɜ:(r)]

명 털, 모피(제품)

형 모피의

동 모피를 붙이다

fur는 주로 동물의 '털'을 의미하며 이로 만들어진 '모피(제품)'을 뜻하기도 합니다. 우리가 겨울에 입는 목도리나 장갑 같은 것을 가리키지요. 예를 들면 a fine fur coat(좋은 모피 코트), fur-lined gloves(모피를 안에 덧댄 장갑) 등이 있어요. 그리고 여기서 의미가 확장되어 '모피의' 또는 '모피를 붙이다' 등을 의미하기도 합니다.

1 **This cat has soft fur.**
   이 고양이는 부드러운 털을 가지고 있다.

2 **She wore a coat trimmed with fur.**
   그녀는 모피로 장식된 코트를 입었다.

Plus + trim 동 (특히 가장자리를) 장식하다

1116

tug

[tʌg]

동 (세게) 잡아당기다,
억지로 끌어들이다

tug는 주로 무언가를 '(세게) 잡아당기는' 동작을 나타냅니다. 또한 무언가를 '억지로 끌어들이는 것'을 뜻하기도 하는데, 예를 들어 tug a subject in이라고 하면 '관계없는 화제를 억지로 끌어들이다'를 의미합니다. 또는 tug from both sides는 '양쪽에서 끌다'를 뜻하지요.

1 **The dog loves to tug at her toy.**
   그 개는 장난감을 잡아당기는 것을 좋아한다.

2 **Susan was unwillingly tugged into the argument.**
   Susan은 본의 아니게 그 논쟁에 끌려 들어갔다.

Plus + unwillingly 부 본의 아니게   argument 명 논쟁

1117

rip

[rɪp]

동 (거칠게) 찢다[찢어지다], 떼내다[벗기다], 거칠게 말하다

명 잡아 찢음

rip은 기본적으로 무언가 '거칠게 찢는 것'을 뜻합니다. 종이를 두 손으로 갑자기 찢어버리는 행동 등을 나타낼 수 있지요. 또한 무언가 떼내거나 벗기는 것을 의미하기도 하는데, 이 또한 어떤 대상으로부터 무언가를 찢어내는 것과 같은 맥락으로 보시면 됩니다. 그밖에 비유적으로는 '거칠게 말하는 것'을 뜻하기도 해요.

1 Sarah ripped the paper in half.

Sarah는 종이를 반으로 찢었다.

2 Harry ripped the bandage off his wound.

Harry는 상처 위의 붕대를 떼어냈다.

Plus+ in half 반으로　　　　　　　　bandage 명 붕대
wound 명 상처

1118

destroy

[dɪˈstrɔɪ]

동 파괴하다, 망치다, 박멸하다, (동물을) 살처분하다

destroy의 기본 의미는 '파괴하다'입니다. 물리적으로 무언가를 부수거나 파괴하는 것을 나타내기도 하지만, 사람이나 사물의 상태를 망치는 것을 의미하기도 합니다. 또한 벌레 등을 박멸하거나 동물을 살처분하는 것도 나타낼 수 있어요. 예를 들어, destroy the proof는 '증거를 인멸하다'를 뜻하고, destroy germs는 '세균을 박멸하다'를 의미하지요.

1 The fire spread quickly and destroyed the entire forest.

불길은 빠르게 번졌고 숲 전체를 파괴했다.

2 Julie's lies destroyed her reputation.

Julie의 거짓말은 그녀의 명성을 망쳤다.

Plus+ spread 동 (더 넓은 범위로) 번지다　　　　reputation 명 명성, 평판

1119

scramble

[ˈskræmbl]

동 서로 밀치다[앞다투다], (민첩하게) 기어오르다, 뒤죽박죽으로 만들다, 바삐 서둘러서 하다

scramble은 주로 '서로 밀치다, 앞다투다'를 뜻합니다. 예를 들면 특정 물건을 두고 사람들이 서로 밀치며 뛰는 상황을 나타낼 수 있어요. 또한 '(민첩하게) 기어 오르다, '뒤죽박죽으로 만들다'를 의미하기도 하는데, 이는 모두 정신없이 밀치고 앞다투는 모습에서 파생되었습니다.

1 The kids scrambled for the candy.

아이들은 사탕을 얻기 위해 서로 밀쳤다.

2 Jerry scrambled up the steep hill.

Jerry는 가파른 언덕을 기어올랐다.

Plus+ steep 형 가파른, 비탈진　　　　hill 명 언덕

1120

supper

[ˈsʌpə(r)]

명 저녁 식사 [음식]

supper는 '저녁 식사' 또는 '저녁에 먹는 음식'을 의미합니다. 원래는 저녁에 풍성하게 먹는 식사를 의미했습니다. dinner라는 단어와 뜻이 겹치면서 조금 의미의 경계가 느슨해졌습니다. 그래서 영국에서는 '아주 늦은 저녁 식사'나 '가벼운 식사'를 의미하기도 하고, 미국의 일부 지역에서는 '점심 식사'를 뜻하기도 합니다.

1 Andy was not talkative at supper that night.

그날 밤 저녁을 먹으면서 Andy는 말이 없었다.

2 Let's have a bonfire after supper.

저녁 식사 후에 모닥불을 피우자.

Plus+ talkative 형 말이 많은, 수다스러운   bonfire 명 모닥불

1121

disease

[dɪˈziːz]

명 병[질환], 병폐

disease는 '병, 질환' 등을 뜻하는 명사입니다. 우리의 몸이 정상적으로 작동하지 않을 때 나타나는 모든 좋지 않은 상태를 의미하지요. 예를 들어, an inherited disease라고 하면 '유전병'을 뜻하고, a deep-seated disease는 '고질병'을 의미합니다.

1 My uncle has a rare disease.

나의 삼촌은 희귀 질환을 앓고 있다.

2 The disease spread quickly.

그 질병은 빠르게 퍼졌다.

Plus+ rare 형 희귀한   spread 동 (사람들 사이로) 퍼지다[확산되다]

1122

neighbor

[ˈnéibər]

명 이웃, 서로 이웃하는

형 이웃의

동 이웃하다

neighbor의 기본 뜻은 '이웃'입니다. 여기서 뜻이 파생되어 '이웃의' 또는 '이웃하다'를 의미하기도 하지요. neighbor를 활용한 가장 유명한 표현은 아마 Love your neighbor as yourself.일 텐데, 이는 '네 이웃을 네 몸처럼 사랑하여라.'라는 뜻입니다.

1 Max doesn't know his neighbor very well.

Max는 그의 이웃을 잘 알지 못한다.

2 I received a gift from my new neighbor.

나는 새로운 이웃에게 선물을 받았다.

Plus+ well 부 잘, 제대로   receive 동 받다

1123 ☐☐

grade

[greɪd]

명 등급[지위], (성장 등의) 단계, 학년, 성적[평점]

grade는 '단계, 계단'을 의미하는 프랑스어 *grade*에서 유래한 명사입니다. 그래서 지금도 어떤 대상의 '등급'이나 '(성장 등의) 단계'를 나타내지요. 예를 들어, classify into grade라고 하면 '등급을 매기다'를 의미합니다. 이 외에도 grade는 학교에서는 '학년'이나 '성적'을 뜻하기도 합니다.

1 All the ingredients were top-grade.
   모든 재료들은 최고 등급이었다.

2 Sarah got a bad grade on her history test.
   Sarah는 역사 시험에서 나쁜 성적을 받았다.

Plus+ ingredient **명** (특히 요리 등의) 재료   get a grade 성적을 받다

1124 ☐☐

avoid

[əˈvɔɪd]

동 방지[예방]하다, (회)피하다

avoid는 기본적으로 '피하다'를 뜻합니다. 원치 않는 상황이나 사람, 물건 등을 멀리하는 것도 나타내지만 어떤 일이 일어나지 않도록 노력하는 것도 표현할 수 있어요. 그래서 맥락에 따라 '방지하다, 피하다'를 모두 의미할 수 있습니다.

1 We need to avoid further damage.
   우리는 더 이상의 피해를 방지해야 한다.

2 Mindy always tries to avoid junk food.
   Mindy는 패스트푸드를 피하려고 항상 노력한다.

Plus+ further **형** 더 이상의   try to V ~하려고 노력하다

junk food 정크 푸드(칼로리는 높지만 영양가가 낮은 패스트푸드)

1125 ☐☐

student

['stuːdnt]

명 학생, 연구가

우리에게 '학생'이라는 뜻으로 익숙한 student는 '열심히 노력하다, 공부하다'라는 뜻의 라틴어에서 유래했습니다. 새삼 학생의 본분이 무엇인지 보여주는 단어 같군요. 오늘날 student는 주로 '학생'을 나타내지만, 때로는 '연구가'라는 의미로 쓰이기도 하니 함께 알아두시면 좋겠습니다.

1 The number of elementary school students is decreasing.
   초등학생의 수가 줄어들고 있다.

2 Amy is a student of economic history.
   Amy는 경제사 연구가이다.

Plus+ the number of ~의 수   elementary school 초등학교
decrease **동** (수 등이) 줄다   economic **형** 경제의

1126

grip

[grɪp]

명 잡음[움켜쥠], 잡는 법,
(기물의) 손잡이, 파악[이해]

grip은 어떤 대상을 손으로 꽉 잡는 것을 나타냅니다. 그리고 어떤 주제 등을 이해하려면 그것을 머릿속에 꽉 붙들고 쥐고 있어야겠죠? 이렇게 손으로 무언가를 잡는 행동이 어떤 개념을 머릿속에 붙들고 알아가는 과정과 비슷하다고 여겨 '파악, 이해'라는 뜻이 파생되기도 했어요.

1 Emily lost her grip on the rope.

Emily는 밧줄을 놓쳤다.

2 Josh has a firm grip on the subject.

Josh는 그 주제를 확실히 이해하고 있다.

Plus + rope 명 밧줄   firm 형 확실한
subject 명 주제

1127

joy

[dʒɔɪ]

명 기쁨, 즐거움, 환희,
기쁨의 근원

joy는 '기쁨, 즐거움' 또는 '환희'를 뜻합니다. 아주 행복하고, 마음이 즐거울 때의 느낌을 나타내지요. 또한 '기쁨의 근원'을 뜻하기도 합니다. 말 그대로 기쁨을 주는 사랑하는 사람이나 좋아하는 취미 등을 모두 joy라고 표현할 수 있습니다.

1 Sue had tears of joy in her eyes.

Sue는 기쁨의 눈물을 글썽였다.

2 The birth of our baby brought us great joy.

아이의 탄생은 우리에게 큰 기쁨을 가져다 주었다.

Plus + tears 명 눈물   birth 명 탄생
bring 동 가져다 주다

1128

joke

[dʒoʊk]

명 농담, 놀림, 우스운 일[상황]
동 농담하다

joke는 주로 '농담'을 의미합니다. 재미있는 이야기나 웃음을 유발하기 위해 한 말들이 모두 joke에 속하지요. 또한 재미있는 상황이나 기상천외한 일을 나타내기도 하는데, 이는 그런 상황이 대부분 말이 되지 않아 헛웃음이 나기 때문인 것 같다고 보시면 됩니다.

1 Everyone laughed at Hazel's joke.

Hazel의 농담에 모두가 웃었다.

2 Please don't take it seriously. I was just joking.

심각하게 받아들이지 마. 나는 그저 농담한 거야.

Plus + laugh 동 웃다   take (it) seriously 심각하게 받아들이다

1129

tip

[tɪp]

명 (뾰족한) 끝, 끝 부분,
꼭대기[정점],
(실용적인) 조언

tip은 주로 '(뾰족한) 끝'을 의미합니다. 생각해 보면 이런 뾰족한 부분은 주로 물체의 '끝'이지요? 그래서 연필심의 뾰족한 부분이나 산의 꼭대기 등을 tip이라 할 수 있어요. 또한 '(정보나 지식의) 가장 유용한 부분'이라는 개념을 여기에 빗대어 tip은 '(실용적인) 조언'을 뜻하기도 합니다.

1 The tip of the pencil is broken.
   연필 끝이 부러졌다.

2 Nancy gave me a useful tip for studying English.
   Nancy는 내게 영어 공부에 도움이 되는 조언을 해주었다.

Plus + break 동 부러뜨리다   useful 형 도움이 되는

1130

steady

['stedi]

형 꾸준한, 한결 같은,
확고한[안정된]

동 확고하게 하다

steady는 한결같이 변하지 않는 것을 묘사하는 단어입니다. 주로 '꾸준한, 한결 같은' 또는 '확고하게 하다' 등을 의미하지요. steady를 활용한 유명한 속담으로 Slow and steady wins the race.가 있는데, 이는 '느리지만 꾸준한 것이 이긴다.'라는 뜻으로 꾸준하고 차분한 노력이 성공으로 이끈다는 것을 나타냅니다.

1 Smith made steady progress in his studies.
   Smith는 공부에서 꾸준한 진전을 보였다.

2 The man tried to steady the rocking boat.
   남자는 흔들리는 배를 안정시키려고 노력했다.

Plus + progress 명 진전   rocking 형 흔들리는

1131

rough

[rʌf]

형 (촉감이) 거칠거칠한,
거친[험한], 난폭한[사나운]

rough는 기본적으로 매끈하지 않고 '거칠거칠한' 느낌을 표현하는 형용사입니다. 그리고 이러한 느낌에서 의미가 확장되어 힘겹거나 험한 상황, 또는 난폭한 행동을 묘사하기도 합니다. 예를 들어, rough-handle이라고 하면 '거칠게 다루다'를 뜻하고, rough stone은 가공되지 않고 원형 그대로의 상태를 지닌 돌인 '원석'을 의미합니다.

1 The bark is rough.
   그 나무껍질은 거칠거칠하다.

2 Sally apologized for her rough behavior.
   Sally는 그녀의 거친 행동에 대해 사과했다.

Plus + bark 명 나무껍질   apologize 동 사과하다

1132

receive
[rɪˈsiːv]

통 받다[받아들이다], 인정하다, 수신하다

receive의 기본 의미는 '받다, 받아들이다'입니다. 선물이나 편지를 받을 때 주로 쓰이지요. 또한 다른 사람의 의견이나 생각을 받아들여 '인정하는' 것을 의미하기도 합니다. 그리고 기술의 발전과 함께 오늘날에는 무선 신호 등의 정보를 '수신하다'라는 뜻을 나타내기도 해요.

1 I received a reply from Jackson.
나는 Jackson으로부터 답장을 받았다.

2 You must be willing to receive new ideas.
너는 기꺼이 새로운 생각을 받아들이려는 의지가 있어야 한다.

Plus + reply 명 답장   be willing to V 기꺼이 ~하다

1133

minister
[ˈmɪnɪstə(r)]

명 장관, 성직자[목사]

동 이바지하다[도움이 되다], 섬기다[봉사하다]

minister는 원래 '도와주는 사람'을 뜻했습니다. 그래서 명사로는 '장관, 성직자' 등을, 동사로는 '이바지하다, 섬기다' 등을 의미하지요. '장관'이나 '성직자' 모두 국가와 신도들을 돕고, '이바지하다, 섬기다'라는 뜻도 누군가를 돕는 것을 나타내니 minister의 원래 의미와 일맥상통하지요?

1 He was the minister of our church.
그는 우리 교회의 목사였다.

2 Helen has ministered the poor all her life.
Helen은 평생 가난한 사람들을 섬겨왔다.

Plus + church 명 교회   the poor 가난한 사람들, 빈민
all one's life 평생, 일생 내내

1134

science
[ˈsaɪəns]

명 과학

science는 '알다'라는 뜻의 라틴어에서 유래했습니다. 그래서 과거에는 '세상을 이해하는 학문'을 뜻하기도 했지요. 그러다 기술이 발전하면서 '과학'이라는 정확한 뜻을 갖게 되었습니다. '과학'이 세상에 있는 모든 사물이나 현상에 대해 관찰하고 이해하려는 학문이니 딱 맞는 것 같군요.

1 I have to finish my science homework in two hours.
나는 2시간 안에 과학 숙제를 끝내야 한다.

2 Today we will study the science of electricity.
오늘은 전기의 과학에 대해 공부할 것이다.

Plus + finish 동 (완성하여) 끝내다, 마치다   electricity 명 전기

1135

accident

[ˈæksɪdənt]

명 사고[재해], 우연

accident는 주로 '사고'를 뜻하는 명사입니다. 오늘날은 특히 자동차와 관련된 맥락에서 많이 쓰이지요. 그런데 '사고'란 계획하지 않았지만, 일어난 불행한 상황을 의미하죠? 여기서 의미가 확장되어 accident는 계획하지 않은 일이 발생하는 상황, 즉 '우연'을 뜻하기도 합니다.

1 I had a car accident on the highway.

나는 오늘 고속도로에서 차 사고를 당했다.

2 I tripped my little brother by accident.

나는 실수로 동생을 넘어뜨렸다.

Plus + highway 명 고속도로   trip 동 ~를 넘어뜨리다

by accident 실수로, 우연히

1136

suit

[su:t]

명 정장, 소송, 청원[탄원]

동 적응시키다

suit는 우리가 일반적으로 알고 있는 '정장'을 뜻합니다. 원래는 '따르다'라는 뜻에서 출발했습니다. 아마 사람의 몸에 맞춰진 옷이라는 맥락에서 '정장'이라는 의미가 나온 것으로 보입니다. 동사로는 '적응시키다'를 뜻하는데, 이 또한 어떤 상황에 따르는 점에서 확장된 뜻으로 보시면 됩니다. 이 외에도 맥락에 따라 '소송, 청원' 등을 뜻하기도 합니다.

1 She filed a suit against the company.

그녀는 회사에 맞서 소송을 제기했다.

2 These clothes are suited for this cold weather.

이 옷은 요즘 같은 추운 날씨에 적합하다.

Plus + file 동 (소송 등을) 제기하다   against 전 ~에 맞서

1137

likely

[ˈlaɪkli]

형 ~할 것 같은, 그럴듯한, 있음직한

부 아마

likely는 무언가 일어날 확률이 높은 것을 나타냅니다. 맥락에 따라 '~할 것 같은, 그럴듯한, 있음직한' 등 다양하게 표현되지요. 또한 '아마'라는 뜻을 나타내기도 하는데, 이럴 때는 일반적으로 결과가 예상되는 상황에서 쓰입니다. 우리말에 '아마도'와 같은 결이라고 보시면 되겠군요.

1 It's likely to rain today.

오늘은 비가 올 것 같다.

2 Sam is likely the best candidate for the job.

Sam이 아마 그 일을 가장 잘할 수 있는 후보일 것 같다.

Plus + candidate 명 (일자리의) 후보자

heel

[hiːl]

- 명 (발) 뒤꿈치, (신발의) 굽, 하이힐
- 동 ~의 바로 뒤에서 따라가다

heel은 기본적으로 '뒤꿈치'를 뜻합니다. 또한 '(신발의) 굽'을 의미하기도 하는데, 여기서 우리에게 익숙한 '하이힐'이라는 뜻이 파생되었습니다. 그밖에 동사로는 '~의 바로 뒤에서 따라가다'를 나타내는데, 이는 누군가의 발 뒤를 계속 쫓아가는 모습에서 나온 뜻이랍니다.

1 I hurt my heel while playing soccer.

나는 축구를 하다가 뒤꿈치를 다쳤다.

2 The dog heeled the hunter.

그 개는 사냥꾼의 바로 뒤에서 따라갔다.

Plus + hurt 동 다치다   hunter 명 사냥꾼

---

hesitate

['hezɪteɪt]

- 동 망설이다[주저하다], 우물쭈물하다, (말을) 더듬다

hesitate는 무엇을 할지 결정하기 어려운 상황을 표현합니다. 맥락에 따라 '망설이다, 우물쭈물하다' 등을 뜻할 수 있지요. 또한 사람이 말을 더듬는 것을 나타내기도 하는데, 어떤 말을 해야 할지 몰라 말을 더듬고 횡설수설하는 모습을 묘사한다고 보시면 됩니다.

1 Harry hesitated to accept my proposal.

Harry는 내 제안을 받아들이기를 망설였다.

2 Please don't hesitate to ask if you have any questions.

질문이 있으면 주저하지 말고 물어보십시오.

Plus + accept 동 받아들이다   proposal 명 제안
ask 동 묻다

---

adult

['ædʌlt]

- 명 성인[어른]
- 형 어른다운[성숙한], 성인용의

adult는 원래 '완전히 성장한'이라는 뜻에서 출발했다가 이후 '성인'을 의미하게 되었습니다. 오늘날은 '어른다운, 성숙한'을 뜻하기도 하지요. 또한 어른에게 어울리는 행동이나 물건, 영화 등을 묘사하기도 하는데 이런 경우에는 '성인용의'라는 뜻에 가깝습니다. 예를 들면 adult education(성인 교육), adult books(성인 도서) 등이 있어요.

1 Adults also like toys.

어른들도 장난감을 좋아한다.

2 Alex has a very adult approach to work.

Alex는 일에 대해 매우 성숙한 접근법을 가지고 있다.

Plus + approach 명 접근법

우리말에 맞게 빈칸에 알맞은 단어를 쓰세요.　　　　　　(정답은 본문을 확인하세요.)

1 The balloons _____ loudly.　　　　　　풍선들이 소란스럽게 펑 하고 터졌다.

2 He couldn't _____ what happened last night.　　　그는 어젯밤에 무슨 일이 있었는지 기억하지 못했다.

3 Ann pinpointed the _____ of the lung.　　　Ann은 폐의 위치를 정확히 짚었다.

4 William has an _____ way of speaking.　　　William은 이상한 말투를 가지고 있다.

5 This cat has soft _____.　　　이 고양이는 부드러운 털을 가지고 있다.

6 The dog loves to _____ at her toy.　　　그 개는 장난감을 잡아당기는 것을 좋아한다.

7 Sarah _____ the paper in half.　　　Sarah는 종이를 반으로 찢었다.

8 Julie's lies _____ her reputation.　　　Julie의 거짓말은 그녀의 명성을 망쳤다.

9 The kids _____ for the candy.　　　아이들은 사탕을 얻기 위해 서로 밀쳤다.

10 Andy was not talkative at _____ that night.　　　그날 밤 저녁을 먹으면서 Andy는 말이 없었다.

11 My uncle has a rare _____.　　　나의 삼촌은 희귀 질환을 앓고 있다.

12 Max doesn't know his _____ very well.　　　Max는 그의 이웃을 잘 알지 못한다.

13 All the ingredients were top-_____.　　　모든 재료들은 최고 등급이었다.

14 We need to _____ further damage.　　　우리는 더 이상의 피해를 방지해야 한다.

15 Amy is a _____ of economic history.　　　Amy는 경제사 연구가이다.

16 Emily lost her _____ on the rope.　　　Emily는 밧줄을 놓쳤다.

17 Sue had tears of _____ in her eyes.　　　Sue는 기쁨의 눈물을 글썽였다.

18 Everyone laughed at Hazel's _____.　　　Hazel의 농담에 모두가 웃었다.

19 The _____ of the pencil is broken.　　　연필 끝이 부러졌다.

20 Smith made _____ progress in his studies.　　　Smith는 공부에서 꾸준한 진전을 보였다.

21 The bark is _____.　　　그 나무껍질은 거칠거칠하다.

22 I _____ a reply from Jackson.　　　나는 Jackson으로부터 답장을 받았다.

23 He was the _____ of our church.　　　그는 우리 교회의 목사였다.

24 Today we will study the _____ of electricity.　　　오늘은 전기의 과학에 대해 공부할 것이다.

25 I had a car _____ on the highway.　　　나는 오늘 고속도로에서 차 사고를 당했다.

26 These clothes are _____ for this cold weather.　　　이 옷은 요즘 같은 추운 날씨에 적합하다.

27 It's _____ to rain today.　　　오늘은 비가 올 것 같다.

28 The dog _____ the hunter.　　　그 개는 사냥꾼의 바로 뒤에서 따라갔다.

29 Harry _____ to accept my proposal.　　　Harry는 내 제안을 받아들이기를 망설였다.

30 _____ also like toys.　　　어른들도 장난감을 좋아한다.

Level 39

레벨별 단어 사용 빈도

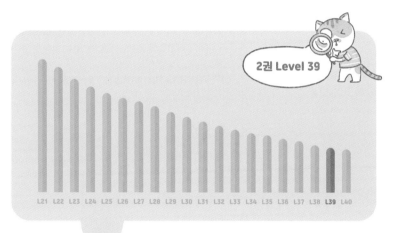

2권 Level 39

L21 L22 L23 L24 L25 L26 L27 L28 L29 L30 L31 L32 L33 L34 L35 L36 L37 L38 **L39** L40

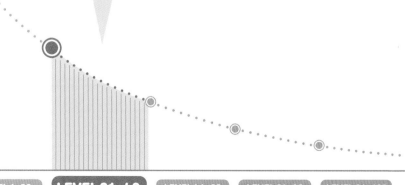

LEVEL 1~20 **LEVEL 21~40** LEVEL 41~60 LEVEL 61~80 LEVEL 81~100

1141

corridor

[kɔːrɪdɔː(r), 'kɑːrɪdɔː(r)]

명 복도, 회랑(回廊)

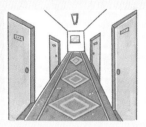

corridor는 '복도, 회랑'을 뜻하는 명사로 원래 '달리기'를 뜻하는 동사에서 유래되었습니다. 아마도 '복도'가 보통 건물 안에서 빠르게 이동할 수 있는 공간이기 때문에 이런 뜻으로 변하지 않았나 싶습니다. 오늘날은 주로 학교나 집, 사무실 등의 건물에서 한 방에서 다른 방으로 가는 길이나 통로를 일컫습니다.

1 We walked down the corridor to the principal's office.
우리는 복도를 따라 교장실로 걸어갔다.

2 The hotel corridor was long and narrow.
호텔 복도는 길고 좁았다.

Plus + principal 명 교장   narrow 형 좁은

1142

subject

['sʌbdʒɛkt]

명 주제[사안], 과목[학과],
연구[실험] 대상, 백성[국민]

subject는 주로 '주제, 과목' 등을 의미하는 단어로 원래 '던져진'이라는 뜻에서 유래되었습니다. 아마도 공부나 연구를 하는 사람에게 '주어진' 것이라는 맥락에서 지금의 뜻이 나온 것으로 추정합니다. 또한 '던져진' 것은 '아래'에 위치한다는 흐름에서 의미가 확장되어 지배를 받는 사람들, 즉 '백성'을 뜻하기도 합니다.

1 What is the subject of his research paper?
그의 연구 논문의 주제는 무엇입니까?

2 My favorite subject in school is math.
내가 학교에서 매우 좋아하는 과목은 수학이다.

Plus + research paper 연구 논문   favorite 형 매우 좋아하는

1143

mound

[maʊnd]

명 흙더미, (투수의) 마운드,
(인공적인) 둑, 언덕

mound는 주로 '흙더미'를 나타냅니다. 그리고 이 '흙더미'가 어디에 있는지에 따라 다양한 의미로 확장될 수 있습니다. 야구장에서 투수들이 서 있는 '마운드'를 뜻하기도 하고, 홍수를 막을 수 있는 (인공적인) 둑'을 나타내거나 작은 '언덕'을 의미하기도 합니다.

1 The children built a mound of sand at the beach.
아이들은 해변에서 모래 더미를 쌓았다.

2 The pitcher stood on the mound, ready to throw.
투수는 던질 준비를 하며 마운드에 서 있었다.

Plus + sand 명 모래   pitcher 명 투수
ready 형 (사람이) 준비가 (다) 된   throw 동 던지다

1144

suck

[sʌk]

- 통 빨아 먹다[마시다],
  빨아들이다,
  엉망이다[형편없다]
- 명 빨기[빨아 먹기]

suck의 기본 의미는 '빨다'입니다. 빨대로 음료를 빨거나 아기가 젖병을 빠는 것을 모두 나타낼 수 있지요. 그런데 종종 특이하게 '엉망이다, 형편없다'를 의미하기도 하는데, 이는 친한 사이에서 자주 쓰이는 상당히 비격식적인 표현이므로 쓰실 때 주의하셔야 합니다.

1 The baby was sucking on a bottle.

아기가 젖병을 빨고 있었다.

2 Cathy sucked the apple juice through a straw.

Cathy는 빨대로 사과주스를 마셨다.

Plus + bottle 명 (아기) 우유병   suck through ~을 통해 빨다
straw 명 빨대

1145

holler

['hɑ:lə(r)]

- 통 외치다[고함치다],
  (특히 큰 소리로) 불평하다
- 명 외침[고함침], 불평[불만]

holler는 기본적으로 '소리치다'를 의미합니다. 그리고 여기에서 다양한 뜻이 파생되었죠. 예를 들어, 상대방이 멀리 떨어져 있어서 소리를 크게 내야 하는 상황이나 크게 소리를 지르며 불평하거나 불만을 표시하는 것도 나타낼 수 있어요.

1 He always hollers about the mess in the kitchen.

그는 항상 부엌이 엉망이라고 불평한다.

2 Give me a holler if you need anything.

필요한 것이 있으면 언제든지 전화 해.

Plus + mess 명 (지저분하고) 엉망인 상태   give a holler 전화하다

1146

race

[reɪs]

- 명 경주, 경쟁, 인종, 민족

race는 우리가 잘 알고 있듯이 '경주'를 뜻합니다. 원래 race는 '뿌리'를 뜻하는 단어에서 유래했습니다. 시간이 지나면서 '공통된 특성을 가진 사람'이라는 뜻으로 확장되었습니다. 그래서 지금은 '인종, 민족'을 의미하기도 합니다. 예를 들어, Asian race라고 하면 '아시아 인종'을 뜻합니다.

1 They had a race to see who could finish the puzzle first.

그들은 누가 먼저 퍼즐을 완성하는지 경쟁을 벌였다.

2 We must respect all races and cultures.

우리는 모든 인종과 문화를 존중해야 한다.

Plus + respect 통 존중하다   culture 명 문화

1147

spell

[spel]

spelled/spelt -
spelled/spelt

동 철자를 말하다[쓰다],
~의 철자다,
(결과적으로) ~하게 되다

spell은 원래 '말하다'를 뜻했습니다. 이후 뜻이 확장되어 '철자를 말하다[쓰다], ~의 철자다'와 같이 '철자'와 관련된 의미를 나타내게 되었습니다. 예를 들어, How do you spell cat?은 'cat의 철자가 어떻게 되지?'라는 뜻이지요. 이 외에도 spell은 '(결과적으로) ~하게 되다, 매혹하다' 등을 뜻하기도 합니다.

1 The word 'warm' is spelled 'w-a-r-m'.
단어 'warm'의 철자는 'w-a-r-m'이다.

2 Her mistake could spell disaster for the team.
그녀의 실수는 결과적으로 팀에 큰 재앙이 될 수 있다.

Plus + disaster 명 재앙, 엄청난 불행

1148

regular

['reɡjələ(r)]

형 규칙적인, 주기적인, 보통의,
표준의

regular는 '규칙에 따라 가는'을 뜻하는 라틴어에서 유래했습니다. 그래서 주로 정해진 무언가를 따른다는 흐름에서 '규칙적인, 주기적인'이라는 의미를 나타내게 되었지요. 그리고 '규칙에 따른다'는 개념에서 의미가 확장되어 맥락에 따라 '보통의, 표준의'를 뜻하기도 합니다.

1 Regular exercise is good for your health.
규칙적인 운동은 건강에 좋다.

2 Paul has regular dental checkups.
Paul은 주기적으로 치과 검진을 받는다.

Plus + exercise 명 운동   be good for ~에 좋다
dental 형 치과의   checkup 명 건강 진단

1149

seed

[siːd]

명 씨[씨앗], 종자, 원인[근원],
자손

seed의 원래 뜻은 '씨앗'입니다. 그리고 이 의미가 비유적으로 확장되어 무언가를 새롭게 만들거나 시작하는 것도 나타내게 되었지요. 우리도 어떤 일이 벌어졌을 때 그 문제나 사건의 '씨앗'이라는 표현을 쓰죠? seed도 이런 맥락에서 '원인, 근원'을 뜻할 때가 많습니다.

1 We need to plant these seeds in the garden soon.
우리는 곧 이 씨앗을 정원에 심어야 한다.

2 His unkind words planted seeds of doubt in my head.
그의 불쾌한 말이 내 머릿속에 의심의 씨를 뿌렸다.

Plus + plant 동 (씨앗 등을) 심다   unkind 형 불쾌한
doubt 명 의심

1150

taste

[teɪst]

명 맛, 미각, 시식[시음], 기호[취향]

taste는 원래 '맛보다'를 뜻하는 동사에서 유래했습니다. 이후 명사로도 쓰이기 시작하면서 '맛'을 포함하여 '미각'과 '시식, 시음'이라는 뜻도 나타내게 되었습니다. 음식에 대한 견해는 가장 주관적인 것 중의 하나죠? 그래서 taste는 '기호, 취향'을 의미하기도 합니다.

1 I love the taste of blueberries.

나는 블루베리 맛을 좋아한다.

2 Alice lost her sense of taste because of an illness.

Alice는 병 때문에 미각을 잃었다.

Plus + lose 통 잃다　　　　　　　　　　　sense 명 감각
illness 명 병, 아픔

1151

garage

[gəˈrɑːʒ, gəˈrɑːdʒ]

명 차고, 자동차 정비 공장

통 차고에 넣다[넣어두다]

garage는 원래 '보관하다'라는 뜻의 동사에서 유래했습니다. 그러다 자동차가 발명되면서 이를 보관하는 장소인 '차고'를 의미하게 되었고, 이후 '차를 수리하는 장소'라는 뜻도 추가 되었습니다. 그래서 동사로는 '차고에 넣다'를 의미하기도 합니다. 참고로 미국에는 garage sale이라는 행사가 있는데, 더 이상 필요하지 않거나 사용하지 않는 물건들을 차고나 마당에 내어 놓고 판매하는 행사라고 해요.

1 My husband was in the garage fixing his car.

내 남편은 차고에서 차를 수리하고 있었다.

2 Garage the car before you come in.

들어오기 전에 차를 차고에 넣어 주십시오.

Plus + husband 명 남편　　　　　　　　fix 명 수리하다

1152

quarter

[ˈkwɔːrtə(r)]

명 4분의 1, 15분, (도시의 특수) 지구, 숙소[막사]

quarter는 원래 숫자 '4'를 뜻하던 라틴어가 프랑스어를 거쳐 영어로 넘어온 단어입니다. 그런데 영어에는 이미 four라는 단어가 있었기에 quarter는 '4분의 1'이라는 뜻으로 바뀌게 되었어요. 그리고 이 의미가 시간에 적용되어 한 시간의 4분의 1인 '15분'을 뜻하기도 합니다. 이 외에도 맥락에 따라 '(도시의 특수) 지구'나 '숙소'를 의미하기도 해요. quarter가 가진 뜻이 참 다양하죠?

1 Mom cut the pizza into quarters.

엄마는 칼로 피자를 4등분 했다.

2 It's a quarter past two now.

지금 시간은 2시 15분이다.

Plus + cut into ~을 칼로 자르다
past 전 (시간이) 지나서 〈시계상의 시간이 정각에서 ~분이 지났음으로 나타냄〉

1153

scientist

['saɪəntɪst]

명 과학자

scientist는 19세기에 처음 등장한 단어로 '과학자'를 뜻합니다. 과학은 원래 natural philosophy(자연철학)라고 불렸는데, 이후 이 분야가 철학에서 분리되면서 science라고 새로 이름 붙여졌고, 이를 연구하는 사람들을 scientist라고 부르게 되었습니다.

1 The scientists were conducting an experiment.
과학자들이 실험을 진행하고 있었다.

2 Albert Einstein was a famous scientist.
Albert Einstein은 유명한 과학자였다.

Plus+ conduct 동 (특정한 활동을) 하다   experiment 명 실험

1154

test

[test]

명 시험, 검사
동 시험하다, 검사하다

test는 주로 무언가를 '시험'하거나 '검사'하는 것을 나타냅니다. 이 단어는 조금 특이합니다. 원래는 '도자기'를 뜻하는 단어에서 유래했는데, 이 도자기로 금이나 귀금속 등의 순도를 확인하는 모습에서 지금의 뜻이 파생되었습니다. 단어의 운명이란 참 알다가도 모를 일입니다.

1 Studying for the test all weekend was very stressful.
주말 내내 시험 공부를 하는 것은 매우 스트레스 받는 일이었다.

2 Andy is testing the microphone before the concert.
Andy는 콘서트 전에 마이크를 검사하고 있다.

Plus+ stressful 형 스트레스가 많은   microphone 명 마이크

1155

heal

[hi:l]

동 (병 등을) 고치다[낫게 하다],
치료[치유]하다,
화해시키다[무마하다]

heal은 어떤 질병을 고치거나 치료하는 것을 뜻하는 동사입니다. 그리고 고치고 치료하는 행위가 추상적으로 확장되어 사람의 몸뿐만 아니라 마음의 상처나 사람 사이의 갈등과 같이 다양한 대상을 '낫게 하다, 화해시키다'를 의미하기도 하지요. 예를 들면 heal the breach(화해시키다), heal a rift(불화를 치유하다) 등이 있어요.

1 The doctor healed Helen's broken leg.
의사는 Helen의 부러진 다리를 치료했다.

2 Kate tried to heal the rift with her father.
Kate는 아버지와의 불화를 치유하기 위해 노력했다.

Plus+ broken 형 부러진   try to V ~하려고 노력하다
rift 명 불화

1156

survive

[sərˈvaɪv]

통 살아남다, 견디다,
~보다 오래 살다, 잔존하다

survive는 보통 '살아남다'를 의미합니다. 어떤 위협이나 곤란한 상황을 이겨내고 계속 살아가는 것을 나타내지요. 그래서 맥락에 따라 '견디다'를 의미하기도 합니다. 또한 survive의 주어가 사람이 아닌 경우에는 그것이 없어지지 않고 '잔존하다'라는 뜻이 됩니다. 참고로 survive의 명사형은 survival로 '생존, 살아남음'을 의미하니 함께 알아두세요.

1 Max survived the car accident.

Max는 자동차 사고에서 살아남았다.

2 They had to survive the winter without food.

그들은 식량 없이 겨울을 견뎌야 했다.

Plus + accident 명 사고   without 전 ~없이

1157

jerk

[ʤ3ːrk]

통 홱 움직이다, 갑자기 말하다,
(매점 등에서 소다수 등을)
만들어 내주다

명 홱 움직임

jerk의 기본 의미는 '홱 움직이다'입니다. 보통 무언가 갑자기 빠르게 움직이는 것을 나타내지요. 그리고 여기서 의미가 확장되어 갑자기 '말'이 튀어나오는 상황을 나타내기도 합니다. 예를 들어, jurk out이라고 하면 '(~라고) 쏘아 붙이다'라는 뜻이 됩니다.

1 Emily jerked the rope and the bell rang.

Emily가 밧줄을 홱 당겼고 종이 울렸다.

2 Jerking the steering wheel while driving is dangerous.

운전 중에 핸들을 홱 꺾는 것은 위험하다.

Plus + ring 통 울리다   steering wheel (자동차의) 핸들
drive 통 운전하다   dangerous 형 위험한

1158

difference

[ˈdɪfrəns]

명 차이, 다름

difference는 '차이, 다름'을 뜻합니다. 원래는 '따로 떨어져 있음'을 뜻했는데 자연스럽게 추상화되면서 지금의 뜻이 되었습니다. 그래서 둘 또는 그 이상의 사람이나 아이디어 등이 서로 어떻게 다른지를 설명합니다. 예를 들어, a slight difference라고 하면 '근소한 차이'를 의미합니다.

1 There's a big difference in the weather between the two cities.

두 도시 간에는 날씨에 큰 차이가 있다.

2 We could see a difference in Jim after the training.

우리는 훈련 후에 Jim이 달라진 걸 알 수 있었다.

Plus + see 통 (보고) 알다   training 명 훈련

1159

pant
[pænt]

동 헐떡거리다, 숨이 차다,
갈망[열망]하다,
증기[연기]를 뿜다

pant는 주로 '헐떡거리다, 숨이 차다' 등을 의미하는 동사입니다. 실제로 숨이 차는 것도 나타내지만 비유적으로 '갈망하다' 또는 '열망하다'를 뜻하기도 합니다. 원래 '가슴이 뛰다'라는 말에서 유래했다고 하니 사실 어느 쪽이든 다 말이 되는 것 같군요.

1 After the long run, she was panting heavily.
오래 달린 후에 그녀는 심하게 헐떡거렸다.

2 Time is an illusion that makes us all pant.
시간은 우리 모두를 갈망하도록 만드는 환상이다.

Plus + heavily 부 (정도가) 심하게   illusion 명 환상

1160

beach
[biːtʃ]

명 해변, 바닷가
동 뭍으로[바닷가로] 끌어올리다

beach는 '모래가 많은 곳'을 뜻하는 단어에서 유래했습니다. 그러고 보면 '해변, 바닷가' 모두 '모래가 많은 곳'이니 원래 뜻과 크게 다를 것이 없어 보입니다. 그밖에 동사로는 '뭍으로 끌어올리다'를 뜻하는데, 이는 배가 모래가 있는 곳으로 끌어올려지는 것을 묘사한다고 보시면 됩니다.

1 We had a lot of fun in the sand at the beach.
우리는 해변의 모래에서 아주 즐거운 시간을 보냈다.

2 The ship was beached because of the storm.
그 배는 폭풍 때문에 바닷가로 끌어올려졌다.

Plus + ship 명 배   storm 명 폭풍

1161

golden
['goʊldən]

형 금의[금으로 만든], 황금빛의,
귀중한[가장 좋은],
번영하는[전성의]

golden은 보통 '금의, 금으로 만든' 등의 의미를 나타냅니다. 그러나 맥락에 따라 '귀중한, 가장 좋은, 번영하는' 등과 같은 비유적인 뜻을 나타내기도 하는데, 이는 금이 가치가 높고 아름답게 보이는 특성을 토대로 뜻이 확장된 결과입니다.

1 She found a golden necklace under the table.
그녀는 탁자 아래에서 금 목걸이를 발견했다.

2 Oliver is now in his golden days.
Oliver는 이제 전성기를 맞았다.

Plus + necklace 명 목걸이   one's golden days 전성기, 전성 시대

Level 39

1162 sand

sand

[sænd]

- 명 모래
- 동 모래를 뿌리다, 사포[모래]로 닦다

sand는 기본적으로 명사로는 '모래'를, 동사로는 '모래를 뿌리다'를 의미합니다. 그리고 모래의 거친 특성에서 의미가 확장되어 '사포[모래]로 닦다'를 뜻하기도 합니다. 예를 들어, a grain of sand라고 하면 '모래 한 알'을 뜻하고, sand the surface라고 하면 '표면을 사포로 닦다'를 의미합니다.

1 Harry stacked sand bags to keep the water out.

Harry는 물이 들어오지 못하게 막으려고 모래주머니를 쌓았다.

2 The workers sanded the wooden table.

일꾼들은 나무 테이블을 사포로 닦았다.

Plus + stack 동 쌓다　　keep out (~에) 들어가지 않다

1163 proper

proper

['prɑ:pə(r)]

- 형 적절한[알맞은], 제대로 된, 올바른[정당한], 고유의[독특한]

proper는 보통 '적절한'이나 '올바른'을 의미하는 형용사입니다. 예를 들어, 어떤 것이 규칙이나 기준에 부합하거나 사람들의 기대에 부합한 것을 나타낼 수 있지요. 또한 맥락에 따라 '특정한'이나 '고유의'를 뜻하기도 합니다.

1 This is not the proper way to hold a pencil.

이것은 연필을 올바르게 쥐는 방법이 아니다.

2 I haven't found a proper job in months.

나는 몇 달째 제대로 된 직장을 구하지 못했다.

Plus + way 명 방법, 방식　　hold 동 쥐다, 잡다

1164 pen

pen

[pen]

- 명 펜, 문제[분필], (가축의) 우리
- 동 (글 등을) 쓰다

우리에게 '펜'이라는 외래어로 매우 익숙한 pen은 원래 '뾰족한 것'을 뜻하는 단어에서 유래했어요. 그러다 시간이 지나면서 이 '뾰족한 것'이 '깃털'이라는 뜻으로 변했습니다. 옛사람들은 깃털에 잉크를 묻혀 글을 쓰곤 했는데, 이런 모습에서 지금의 뜻인 '펜'이 파생되었습니다. 그래서 동사로는 '(글 등을) 쓰다'를 의미하기도 합니다.

1 The pen is a limited edition.

그 펜은 한정판이다.

2 Kate penned a beautiful poem.

Kate는 아름다운 시를 썼다.

Plus + limited 형 (수 등이) 한정된　　edition 명 판
poem 명 시

1165

cow

[kaʊ]

명 암소, 젖소

동 위협하다[겁을 주다]

cow는 주로 '암소, 젖소'를 뜻합니다. 그리고 '소'가 상대적으로 다른 동물들에 비해 크고 강하다는 개념에서 '위협하다, 겁을 주다'라는 뜻도 파생되었지요. 상당히 비유적인 표현이죠? 그래서 cow into라고 하면 '위협하여 ~을 시키다'라는 뜻이 됩니다.

1 The cows were taking a nap in the field.
   소들은 들판에서 낮잠을 자고 있었다.

2 Mary tried to cow him.
   Mary는 그를 위협하려고 했다.

Plus + take a nap 낮잠을 자다　　　　　field 명 들판

1166

fairy

['feri]

명 요정

형 요정의, 가상의

fairy는 일반적으로 '요정'이라는 뜻으로 알려져 있습니다. '요정'이란 보통 작고 날개가 달린 마법의 존재이죠? 이렇게 신비한 상상의 존재라는 맥락에서 '가상의'라는 뜻도 파생되었다고 해요. 그래서 fairy tale이라고 하면 '가상의 이야기', 즉 '동화'를 뜻합니다.

1 I read a fairy tale to my little sister every night.
   나는 매일 밤 동생에게 동화를 읽어준다.

2 Jessica believes in fairies.
   Jessica는 요정이 있다고 믿는다.

Plus + tale 명 이야기

1167

slave

[sleɪv]

명 노예, (~에) 사로잡힌 사람, 노예같이 일하는 사람, 종속 장치

slave는 '노예'를 뜻합니다. 과거 신분제 사회에서 '노예'는 주인을 위해 일하는 존재였습니다. 그렇기 때문에 자유롭게 자신의 의사를 결정하거나 일을 선택할 수 없었습니다. 이러한 맥락에서 slave는 '노예같이 일하는 사람' 또는 '종속 장치'를 의미하기도 합니다.

1 The boy was sold as a slave.
   그 소년은 노예로 팔려 갔다.

2 Matilda worked like a slave without a break.
   Matilda는 쉬는 시간도 없이 노예처럼 일했다.

Plus + as 전 ~으로서　　　　　break 명 (작업 중의) 휴식 (시간)

1168

parlor

['pɑ:rlər]

명 거실, 응접실, 휴게실, 상점

parlor는 집안의 '거실, 응접실'을 나타냅니다. 이런 곳은 보통 손님을 맞이하거나 가족들이 함께 모여서 시간을 보내는 공간이죠? 그래서 parlor는 그런 목적과 용도로 만들어진 특정 종류의 상점이나 서비스 제공 장소를 의미하기도 합니다. 예를 들어, ice cream palor는 '아이스크림을 파는 상점'을 뜻하지요.

1 The guests are seated in the parlor.
손님들은 거실에 앉아 있다.

2 They went to the ice cream parlor for dessert.
그들은 후식을 먹으러 아이스크림 상점에 갔다.

Plus + guest 명 손님 　　　　　　 seat 통 앉다, 앉히다

1169

chase

[tʃeɪs]

동 뒤쫓다, 추적[추격]하다,
몰아[쫓아]내다

명 추적[추격]

chase는 주로 어떤 대상을 '뒤쫓는' 것을 나타냅니다. 경찰이 도둑을 뒤쫓는 상황 등을 표현할 수 있지요. 그런데 맥락에 따라 '몰아내다'를 의미하기도 하는데, 생각해 보면 뒤쫓는 것과 몰아내는 것은 그 대상을 향해 움직이는 행동으로 이루어지죠? 둘 다 하는 행동은 같지만 목적만 다르다고 보시면 됩니다.

1 He chased the mammoth across the plain.
그는 평원을 가로질러 매머드를 쫓았다.

2 Susan chased away the birds in the garden.
Susan은 정원에 새들을 쫓아냈다.

Plus + mammoth 명 매머드(멸종한 코끼리과의 포유동물) 　　 plain 명 평원

1170

glove

[glʌv]

명 장갑

동 ~에 장갑을 끼다

우리에게 외래어 '글러브'로 익숙한 glove는 주로 손을 가리는 물건인 '장갑'을 뜻합니다. 그래서 동사로는 '~에 장갑을 끼다'를 의미하기도 하지요. 예를 들어, He gloved his hands.라고 하면 '그는 손에 장갑을 꼈다.'라는 뜻이 됩니다.

1 Eric put on his gloves before going outside.
Eric은 밖에 나가기 전에 장갑을 꼈다.

2 My grandmother made gloves out of lace.
할머니가 레이스로 장갑을 만들어 주셨다.

Plus + put on 몸에 걸치다 　　　　 make out of ~로 만들다
lace 명 레이스

우리말에 맞게 빈칸에 알맞은 단어를 쓰세요.　　　　　　　　(정답은 본문을 확인하세요.)

1　The hotel ＿＿＿＿＿＿ was long and narrow.　　　호텔 복도는 길고 좁았다.

2　My favorite ＿＿＿＿＿＿ in school is math.　　　내가 학교에서 매우 좋아하는 과목은 수학이다.

3　The children built a ＿＿＿＿＿＿ of sand at the beach.　　　아이들은 해변에서 모래 더미를 쌓았다.

4　The baby was ＿＿＿＿＿＿ on a bottle.　　　아기가 젖병을 빨고 있었다.

5　Give me a ＿＿＿＿＿＿ if you need anything.　　　필요한 것이 있으면 언제든지 전화 해.

6　We must respect all ＿＿＿＿＿＿ and cultures.　　　우리는 모든 인종과 문화를 존중해야 한다.

7　The word 'warm' is ＿＿＿＿＿＿ 'w-a-r-m'.　　　단어 'warm'의 철자는 'w-a-r-m'이다.

8　Paul has ＿＿＿＿＿＿ dental checkups.　　　Paul은 주기적으로 치아 검진을 받는다.

9　We need to plant these ＿＿＿＿＿＿ in the garden soon.　　　우리는 곧 이 씨앗을 정원에 심어야 한다.

10　I love the ＿＿＿＿＿＿ of blueberries.　　　나는 블루베리 맛을 좋아한다.

11　＿＿＿＿＿＿ the car before you come in.　　　들어오기 전에 차를 차고에 넣어 주십시오.

12　Mom cut the pizza into ＿＿＿＿＿＿.　　　엄마는 칼로 피자를 4등분 했다.

13　Albert Einstein was a famous ＿＿＿＿＿＿.　　　Albert Einstein은 유명한 과학자였다.

14　Andy is ＿＿＿＿＿＿ the microphone before the concert.　　　Andy는 콘서트 전에 마이크를 검사하고 있다.

15　The doctor ＿＿＿＿＿＿ Helen's broken leg.　　　의사는 Helen의 부러진 다리를 치료했다.

16　Max ＿＿＿＿＿＿ the car accident.　　　Max는 자동차 사고에서 살아남았다.

17　Emily ＿＿＿＿＿＿ the rope and the bell rang.　　　Emily가 밧줄을 홱 당겼고 종이 울렸다.

18　We could see a ＿＿＿＿＿＿ in Jim after the training.　　　우리는 훈련 후에 Jim이 달라진 걸 알 수 있었다.

19　After the long run, she was ＿＿＿＿＿＿ heavily.　　　오래 달린 후에 그녀는 심하게 헐떡거렸다.

20　The ship was ＿＿＿＿＿＿ because of the storm.　　　그 배는 폭풍 때문에 바닷가로 끌어올려졌다.

21　Oliver is now in his ＿＿＿＿＿＿ days.　　　Oliver는 이제 전성기를 맞았다.

22　The workers ＿＿＿＿＿＿ the wooden table.　　　일꾼들은 나무 테이블을 사포로 닦았다.

23　This is not the ＿＿＿＿＿＿ way to hold a pencil.　　　이것은 연필을 올바르게 쥐는 방법이 아니다.

24　The ＿＿＿＿＿＿ is a limited edition.　　　그 펜은 한정판이다.

25　The ＿＿＿＿＿＿ were taking a nap in the field.　　　소들은 들판에서 낮잠을 자고 있었다.

26　Jessica believes in ＿＿＿＿＿＿.　　　Jessica는 요정이 있다고 믿는다.

27　The boy was sold as a ＿＿＿＿＿＿.　　　그 소년은 노예로 팔려 갔다.

28　The guests are seated in the ＿＿＿＿＿＿.　　　손님들은 거실에 앉아 있다.

29　He ＿＿＿＿＿＿ the mammoth across the plain.　　　그는 평원을 가로질러 매머드를 쫓았다.

30　Eric put on his ＿＿＿＿＿＿ before going outside.　　　Eric은 밖에 나가기 전에 장갑을 꼈다.

Level 40

레벨별 단어 사용 빈도

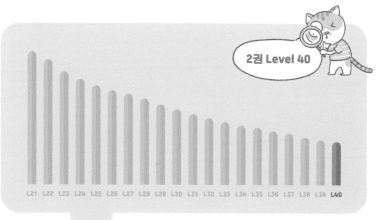

2권 Level 40

L21 L22 L23 L24 L25 L26 L27 L28 L29 L30 L31 L32 L33 L34 L35 L36 L37 L38 L39 **L40**

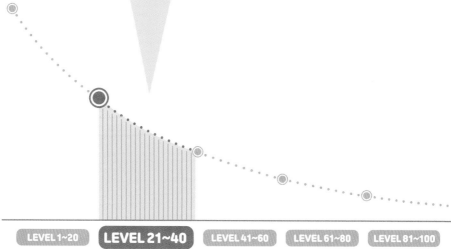

LEVEL 1~20　　**LEVEL 21~40**　　LEVEL 41~60　　LEVEL 61~80　　LEVEL 81~100

1171

jaw

[dʒɔː]

명 턱

동 지껄이다

jaw는 '씹다'라는 말에서 유래했습니다. 우리가 무언가를 씹을 때 주로 쓰는 부위가 '턱'이어서 지금의 뜻이 되었습니다. 동사로는 '지껄이다'를 뜻하기도 하는데, 이 역시 우리가 말을 막 할 때 특히 턱이 많이 움직이는 모습을 토대로 파생된 뜻이라고 보시면 됩니다.

1 The actress has a strong jaw.
그 여배우는 턱선이 뚜렷하다.

2 Judy was jawing about her trip all day.
Judy는 하루 종일 자신의 여행 이야기를 떠들었다.

Plus + actress 명 여배우　　　　　trip 명 여행

1172

bay

[beɪ]

명 만(灣), 구역[구획], 궁지, 몰린 상태

동 으르렁거리다

bay의 기본 의미는 '만'입니다. '만'이란 바다가 땅속으로 깊숙이 들어간 부분을 말하죠? 그래서 맥락에 따라 '구역, 구획'을 뜻하거나 '궁지, 몰린 상태'를 뜻하기도 합니다. 동사로는 '으르렁거리다'를 의미하는데, 사실 이것이 원래 먼 옛날 bay의 뜻이었다고 하는군요.

1 The boats sailed into the bay.
배들이 만으로 들어갔다.

2 The hound bayed at the moon.
사냥개가 달을 보고 짖었다.

Plus + sail into 입항하다　　　　　hound 명 사냥개
bay at ~을 보고 짖다

1173

collect

[kəˈlekt]

동 모으다[수집하다], 모금하다, 수금하다[징수하다]

형 요금을 수신자가 부담하는

collect는 기본적으로 '모으다'를 뜻합니다. 그리고 모으는 대상이 무엇인지에 따라 '모금하다, 수금하다, 징수하다' 등 다양한 의미로 확장될 수 있습니다. 그밖에 형용사로는 '요금을 수신자가 부담하는'이라는 뜻을 나타내기도 하지요. 흔히 collect call이라고 부르는 서비스가 바로 이런 것이죠.

1 I like to collect rare stamps.
나는 희귀한 우표를 모으는 것을 좋아한다.

2 Tommy collected donations for the charity.
Tommy는 자선 단체를 위해 기부금을 모았다.

Plus + rare 형 희귀한　　　　　stamp 명 우표
donation 명 기부금　　　　charity 명 자선 단체

simple

['sɪmpl]

형 간단한, 단순한, 간결한, 순진한

simple은 원래 '하나의 묶음'이라는 말에서 유래했습니다. 그러다 사람들이 복잡하고 다양한 요소로 이루어진 것이 아닌, 단순하고 쉬운 것을 simple이라고 지칭하기 시작하면서 지금의 뜻이 되었지요. 또한 맥락에 따라 사람을 묘사할 때는 '순진한'을 의미하기도 합니다. 그래서 with a simple heart라고 하면 '순진하게'라는 뜻이 됩니다.

1   The job seemed simple, but it was hard.

그 일은 간단해 보였지만 힘들었다.

2   I prefer a simple design without decorations.

나는 장식이 없는 간결한 디자인을 선호한다.

Plus + prefer 동 선호하다　　　　　decoration 명 장식

---

clap

[klæp]

동 (손 등으로) 세차게 계속 때리다, 박수치다, (신체부위 등을) 가볍게 툭 치다, (세금, 명령 등을) 부과하다

clap은 주로 '세차게 계속 때리다' 또는 '박수치다'를 의미하는 동사입니다. 공연이나 연설 등이 좋았을 때 박수를 치며 기뻐하는 상황 등을 나타낼 수 있지요. 그리고 '계속해서 때린다'라는 개념에서 '세금을 부과하다'라는 뜻밖의 의미가 파생되기도 하였습니다. 이럴 때는 주로 clap on의 형태로 쓰여요.

1   Everyone in the audience began to clap.

객석에 있던 모든 사람들이 박수를 치기 시작했다.

2   The government will clap a tax on luxury goods.

정부는 사치품에 세금을 부과할 예정이다.

Plus + audience 명 청중, 관객　　　　tax 명 세금
　　　　luxury 명 사치(품)　　　　goods 명 상품, 제품

---

engine

['endʒɪn]

명 기관(機關), 엔진[발동기], (비유적) 원동력

동 엔진을 장치하다

engine은 주로 '기관'이나 '엔진'을 뜻합니다. 기차나 자동차, 비행기 등을 움직이게 하는 중요한 부품을 가리키죠. 그리고 여기에 빗대어 '원동력'이라는 비유적인 의미도 나타내곤 합니다. 예를 들어, like a steam engine이라고 하면 '원기 왕성하게'라는 뜻이 됩니다.

1   The mechanic checked the car engine.

정비공은 자동차 엔진을 점검했다.

2   Leah is the engine of the team.

Leah는 팀의 원동력이다.

Plus + mechanic 명 (특히 차량 엔진) 정비공　　　　check 동 점검하다

roar

[rɔː(r)]

동 으르렁거리다, 포효하다, 고함치다, (자동차 등이) 큰 소리를 내며 움직이다

roar의 기본 의미는 '으르렁거리다'에 가깝습니다. 사자나 호랑이가 크게 소리 지르는 것을 생각하시면 됩니다. 그러나 시간이 지나면서 크고 시끄러운 소리를 내는 물건이나 사람을 묘사하기도 하여, 지금은 '(자동차 등이) 큰 소리를 내며 움직이다'를 의미하기도 합니다.

1 The tiger roared at the people.

호랑이가 사람들을 향해 으르렁거렸다.

2 When the car started, the engine roared.

차가 시동을 걸자 엔진이 요란한 소리를 냈다.

Plus + start **동** (기계 등에) 시동을 걸다

knot

[nɑːt]

명 매듭, 무리[집단], 곤경[난제], 핵심

knot은 '매듭'을 뜻하는 명사입니다. 매듭은 무언가 '묶은 것'을 뜻하죠? 그래서 '무리, 집단'이라는 뜻으로도 쓰이기도 합니다. 그리고 여기서 한발 더 나아가 매듭이 복잡하게 얽혀 있으면 풀기 어렵다는 개념을 토대로 '곤경, 난제'라는 뜻이 파생되기도 했습니다. knot을 활용한 표현 중 tie the knot(결혼하다)이 있는데, 이는 옛날에 신랑과 신부가 서로의 손목에 손수건 등을 매서 연결하는 형식의 풍습에서 유래된 것으로 보입니다.

1 Lisa began to carefully untie the knot.

Lisa는 조심스럽게 매듭을 풀기 시작했다.

2 I had a knot of problems to untangle.

내게는 풀어야 할 일련의 문제가 있었다.

Plus + untie **동** (매듭 등을) 풀다   untangle **동** (복잡하거나 혼란스러운 것을) 풀다

fruit

[fruːt]

명 과일, 열매, 산물[성과]

동 열매를 맺다

fruit는 우리가 잘 알고 있는 대로 '과일'을 뜻합니다. 동사로는 '열매를 맺다'를 뜻하지요. 그리고 오랜 기다림 끝에 마침내 '과일'이 열린다는 차원에서 fruit는 '결과' 또는 '성과'를 의미하기도 합니다. 예를 들어, the fruit of labor라고 하면 '노동의 결실'을 뜻합니다.

1 Unfortunately, the fruit of this tree was not edible.

안타깝게도 이 나무 열매는 먹을 수 없었다.

2 The apple trees have started to fruit.

사과나무가 열매를 맺기 시작했다.

Plus + edible **형** 먹을 수 있는

1180

particular

[pərˈtɪkjələ(r)]

형 특정한, 특별한, 특유의, 까다로운

particular는 원래 '분리할 수 있는'이나 '부분의'라는 뜻에서 유래했습니다. 이렇게 전체 중에서 한 부분을 가리키는 것에서 의미가 확장되어 지금은 주로 '특정한'을 뜻하게 되었지요. 그런데 '특정한' 것은 일반적인 것과 구별되는 특징이 있죠? 그래서 '특별한, 특유의'라는 의미가 파생되기도 하였습니다.

1 Henry has a particular interest in astronomy.
   Henry는 천문학에 특별한 관심이 있다.

2 Amy has a particular way of doing things.
   Amy는 일을 하는 특유의 방법이 있다.

Plus + interest 명 관심, 흥미　　　　astronomy 명 천문학
way 명 방법, 방식

1181

despite

[dɪˈspaɪt]

전 ~에도 불구하고, 자기도 모르게

명 모욕

despite는 원래 '내려다보다'라는 뜻에서 유래했습니다. 여기서 의미가 확장되어 '모욕'이라는 뜻이 파생되었는데 시간이 지나면서 이 뜻은 희미해졌습니다. 오늘날은 주로 특정 상황을 무시하고 그 반대의 결과가 일어나는 것을 묘사하는 '~에도 불구하고'라는 뜻으로 자주 쓰입니다.

1 Despite the rain, they decided to go out.
   비가 오는데도 불구하고, 그들은 밖에 나가기로 결정했다.

2 Wendy succeeded despite all the difficulties.
   Wendy는 모든 어려움에도 불구하고 성공했다.

Plus + succeed 동 성공하다　　　　difficulty 명 어려움, 역경

1182

invisible

[ɪnˈvɪzəbl]

형 보이지 않는, 볼 수 없는, 모습을 나타내지 않는

명 눈에 띄지 않는 것[존재]

invisible은 in-(아닌)과 visible(볼 수 있는)이 결합한 단어로 '볼 수 없는, 보이지 않는' 또는 '모습을 나타내지 않는' 등의 뜻을 나타냅니다. 그래서 명사로는 '눈에 띄지 않는 것'을 의미하지요. 예를 들어, invisible differences라고 하면 '구분하기 힘든 차이'라는 뜻이 됩니다.

1 The invisible hand of the market runs the economy.
   시장의 보이지 않는 손이 경제를 좌우한다.

2 The virus is invisible. But it's very dangerous.
   그 바이러스는 눈에 보이지 않는다. 하지만 매우 위험하다.

Plus + market 명 시장　　　　run 동 지휘하다, 지배하다
economy 명 경제　　　　dangerous 형 위험한

1183

weak

[wiːk]

형 약한, 허약한, 설득력이 없는

weak는 주로 '약한, 허약한'을 뜻하는 형용사입니다. 원래 의미도 '힘이 없는'이었는데 시간이 지나면서 '설득력이 없는'이라는 비유적인 의미도 갖게 되었습니다. 어떤 주장에 힘이 없다면 그것은 '설득력이 없는' 주장이겠죠? 이러한 상황을 비유적으로 나타낸 것으로 보시면 됩니다.

1 Helen was weak from birth.

Helen은 태어날 때부터 약했다.

2 His argument was weak.

그의 주장은 설득력이 없었다.

Plus + from birth 날 때부터   argument 명 주장

1184

medicine

['medsn]

명 의학[의술], 약[약물]

medicine은 '치료법, 치료' 등을 뜻하는 라틴어에서 유래했습니다. 그래서 처음에는 '치료'라는 뜻으로만 쓰였는데, 시간이 흐르면서 점점 뜻이 확장되어 '의학'이라는 학문 분야와 '약'이라는 물질을 가리키는 뜻으로 변하게 되었습니다.

1 My cousin studies medicine at university.

내 사촌은 대학에서 의학을 공부하고 있다.

2 You have to take this medicine 30 minutes after eating.

너는 식후 30분에 이 약을 먹어야 한다.

Plus + cousin 명 사촌   take 동 (약을) 먹다
minute 명 (시간 단위의) 분

1185

university

[juːnɪ'vɜːrsəti]

명 대학(교)

형 대학의

university는 원래 '전체, 총체, 공동체'를 뜻하는 단어에서 유래했습니다. 중세 이후 학자들이나 학생들의 공동체를 가리키는 데 이 단어가 쓰이기 시작했습니다. 이런 공동체에서는 다양한 학문 분야를 가르쳤는데 바로 여기서 오늘날의 '대학'이라는 의미가 파생된 것으로 보입니다.

1 He will enter a university in Boston.

그는 보스턴에 있는 대학에 입학할 것이다.

2 Angela is a university professor.

Angela는 대학 교수이다.

Plus + enter 동 입학하다   professor 명 교수

1186

common

[ˈkɑːmən]

형 흔한, 공통[공동]의, 평범한

명 공유지

common은 주로 '흔한, 공통의, 평범한'을 뜻합니다. 그런데 이런 뜻이 '모두가 함께 사용하거나 공유하는'이라는 뉘앙스를 풍기다 보니 '공유지'도 의미하게 되었습니다. 생각해 보면 '모두가 공유하는' 것은 곧 '흔한' 것이고 '평범한' 것이겠죠? 그래서 '상식'을 영어로 common sense라고 합니다.

1 Kim is a common family name in Korea.

김씨는 한국에서 흔히 볼 수 있는 성씨이다.

2 The villagers have rights to this common land.

마을 사람들은 이 공유지에 대한 권리를 가지고 있다.

Plus + family name 성(姓) villager 명 마을 사람
right 명 권리 land 명 땅

1187

nurse

[nɜːrs]

명 간호사

동 간호하다, 젖을 먹이다, (감정 등을) 품다

nurse는 '간호사'를 뜻합니다. 원래는 '먹이다, 양육하다'라는 뜻에서 유래했는데, 여기서 의미가 파생되어 아이들을 키우는 사람들을 가리켰습니다. 그러다 병든 사람들을 돌보는 사람으로 역할이 확장되어 지금의 뜻에 이르렀지요. 그래서 동사로는 '간호하다'와 '젖을 먹이다'를 모두 나타낼 수 있어요.

1 Alice was a nurse at the local hospital.

Alice는 현지 병원의 간호사였다.

2 The mother bird is nursing its young.

어미 새가 새끼에게 먹이를 주고 있다.

Plus + local 형 현지의 young 명 (동물의) 새끼

1188

luck

[lʌk]

명 행운, 운수[운세]

luck은 일반적으로 '행운'이나 '운수'를 뜻합니다. 흔히 좋은 일이 일어나거나 우연히 원하는 결과를 얻는 상황 등을 나타내지요. luck을 활용한 대표적인 표현으로는 Good luck!(행운을 빌어!)나 Wish me luck!(내게 행운을 빌어줘!) 등이 있습니다.

1 Thomas had luck to win the lottery.

Thomas는 복권 당첨이라는 행운을 얻었다.

2 Good luck on your test tomorrow!

내일 시험 행운을 빕니다!

Plus + win 동 따다, 획득하다 lottery 명 복권

1189

staff

[stæf]

- 몡 직원, 참모
- 동 직원으로 일하다

staff는 원래는 어떤 조직에서 '도움을 주는 사람들'을 일반적으로 일컫는 단어였습니다. 그러다 '회사'라는 개념이 생기면서 '직원'을 나타내게 되었고, 군대에서는 지휘관이나 장교를 돕는 '참모'를 뜻하게 되었습니다.

1 **Max was selected as staff member of the month.**
   Max는 이달의 직원으로 뽑혔다.

2 **The friendly staff at the library helped us.**
   친절한 도서관 직원들이 우리를 도와주었다.

Plus + select 동 뽑다, 선발하다　　　friendly 혱 (행동이) 친절한

1190

cliff

[klɪf]

- 몡 절벽, 낭떠러지, 벼랑

cliff는 주로 '절벽, 낭떠러지' 또는 '벼랑'을 의미합니다. 이 단어는 매우 직관적이어서 딱히 다른 의미가 들어있지는 않아요. cliff가 들어간 표현을 몇 가지 살펴보자면 cliff edge는 '절벽 끝'을, cliff face는 '절벽 면'을 뜻합니다.

1 **Please be careful near the edge of the cliff.**
   절벽 가장자리 근처에서는 조심하십시오.

2 **Climbers scaled the cliff.**
   등반가들은 절벽을 기어올랐다.

Plus + near 전 (거리상으로) 가까운　　　edge 몡 가장자리
scale 동 (아주 높고 가파른 곳을) 오르다

1191

snake

[sneɪk]

- 몡 뱀, 뱀 같은 사람
- 동 꿈틀꿈틀 움직이다
  [구불구불 가다]

snake의 기본 의미는 '뱀'입니다. 그리고 맥락에 따라 다양한 의미로 해석될 수 있습니다. 예를 들면 비열하거나 뒤통수치는 사람을 '뱀 같은 사람'이라 표현할 수 있습니다. 그밖에 동사로는 '꿈틀꿈틀 움직이다'를 뜻하는데, 뱀이 움직이는 모습에서 파생된 것으로 보시면 됩니다.

1 **Be careful of snakes when you pass through the forest.**
   숲을 지날 때는 뱀을 조심하십시오.

2 **She moved like a snake in the water.**
   그녀는 물속에서 뱀처럼 움직였다.

Plus + pass through 지나가다, ~을 빠져 나가다　　　move 동 움직이다
like 전 ~처럼

sweat

[swet]

명 땀, 고역[힘드는 일], 노력[수고], 불안[걱정]

sweat은 기본적으로 '땀'을 의미합니다. 그리고 '땀'이라는 개념에서 다양한 비유적 뜻이 파생되었습니다. 대표적으로 '힘든 일'이나 '노력'을 나타내기도 합니다. 또한 '불안'을 의미하기도 하는데, 이런 모든 뜻이 '땀'을 흘리는 모습에 착안한 것이라고 볼 수 있겠군요.

1 Nick wiped the sweat from his face.

Nick은 얼굴에 묻은 땀을 닦았다.

2 No sweet without sweat.

땀 없는 달콤함은 없다. (= 노력 없이는 결실을 맺을 수 없다.)

Plus + wipe 동 닦다

---

coach

[kəutʃ]

명 (스포츠 팀의) 코치[지도원], 4륜 대형 마차

동 코치[지도]하다, 마차로 여행하다

coach는 원래 '대형 마차'를 뜻했습니다. 이 단어가 영어로 들어오면서 대학에서 학생들을 가르치는 사람을 지칭하게 되었습니다. 마차처럼 학생들을 지식의 세계로 모시는 역할을 한다는 개념에서 파생된 의미이지요. 그래서 동사로는 '지도하다, 가르치다'를 뜻하기도 합니다.

1 The coach called the player after the first half.

전반전이 끝난 뒤 코치가 그 선수를 불렀다.

2 I decided to coach the kids' soccer team.

나는 어린이 축구팀을 지도하기로 결심했다.

Plus + call 동 (누구를 오라고) 부르다   player 명 (운동 경기 등의) 선수
first half 전반전   decide 동 결심하다, 결정하다

---

fee

[fiː]

명 요금, 수수료, 보수

fee는 원래 '소, 양, 돈, 재산' 등을 의미했습니다. 옛사람들에게 사실 소나 양은 곧 재산이자 돈이었지요. 그러다 '돈'이라는 개념이 생기면서 fee는 '돈을 주고 얻는 것'을 나타내게 되었습니다. 여기서 뜻이 조금씩 변형되고 확장되어 지금의 뜻에 이르렀다고 보시면 됩니다.

1 There is a $20 fee to enter the museum.

박물관 입장료는 20달러이다.

2 The lawyer charged a fee for her services.

변호사는 그녀가 일한 것에 대한 수수료를 청구했다.

Plus + enter 동 들어가다   lawyer 명 변호사
charge 동 청구하다   service 명 일, 근무

1195

blade

[bleɪd]

명 (칼 등의) 날, (식물 등의) 잎, 검객

blade는 주로 '칼의 날, 식물의 잎' 그리고 '검객' 등을 뜻합니다. 원래는 '예리한 물건'을 의미했는데, '칼의 날'이 바로 이 뜻에서 직접적으로 파생된 의미입니다. '식물의 잎'은 잎이 날처럼 얇고 뾰족한 모양을 가지고 있어 붙은 것이지요. 이런 흐름으로 볼 때 '검객'이라는 뜻은 왜 생겼는지 이해가 됩니다.

1 The blade of the knife is sharp.

그 칼의 날은 예리하다.

2 Every blade of grass is covered with dew.

풀잎 하나하나가 이슬로 덮여 있다.

Plus + sharp **형** 예리한   grass **명** (모든 종류의) 풀
cover **동** 덮다   dew **명** 이슬

1196

sniff

[snɪf]

동 코로 냄새를 맡다, (낌새 등을) 알아채다, 코방귀 뀌다[멸시하다], 코를 훌쩍이다

sniff는 기본적으로 '코로 냄새를 맡다'를 뜻합니다. 그리고 맥락에 따라 '낌새를 알아채다'를 뜻하기도 합니다. 보통 동물들이 냄새를 맡아서 무언가를 찾는 모습에서 파생되었습니다. 그리고 콧방귀를 뀌는 모습에서 '누군가를 멸시하다'라는 뜻이 나오기도 했습니다.

1 The dog sniffed the ground to find his toy.

그 개는 장난감을 찾기 위해 땅에 코를 대고 냄새를 맡았다.

2 Mike sniffed and declined my offer.

Mike는 콧방귀를 뀌며 내 제안을 거절했다.

Plus + decline **동** 거절하다   offer **명** 제안

1197

wet

[wet]

형 젖은, (잉크 등이) 아직 마르지 않은, 비가 내리는

명 습기[수분]

wet은 주로 물이나 다른 액체 등으로 인해 '젖은' 상태를 나타내는 형용사입니다. 명사로는 '습기, 수분' 등을 뜻하지요. 예를 들어, get wet 이라고 하면 '물에 젖다'를 뜻합니다. 그밖에 맥락에 따라 비가 내리는 날씨를 묘사하기도 하는데, 이는 비가 땅을 젖게 하기 때문에 파생된 의미로 추정됩니다.

1 The clothes were wet from the rain.

그 옷은 비 때문에 젖어 있었다.

2 Please be careful, the paint is still wet.

조심해, 페인트가 아직 마르지 않았어.

Plus + clothes **명** 옷, 의복   still **부** 아직(도)

1198

pound

[paʊnd]

동 치다[두드리다],
쿵쾅거리며 걷다, 빻다[찧다],
(폭탄 등으로) 맹공격하다

pound는 원래 '두드리다'라는 뜻에서 출발했습니다. 처음에는 무언가를 물리적으로 치는 행위만을 나타냈다고 합니다. 그러다 시간이 지나면서 '치다, 두드리다'라는 개념을 확장하여 '쿵쾅거리며 걷다'부터 '맹공격하다'라는 뜻을 모두 나타내게 되었지요.

1 Jake pounded on the door with his fist.
Jake는 주먹으로 문을 두드렸다.

2 They pounded the city with bombs.
그들은 폭탄으로 도시를 맹공격했다.

Plus + fist 명 주먹　　　　　　bomb 명 폭탄

1199

poetry

[ˈpoʊətri]

명 (문학) 시, 운문

poetry는 주로 '시'나 '운문'을 뜻하는 명사입니다. 원래 '만드는 사람'이라는 뜻의 그리스어에서 유래했습니다. 옛사람들이 보기에 시인은 말 그대로 언어를 통해 새로운 세계를 만드는 사람이었습니다. 이런 배경에서 poetry의 뜻을 다시 보면 고개가 끄덕여질 겁니다.

1 Emily enjoys reading and writing poetry.
Emily는 시를 읽고 쓰는 것을 즐긴다.

2 The poetry of William Shakespeare is known worldwide.
William Shakespeare의 시는 전 세계적으로 알려져 있다.

Plus + worldwide 부 전 세계에

1200

pool

[puːl]

명 수영장, 웅덩이,
이용 가능 인력,
공동 출자[관리]

pool은 '작은 못'이나 '웅덩이'를 뜻했습니다. 그러다 '물을 가두어 놓는 곳'이라는 개념에서 비유적으로 의미가 확장되어 '사람이나 자원이 모여있는 곳'을 가리키게 되었지요. 그래서 오늘날 pool은 '수영장, 웅덩이'를 포함하여 '이용 가능 인력, 공동 출자' 등도 의미할 수 있습니다.

1 I swam in the pool every day when I was young.
나는 어렸을 때 매일 수영장에서 수영했다.

2 The company has a pool of talented designers.
그 회사에는 재능 있는 디자이너들이 모여있다.

Plus + talented 형 재능 있는

우리말에 맞게 빈칸에 알맞은 단어를 쓰세요.　　　　　(정답은 본문을 확인하세요.)

1　The actress has a strong _____.　　　　그 여배우는 턱선이 뚜렷하다.

2　The boats sailed into the _____.　　　　배들이 만으로 들어갔다.

3　I like to _____ rare stamps.　　　　나는 희귀한 우표를 모으는 것을 좋아한다.

4　The job seemed _____, but it was hard.　　　　그 일은 간단해 보였지만 힘들었다.

5　Everyone in the audience began to _____.　　　　객석에 있던 모든 사람들이 박수를 치기 시작했다.

6　Leah is the _____ of the team.　　　　Leah는 팀의 원동력이다.

7　The tiger _____ at the people.　　　　호랑이가 사람들을 향해 으르렁거렸다.

8　Lisa began to carefully untie the _____.　　　　Lisa는 조심스럽게 매듭을 풀기 시작했다.

9　The apple trees have started to _____.　　　　사과나무가 열매를 맺기 시작했다.

10　Henry has a _____ interest in astronomy.　　　　Henry는 천문학에 특별한 관심이 있다.

11　_____ the rain, they decided to go out.　　　　비가 오는데도 불구하고, 그들은 밖에 나가기로 결정했다.

12　The _____ hand of the market runs the economy.　　　　시장의 보이지 않는 손이 경제를 좌우한다.

13　Helen was _____ from birth.　　　　Helen은 태어날 때부터 약했다.

14　My cousin studies _____ at university.　　　　내 사촌은 대학에서 의학을 공부하고 있다.

15　Angela is a _____ professor.　　　　Angela는 대학 교수이다.

16　Kim is a _____ family name in Korea.　　　　김씨는 한국에서 흔히 볼 수 있는 성씨이다.

17　Alice was a _____ at the local hospital.　　　　Alice는 현지 병원의 간호사였다.

18　Good _____ on your test tomorrow!　　　　내일 시험 행운을 빕니다!

19　The friendly _____ at the library helped us.　　　　친절한 도서관 직원들이 우리를 도와주었다.

20　Climbers scaled the _____.　　　　등반가들은 절벽을 기어올랐다.

21　She moved like a _____ in the water.　　　　그녀는 물속에서 뱀처럼 움직였다.

22　Nick wiped the _____ from his face.　　　　Nick은 얼굴에 묻은 땀을 닦았다.

23　The _____ called the player after the first half.　　　　전반전이 끝난 뒤 코치가 그 선수를 불렀다.

24　There is a $20 _____ to enter the museum.　　　　박물관 입장료는 20달러이다.

25　The _____ of the knife is sharp.　　　　그 칼의 날은 예리하다.

26　Mike _____ and declined my offer.　　　　Mike는 콧방귀를 뀌며 내 제안을 거절했다.

27　The clothes were _____ from the rain.　　　　그 옷은 비 때문에 젖어 있었다.

28　They _____ the city with bombs.　　　　그들은 폭탄으로 도시를 맹공격했다.

29　Emily enjoys reading and writing _____.　　　　Emily는 시를 읽고 쓰는 것을 즐긴다.

30　I swam in the _____ every day when I was young.　　　　니는 어렸을 때 매일 수영장에서 수영했다.

Index

servant	151	snake	250	strength	113	tall	30
serve	163	snatch	189	stretch	48	tap	102
several	16	sneak	172	strike	66	taste	235
shape	64	sniff	252	string	149	tea	79
share	139	soften	65	struggle	120	team	117
sharp	28	song	21	student	224	temple	177
shed	81	sorrow	217	study	61	terrible	45
sheet	94	soul	108	stumble	178	test	236
shelf	126	source	174	subject	232	thick	77
shift	125	south	189	suck	233	thief	214
shiver	186	space	44	sugar	217	thin	37
shock	209	special	34	suggest	119	third	78
shoot	17	spell	234	suit	228	thousand	131
shore	189	spin	106	suitcase	210	thumb	141
shot	200	spirit	215	supper	223	tight	77
shovel	173	spot	29	surprise	72	till	168
shrug	21	spread	83	surround	136	tip	226
shut	18	spring	100	survive	237	tire	133
sick	57	square	84	swallow	42	tired	186
sight	18	squeeze	67	swear	153	toe	139
silent	68	squirrel	69	sweat	251	tongue	68
silver	116	staff	250	sweep	132	tonight	120
simple	245	stage	151	sweet	104	toss	69
sink	203	stare	173	swim	180	tower	82
size	83	state	58	swing	20	track	153
skirt	192	station	115	sword	163	train	48
slam	157	steady	226			trap	130
slap	169	stomach	29	―――――――――――		travel	90
slave	240	store	71			tray	196
sleeve	190	storm	197	**T**		treat	181
slow	91	straight	118	tail	95	tremble	198
smoke	82	stream	193	tale	177	trip	73

영어독립
VOCA 3000 ❷